R o m a
Ligocka

Tylko ja sama

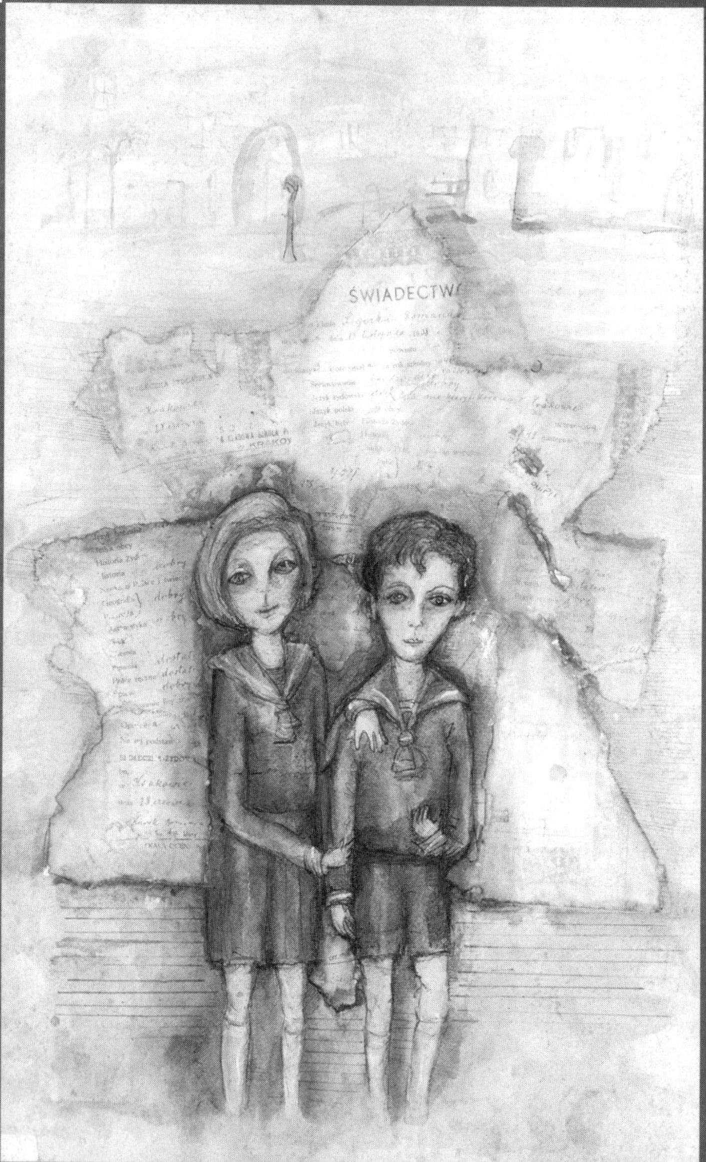
ŚWIADECTW

Roma Ligocka

Tylko ja sama

przełożyła Sława Lisiecka

Wydawnictwo Literackie

...Nic już nie uciszy tego płaczu w nas...

Mojemu ojcu
i oczywiście Jakubowi

gdzie indziej. Na dole, wzdłuż ulicy, szumi coś i połyskuje niczym woda. Pachnie wilgocią.

Z ochotą wypiłabym w tej chwili filiżankę herbaty. Bardzo gorącej, żebym mogła również ogrzać sobie dłonie.

Tak chciałabym teraz mieć obok siebie kogoś, kto wziąłby mnie mocno w ramiona. Wystarczyłoby, żeby tylko powiedział:

— Świetnie wypadłaś.

Nic więcej, tylko to:

— Jesteś grzeczną dziewczynką.

Jedyne bowiem, co zawsze próbowałam robić, to — być grzeczną dziewczynką.

Cały dzisiejszy dzień spędziłam na dole, w hallu hotelowym, w błękitnym salonie — wśród pluszowych mebli i starych obrazów. Przychodzili dziennikarze. Jeden za drugim, sporo ich było.

Pierwsza — korespondentka jakiegoś angielskiego pisma — pojawiła się od razu o dziewiątej rano. Szary sweter, szarawe włosy i wystające przednie zęby, jak u królika. Jeszcze całkiem młoda — jeśli w ogóle można było domyślić się jej wieku — mogła mieć może ze dwadzieścia pięć lat. Ledwo zdążyłam wypić pierwszą filiżankę kawy, a już zaczęła zadawać pytania.

— Miss Ligocka, pani była w warszawskim getcie?

— W krakowskim.

— Ach tak, w krakowskim — przytaknęła, sepleniąc.

Dla tej młodej kobiety nie grało to żadnej roli: Kraków, Warszawa, Odessa... Dla Angielki w szarej flanelowej spódniczce, dla Angielki, która wzrastała w spokojnym cywilizowanym kraju, wszystko to jest przecież tak odległe jak wojny napoleońskie.

Moja cała niezwykła historia była dla niej warta tyle, co dwadzieścia linijek, które miała o tym napisać. Ani mniej, ani więcej.

— Miss Ligocka, proszę, niech pani o tym po prostu opowie. Jakie przeżycie było dla pani najstraszniejsze? Absolutnie straszne! — podkreśliła dobitnie, patrząc na mnie wyczekująco. — Ile pani miała wtedy lat?

Wyjrzałam przez okno, był słoneczny dzień, widać było przemykających śpiesznie przechodniów. Tego ranka wszystko wydawało się takie nierealne. Po chwili odwróciłam się z powrotem do kobiety z wystającymi zębami.

— Miałam wtedy dwa, potem trzy latka. Trzy.

— Trzy! Bardzo dobrze! — zdawała się uradowana, że będąc w krakowskim getcie, miałam trzy latka.

Pisała gorliwie.

— Jakie to okropne — dodała jeszcze i wypiła łyk kawy. — Straszne, straszne — mówiła. Brzmiało to jak pochwała. A potem poszła.

Poczułam, jak wszystko się we mnie kurczy. Zdawało mi się, że w ciemnym korytarzu, w którym zniknęła dziennikarka, widzę szczupłą postać mojej babci. Babci, którą wtedy zabrano z getta i bosą wywleczono z mieszkania na ulicę. (Jeszcze długo potem nosiłam jej stare, szare pantofle). Odtransportowano ją, wraz z wieloma kobietami i dziećmi, wagonem bydlęcym do komory gazowej. I zgładzono. Ile miała lat? Tyle co ja dzisiaj, może była trochę starsza, a może młodsza? Mam babcię w swoim wieku. Prawie w całym moim życiu ciągle mnie pilnowała. Choć jej nie było, zawsze mi towarzyszyła i wiedziała, kiedy mówiłam coś nie tak, jak trzeba, wiedziała, kiedy powinnam zabierać głos, a kiedy milczeć.

Odkąd piszę książki, przestała się odzywać. Prawdopodobnie myśli, że mówienie to teraz moja rzecz. Moja i tylko moja.

Tego dnia przyszło jeszcze wielu dziennikarzy. Mój agent prasowy promieniał z radości. A ja byłam taka, jak tego ode mnie oczekiwano — miła, serdeczna. Cierpliwa.

Jakiś dziennikarz przyniósł mi czekoladę i rodzynki. Pracował w żydowskiej gazecie — młody, jasnowłosy, piegowaty.

— Tak mało słodyczy zaznała pani w swoim życiu — powiedział. — Rodzynki przynoszą szczęście i błogosławieństwo.

— Szczęście i błogosławieństwo — tak, teraz może mi się to przydać, teraz chyba bardziej niż dawniej… — wstałam i objęłam tego młodego Żyda, który był mniej więcej w wieku mojego syna.

Później padły znane pytania.

— Jak pani przeżyła? Dzięki czemu? Jak została pani ocalona? Skąd pani ojciec wziął fałszywe papiery?

Tak, sama też chciałabym to wiedzieć — pomyślałam w duchu.

W którymś momencie mój agent prasowy wstał:

— Dziękujemy. Dość na dzisiaj.

Zaplanowano godzinę przerwy, abym mogła przygotować się do wieczoru autorskiego.

Kiedy znalazłam się w swoim pokoju, zaczęłam, jak zawsze przed takimi imprezami, robić wszystko naraz. Nałożyłam sobie staranny makijaż: ofiara nie powinna wyglądać na ofiarę, ludzie tego nie lubią. Zaparzyłam herbatę rumiankową, aby mieć dobry głos, zajrzałam jeszcze szybko do swoich książek, dla kurażu wypiłam kieliszek szampana.

Potem znowu był piękny wieczór, a ja znowu trochę udawałam: gwiazdę albo sympatycznego pajacyka. Sama nie wiem. Wieczory, które spędzam ze słuchającymi mnie ludźmi, zawsze są piękne. Czuję sympatię, jaką obdarzają mnie — obcego człowieka. A także przychylność i ciepło. Trwają tak długo, jak długi jest wieczór. Jestem radosna, serdeczna, mądra i szalenie miła. Potem płaczę — do późna w noc.

Teraz jestem sama. Siadam wyprostowana na łóżku, obejmuję kolana. Trochę drżę z zimna, chociaż noc jest ciepła. Okno mam otwarte. Fascynuje mnie patrzenie w mrok.

Woda. Co to jest? Kanał? Ach tak, jestem w Amsterdamie. Przyjechałam wczoraj w nocy, nie miałam jeszcze czasu poznać miasta. A teraz czuję takie zmęczenie...

— *Roomservice*? Proszę o filiżankę herbaty — słyszę swój własny głos.

Już po chwili rozlega się pukanie do drzwi — mam na sobie tylko halkę i jeden but — owijam się ręcznikiem kąpielowym.

Mężczyzna jest wysoki, o bardzo ciemnej skórze, ubrany w śnieżnobiałą marynarkę. W rękach trzyma ogromną tacę. Z uprzejmym uśmiechem stawia ją na stole. Na tacy mnóstwo ciężkich sreber. Trzy duże dzbanki (mam nadzieję, że w jednym jest herbata!), trzy rodzaje cukru, drobne ciasteczka, bułeczki, mleczko, śmietanka, sucharki — i róża w małym wazoniku. Przez chwilę korci mnie, by spytać ciemnoskórego kelnera, czy nie napiłby się ze mną herbaty — przecież wystarczy dla dwojga. Może samotne panie często składają mu takie propozycje? Z pewnością. Ale — czy ja naprawdę tego właśnie chcę? Po prostu przez chwilę nie byłabym tak straszliwie sama.

Kiedy już czarno-biała postać opuszcza mój pokój, piję wreszcie herbatę. Małymi łyczkami. I grzeję sobie dłonie o filiżankę.

Moja babcia gotowała w getcie wodę w małym zardzewiałym garnku. Zawsze potem musiała ten garnek chować, żeby ludzie go nie ukradli. Jeśli zostawiało się coś na stole w kuchni, natychmiast znikało. Cebula, chleb, kartofle. Tylu ludzi mieszkało w naszym mieszkaniu.

Siedem głów na jedno okno — zarządzili Niemcy, a później dokładnie liczyli.

Parująca kuchnia była pełna obcych, głośnych ludzi — spocone, cuchnące ciała. Kobiety zawsze ustawiały się w ogonku do kuchenki. Trzeba było czekać na swoją kolej, żeby cokolwiek ugotować.

Babcia bardzo ostrożnie przenosiła garnek do pokoju, w którym stało nasze łóżko, dumna, że znowu się jej udało. Tak długo rozpuszczała we wrzątku kawałek marmolady, dopóki woda nie zabarwiła się na różowo, a potem poiła mnie tym czymś. To była nasza herbata.

— Pij duszkiem, póki gorąca — powtarzała.

Piłam tak szybko, że prawie bolały mnie wargi. Niekiedy jednak brakowało węgla do kuchennego pieca. Wtedy zaczynały się straszne kłótnie — kto ma go przynieść i napalić w piecu. Ludzie kłócili się długo, gwałtownie i głośno. W takie dni nie było już mowy o herbacie.

Kiedy tak siedzę na skraju łóżka, z filiżanką w ręce, spoglądam mimo woli do lustra — i nagle nie mogę powstrzymać śmiechu. Z rozmazaną szminką, ze śladami czarnych łez, które spłynęły mi po twarzy, w czerwonej halce, ciągle jeszcze w jednym bucie, z kwiatami na podłodze, wyglądam w tym pokoju hotelowym na porzuconą narzeczoną, może tylko nieco podstarzałą. Tym gorzej.

Wtedy dzwoni telefon.

— Miss Ligocka? — pyta recepcjonistka — jakiś pan chciałby z panią rozmawiać.

— Jakiś pan? Dobrze, proszę połączyć.

Ma głos stary, znużony i drżący. Mówi bezładnie po angielsku, polsku, niemiecku.

— Byłem dzisiaj na pani wieczorze autorskim, ale nie dostałam się do pani — brzmi to jak wyrzut! — zbyt wielu ludzi. Nazywam się Samuel Goldberg.

— Tak?

— Pani mnie nie widziała. Nie udało mi się do pani przecisnąć.

— Tak? — Jestem do tego stopnia zmęczona, że mogę mówić tylko „tak".

Poza tym strasznie zachrypłam, prawie straciłam głos. Zdaje się jednak, że ów mężczyzna nie oczekuje niczego prócz „tak" i ciągnie dalej.

— Nazywam się Samuel Goldberg — powtarza, jakby jego nazwisko miało mi wystarczyć za całe wyjaśnienie. — Samuel Goldberg z Nowego Jorku. Właściwie z Krakowa.

— O!

— Ale muszę porozmawiać z panią jeszcze dzisiaj. Rozumie pani?

— Tak, panie... — jak brzmiało jego nazwisko? ach, Goldberg — to miło, że podobał się panu mój wieczór autorski — mówię odruchowo — tylko że teraz jestem...

— Nie chodzi o podobanie się — przerywa niecierpliwie. — Ja też byłem w obozie i także w Płaszowie, rozumie pani? Muszę pani o tym opowiedzieć!

Znowu poznam jakąś straszną historię obozową, myślę szybko. Od kiedy piszę książki, wszyscy chcą mi opowiadać swoje historie. Często bardzo tragiczne. Rozdzierają mi serce. Ale co mam robić? Mam tylko jedno serce. I jest takie znużone. Nie mogę pozwolić, by mi je codziennie, co wieczór rozdzierano.

— Mogę pani opowiedzieć takie rzeczy... rozumie pani?

— Tak, panie Goldberg — przerywam gwałtownie. — Jest już bardzo późno, umówimy się jutro na kawę?

— Przyjechałem z Ameryki — odpowiada drżący głos, pełen wyrzutu — jutro rano wyjeżdżam.

— No, wobec tego bardzo mi przykro... ale...

Milczenie.

— Znałem pani ojca. Tam, w obozie... rozumie pani?

— Mojego ojca?

— Czy pani ojciec nazywał się Dawid Liebling? Byłem razem z nim w obozie koncentracyjnym.

Tysiąc sygnałów alarmowych, tysiąc dzwoneczków rozlega się naraz w mojej głowie. On znał mojego ojca, ojca, ojca...

— Gdzie pan jest teraz, panie Goldberg?

— Co znaczy gdzie? Czekam tutaj, w hallu hotelowym.

Patrzę na zegarek, właściwie nie jest wcale tak późno, dopiero pół do jedenastej...

Nawet nie spytałam, jak wygląda — myślę w windzie. Ach, co tam, na pewno rozpoznam Samuela Goldberga z Krakowa. Siedzi w rogu i pali cygaro. Niski, korpulentny, rudowłosy. Stary.

Na powitanie wykonuje tysiąc ceremonialnych gestów. Cygaro spada na podłogę, popielniczka się przewraca. A potem siedzimy naprzeciw siebie i obserwujemy się nawzajem. Wyobrażam sobie, że dawniej tak chyba musieli wyglądać moi wujowie z Krakowa. Wujowie, których nigdy nie było mi dane poznać. Niscy, korpulentni, żydowscy. Pan Goldberg nosi muszkę i koszulę z krótkimi rękawami. Na skórze ma pełno brązowych plam.

— Pani jeszcze tak młodo wygląda — mówi bez zachwytu.

Chyba wcale się nie cieszy, że przyszłam.

16

— Ach, dzisiaj wyglądam raczej na zmęczoną — usiłuję być kokieteryjna, ale to nie robi na nim wrażenia.

— Jest pani przecież o wiele za młoda. Naprawdę była pani w getcie?

Patrzę na niego w milczeniu.

— Pani książka odniosła taki sukces. To dobrze dla pani.

— Myślę, że to dobrze dla historii — wyjaśniam łagodnie — to jest nasza wspólna historia. Wszyscy powinniśmy opowiadać o naszych losach, o cierpieniach naszego narodu, tak jak potrafimy.

— Ja też napisałem książkę — mówi mężczyzna w odpowiedzi — ale u nas, w Ameryce, jest tak trudno. Zbyt wielu ludzi, zbyt wiele książek, rozumie pani?

Potakuję tylko głową.

— Co pan porabia w Amsterdamie? — pytam uprzejmie, ale on nie słucha.

Jego pytania padają teraz szybko, jedno po drugim.

— Gdzie się pani musiała ukrywać? Jak Spielberg wpadł na panią? Czy pani naprawdę jest tą dziewczynką w czerwonej kurtce?

— Płaszczyku — prostuję.

— Tak. Płaszczyku. Czy to pani?

Pozwala mi przez chwilę mówić, więc odpowiadam na wszystkie pytania naraz. To dla mnie nic nowego. Tylu ludzi pyta mnie o to samo. Muszę jednak odpowiedzieć na wszystkie jego pytania, bo i on ma mi coś do opowiedzenia. Może coś ważnego. O moim ojcu. Coś złego? Wszystko to błyskawicznie przemyka mi przez głowę, podczas gdy prawie bezwiednie mówię dalej:

— Tak, ukrywałam się. Z mamą. Najpierw w getcie, w czarnej dziurze pod podłogą, a później — z fałszywymi papierami — po „aryjskiej stronie" miasta. Wtedy nosiłam ten czerwony płaszczyk.

— Czy to rzeczywiście prawda?

— Tak. Naprawdę miałam taki płaszczyk. Uszyła mi go babcia w getcie. Pewnego wieczoru stanęłyśmy z mamą w drzwiach mieszkania jakichś obcych ludzi i poprosiłyśmy o pomoc. Ukryła mnie u siebie pewna młoda kobieta, bo w tej czerwieni wyglądałam jak mała poziomka.

Mężczyzna potakuje głową ze zrozumieniem.

— To były czasy...

— Chciał mi pan coś opowiedzieć... — usiłuję mu przypomnieć.

— Ma pani jeszcze rodzinę? — pyta dalej.

Cierpliwości, mówię sobie. Cierpliwości.

— Prawie całą moją rodzinę wymordowano w komorach gazowych w Bełżcu i w obozie...

— Pani też była w obozie?

— Ja nie, ale mój ojciec.

— Pani ojciec, tak, spotkałem go w obozie.

Teraz. Myślę. Teraz. Teraz dowiem się czegoś, czego zawsze chciałam się dowiedzieć. Czegoś złego? Po raz pierwszy rozmawiam z człowiekiem, który znał mojego ojca z obozu.

Dlaczego odczuwam lęk przed następnym pytaniem? Nie wiem też, jak je zadać. Ale starzec i tak nie zostawia mi na to czasu.

— Ja miałem wtedy szesnaście lat. Rozumie pani? Trafiłem do obozu. Moi rodzice, błogosławionej pamięci, już wtedy nie żyli. Miałem pryczę obok pryczy pani ojca. On mnie tam we wszystko wprowadził, bardzo się bałem. I byłem taki głodny...

Teraz, teraz zadam to pytanie. Ale jak...?

— Czy mój ojciec był dobrym człowiekiem? — brzmi to prawie dziecinnie, bezradnie, niepewnie.

— Pani ojciec?

Starzec patrzy na mnie ze zdumieniem, a ja mimo najszczerszych chęci nie mogę wyobrazić go sobie jako szesnastoletniego chłopaka.

— Oczywiście, że był dobrym człowiekiem. I to jakim! Dał mi chleb. Rozumie pani? Chleb!

Powtarza te słowa, a jego oczy zaczynają lśnić. Ja wiem, że wówczas była to dla niego najważniejsza rzecz na świecie.

— Rozumie pani? Dał mi chleb, wtedy w obozie... to było jak... jak złoto. Ty musisz jeszcze rosnąć, powtarzał zawsze. A ja byłem taki wychudzony. Tak, pani ojciec był dobrym człowiekiem...

— Chciałabym dowiedzieć się o nim czegoś więcej — mówię z westchnieniem, ale zadając to pytanie, czuję się już prawie uspokojona.

Widzę też, że starzec jest myślami zupełnie gdzie indziej. Może w obozie. Wydaje się, że nie ma już ochoty mówić, że naraz poczuł się zmęczony. Zaciąga się cygarem. Milczy przez chwilę.

— Wszystko opisałem w swojej książce. Przyślę ją pani. Nie jestem wprawdzie pisarzem, ale... tam pani sobie wszystko przeczyta. Również o swoim ojcu.

Najchętniej bym się już pożegnała, pobiegła na górę, położyła do łóżka, została sama z własnymi myślami. „Pani ojciec był dobrym człowiekiem". To zdanie mi na dzisiaj wystarczy. Wcale nie chcę wiedzieć więcej. Może z tą myślą uda mi się zasnąć...

— Wyjeżdża pan jutro? Co pan porabia w Amsterdamie? — ponawiam uprzejme pytanie. Tym razem na pożegnanie.

— Anna Frank. Jej muzeum. Zna pani? Zwiedzałem je.

— Ach tak?

— Obiecałem żonie, że kiedyś je zwiedzimy. Moja żona, która ocalała jako Holenderka... ona też się ukrywała... tu, w Amsterdamie.

— Czy pańska żona też teraz panu towarzyszy? — rozglądam się mimo woli.

— Moja żona? Nie. Zawsze chcieliśmy... tyle razy byliśmy już w Europie. Ale nigdy nie wystarczyło czasu albo pieniędzy. Wie pani, jak to jest... Jeździliśmy na kuracje do Włoch lub do Szwajcarii. A ja jej bez przerwy obiecywałem: Kochana Symo, w przyszłym roku pojedziemy do Amsterdamu. Ona znała rodzinę Anny Frank... była w jej wieku... wtedy.

— I co? Podoba się pańskiej żonie tutaj?

— Mojej żonie? — Pan Goldberg ociera czoło dużą chustką do nosa. — Moja żona zmarła rok temu. Moja nieodżałowana Syma... Jestem tutaj, bo jej to obiecałem. Przyleciałem, jak tylko to było możliwe. Poszedłem również do tego domu, wie pani, w którym moja żona wówczas z całą swoją rodziną... tak bardzo chciała go choćby raz jeszcze zobaczyć...

Starzec ociera wilgotne oczy, a potem znowu czoło. Jego włosy śmiesznie się przy tym przemieszczają, również przedziałek nie znajduje się na swoim miejscu.

Dopiero teraz widzę, że mężczyzna nosi tupecik. Usilnie staram się tego nie dostrzegać. To odkrycie wprawia mnie w zażenowanie, nieomal w gniew. Równocześnie jednak odczuwam bezgraniczne współczucie. Współczuję jemu, temu Samuelowi Goldbergowi z Krakowa–Nowego Jorku, samej sobie, współczuję nam wszystkim. I jego Symie, która nie zdążyła przyjechać do Amsterdamu.

Stoję już przy windzie, kiedy mężczyzna, cały zdyszany, podbiega do mnie.

— Niech pani nie zapomni mnie odwiedzić, gdy będzie pani w Ameryce. Bo przyjedzie pani do Ameryki, nieprawdaż? Cieszylibyśmy się — przełyka ślinę — ja bym się cieszył!

— Ależ oczywiście, panie Goldberg, odwiedzę pana. Z całą pewnością.

Później, gdy leżę w łóżku i jak co wieczór rozpaczliwie usiłuję zasnąć — próbuję myśleć już tylko o czymś pięknym i spokojnym. O zielonej łące, ciepłych promieniach słońca, o lecie, które nadejdzie lada moment. Ale zamiast tego widzę ponurą salę szpitalną, w której wtedy, tuż po wojnie, zmarł mój ojciec.

Wręczyli nam tylko jego niebieskie wieczne pióro, stary zegarek marki Omega i brzytwę. Wszystko zapakowane do małego tekturowego pudełka.

„Był dobrym człowiekiem", powiedział dzisiaj ten stary Żyd. Ojciec oddał mu w obozie swój chleb. Chleb lub para butów decydowały tam o życiu lub śmierci.

Zaraz po powrocie z Oświęcimia ojciec został aresztowany. Do dziś nie wiem dlaczego. Siedział w więzieniu, aż śmiertelnie zachorował, zwolnili go więc, aby umarł w szpitalu. Miał dopiero trzydzieści dziewięć lat i całkiem siwe włosy.

„Dobry człowiek", powiedział Samuel Goldberg...

* * *

Tego lata w połowie czerwca w Krakowie kwitną jeszcze kasztanowce. Białe kwiaty tworzą na każdej gałązce małe wieżyczki. „Świece" — mówią krakowianie.

— Moje drogie, kiedy kwitną kasztany — upominali nas nauczyciele — miejcie się na baczności. Wy dopiero wówczas zaczynacie się uczyć, a to o wiele za późno. Wtedy wystawia się już oceny na świadectwa. Miejcie się na baczności, gdy kwitną kasztany!

Po dziś dzień noszę w sercu lęk przed egzaminami. Został mi z tamtych czasów, bo nigdy się zbyt wiele nie uczyłam. Tyle że egzaminy, które muszę teraz zdawać, odbywają się nie tylko w czerwcu.

Siadam na ławce na Plantach. Słońce prześwieca przez liście drzew — małe białe kwiatuszki kasztanowców unoszą się w powietrzu.

Siedziałyśmy wówczas z Barbarą, moją koleżanką szkolną, na tej samej ławce i uczyłyśmy się łacińskich słówek do egzaminu.

— Proszę cię, Basiu, ja to umiem — błagałam — przestańmy już.

Barbara była surowa.

— Wcale nie umiesz, powtarzaj, powtarzaj, powtarzaj.

Zamknęłam oczy. Obce łacińskie słówka wirowały w mojej głowie.

— Porozmawiajmy o czymś innym, Basiu, o chłopakach, o miłości. Może powinnyśmy pójść dzisiaj do fryzjera podciąć włosy. Jest teraz taka nowa fryzura, nazywa się „Simona"…

— No, dobrze, ale powtórzysz wszystko w domu. Obiecujesz?

Na rogu pijemy jeszcze wodę sodową z saturatora, z odrobiną syropu malinowego. Sprzedawca ma tylko jedną szklankę, którą oferuje wszystkim. Płucze ją gdzieś tam, nie za bardzo higienicznie. Ale napój i tak cudownie smakuje.

— Nie zapomnij o matematyce — woła za mną Basia na pożegnanie. — O cosinusie!

Co to jest cosinus? Nie wiem tego do dziś.

Teraz, wiele lat później, mogę robić w Krakowie, co mi się żywnie podoba: opalać się na ławce na Plantach, wałęsać się po wąskich, ocienionych uliczkach, pić kawę na Rynku. Nie, nie tylko kawę — nawet *espresso*, jak we Włoszech. W Krakowie nigdy nie jest tak pięknie jak w czerwcu. Miasto wtedy pulsuje licznymi festiwalami: sztuki, tańca, muzyki, kultury żydowskiej. Czerwiec to miesiąc, kiedy spotykają się tu naprawdę wszyscy. Tubylcy i przyjezdni, turyści, starzy emigranci, którzy przybywają na kilka dni z wielu krajów, z odległych kontynentów, no i oczywiście młodzi, studenci.

Spotykają się na koncertach, wystawach, uroczystościach. Panuje nastrój jak w uniwersyteckim campusie. Byle tylko być wszędzie, niczego nie przegapić, we wszystkim wziąć udział. Szybko rozchodzą się plotki o tym, która ze znanych osobistości przebywa akurat w mieście.

Na Rynku spotykam Aviwę — poetkę z Izraela. Jest niska, siwowłosa, starsza ode mnie. Ale sprawia wrażenie młodej dziewczyny. Zawsze gorliwa, entuzjastyczna, wszystkim zachwycona. Jest również dzieckiem Holocaustu, jak ja.

— Poznałaś już Profesora? — pyta mnie prawie bez tchu. — Musisz go koniecznie poznać, bardzo interesujący mężczyzna, napisał świetną książkę. Przyjdź jutro na koncert. Poznam was ze sobą — szczebiocze, i otoczona wianuszkiem podziwiających ją studentów, znika, zanim zdążę cokolwiek odpowiedzieć.

Profesor — myślę później. Jaki Profesor? Z pewnością jakiś starszy mężczyzna. Z pewnością kolejna straszna historia życiowa. Ale zrobię to dla Aviwy! A na koncert wybieram się tak czy owak. Wszyscy spotkają się w starej krakowskiej synagodze. Przybędą tutejsi prominenci, goście, po prostu wszyscy...

Nazajutrz już o pół do ósmej rano dzwoni telefon. To telewizja.

— Pani Ligocka, chcielibyśmy przeprowadzić z panią wywiad.

Redaktorka ma silny głos, zbyt donośny jak na tę porę dnia.

— Wywiad? Kiedy? Jutro, pojutrze? — pytam zaspana.

— Nie. Teraz. Natychmiast. Proszę wybaczyć ten napad. Potrzebujemy pani teraz, od razu. Tak się złożyło.

— Ale ja...

Opór jest bezcelowy.

— Przyślemy samochód do hotelu. To będzie piękna rozmowa. We troje. Zobaczy pani. Prezydent miasta, Profesor i pani — na placu przed synagogą, w dzielnicy żydowskiej. Wspaniale.

Prezydenta znam.

— A kto to jest ten Profesor?

— Co? Nie zna go pani?

Głos w słuchawce brzmi nieco protekcjonalnie.

— Interesujący mężczyzna. Jest prawdziwym profesorem i wszyscy tak go nazywają. Kieruje Instytutem Kultury Żydowskiej w Warszawie. On także przeżył tu wojnę jako dziecko... ukrywał się... jak pani. Napisał o tym książkę, z pewnością już pani o niej słyszała.

— Owszem, słyszałam.

— Będzie wspaniale... fantastycznie. Przyślemy samochód. Do zobaczenia!

Plac przed synagogą w dzielnicy żydowskiej. Dawniej istotnie mieszkali tu Żydzi. Mieli swoje sklepy, własne szkoły, krawców, salony fryzjerskie, kramiki. Na podwórkach schła bielizna. Mali umorusani chłopcy bawili się w kałużach albo grali na bruku w klasy. Na skroniach mieli loczki, zwane pejsami, na nogach podarte skarpety. Było ciasno, brudno. Starzy Żydzi się kłócili, inni w czarnych kaftanach wysiadywali na słońcu przed sklepami i głaskali się po brodach. Młodzi chodzili do swojej jesziwy. W piątki szli do bóżnicy. Kobiety sprzedawały na drewnianych stołach kury. Wieczorami zapalały świece...

Nigdy tego nie widziałam, było to przed moim urodzeniem, tak sobie to tylko wyobrażam...

Teraz nie ma tu Żydów. Już tutaj nie mieszkają. Ci, którzy ocaleli, żyją zupełnie gdzie indziej. Przyjeżdżają tylko w odwiedziny. Jako goście.

W biurze festiwalowym każdy otrzymuje identyfikator. Na moim widnieje napis: „Roma Ligocka — gość"...

Pusty plac lśni w porannym słońcu. Na jasno pomalowanych fasadach pysznią się kolorowe szyldy. Prawie w każdej kamieniczce mieści się jakaś kawiarnia lub hotel.

Starą synagogę przekształcono na muzeum. Kilku turystów, z pewnością ranne ptaszki, siedzi w ogródkach okolicznych kawiarń. Poza tym prawie pusto.

Pośrodku placu widzę już wóz transmisyjny. Dużymi literami wymalowano na nim napis: TELEWIZJA. Obok charakteryzatorka ustawiła stolik ze szminkami i pędzelkami.

Od razu się na mnie rzuca:

— Pani Ligocka? Proszę siadać. Szybko, szybko.

— Wyglądam na strasznie zaspaną — skarżę się niepewnie.

— Nic nie szkodzi. Nic nie szkodzi — uśmiecha się uprzejmie, ale ja wiem, co ona sobie myśli. W twoim wieku, myśli pewnie, w ogóle nie gra roli to, jak wyglądasz. Grunt, żebyś się zamknęła i pozwoliła mi robić swoje.

Podczas gdy charakteryzatorka macha gorliwie pędzlem po mojej twarzy, nadbiega pani redaktor. Ma włosy w dwu kolorach: dolna część jest czarna jak smoła, górna — płomiennie ruda. Pośpiesznie ściska mi dłoń.

— Kiedy będziecie gotowe? — pyta charakteryzatorkę. — Nie śpieszcie się — decyduje po chwili. — Najpierw przeprowadzimy wywiad z Profesorem.

Odwracam się i tuż przed synagogą widzę ustawioną czerwoną sofę. Siedzi na niej mężczyzna — wysoki, szczupły, opalony, siwowłosy. Pali fajkę.

— Proszę tu poczekać — rozkazuje rudo-czarnowłosa. — Zrobimy najpierw Profesora.

— Jak to? — pytam, ale już coś podejrzewam i zaczynam się trochę wściekać. — Nie będzie rozmowy we troje?

— Nie — mówi kobieta — przemyśleliśmy to. Zrobimy wszystko po kolei. Najpierw on, potem pani. Prezydent przyjedzie później. Tak będzie lepiej.

A widząc, że chcę zaprotestować, kładzie mi uspokajająco rękę na ramieniu.

— Tylko ze względów technicznych — dodaje.

— A więc tymczasem, do zobaczenia!

27

Opuszcza nas szybko, przysiada obok siwowło-
sego mężczyzny na sofie i podtyka mu pod nos
mikrofon.

Charakteryzatorka znowu macha pędzlem po
mojej twarzy.

— Proszę zamknąć oczy — mówi.

Tu w pobliżu jest żydowski cmentarz, gdzie leży pochowany mój ojciec. Właściwie powinnam
kazać odnowić jego grób...

— Szybko, szybko, zaraz kolej na panią.

Redaktorka wyrywa mnie z zamyślenia. Lekko kaszle i pije wodę. Ma zaczerwienione policzki, a w ręce papierosa, z którego popiół spada na
ziemię.

— Niech mnie pani przynajmniej pozna z tym
Profesorem — mówię, ciągle jeszcze trochę obra-
żona.

— Z Profesorem? Ależ chętnie.

Idziemy kilka kroków w kierunku mężczyzny,
który akurat wstaje z sofy, nadal paląc fajkę. W tej
samej chwili do Profesora podchodzi jakiś młody człowiek. Pod synagogę zajeżdża samochód,
drzwiczki otwierają się gwałtownie. Profesor szybko wsiada do środka, młody człowiek za nim.

Trwa to może ze dwie minuty. Odjechał. Pozostała pusta sofa i delikatny zapach fajki.

* * *

Synagoga jest jasno rozświetlona — już z daleka promienieje na ciemnej ulicy. Zajeżdżają samochody. Młodzi ludzie w białych koszulach prowadzą gości na miejsca.

Panuje rozszeptana, pełna wyczekiwania atmosfera... uroczystość może się rozpocząć.

Mam na sobie długą białą suknię wieczorową, akurat na lato. Czuję się w niej dobrze. Uszyta z miękkiego, lejącego się materiału — pochlebia ciału, pochlebia duszy.

Młoda dziewczyna prowadzi mnie do pierwszego rzędu.

Kilka krzeseł dalej, na lewo ode mnie, dostrzegam charakterystyczną twarz mężczyzny, którego widziałam dzisiejszego poranka.

Stara synagoga. Świeżo odrestaurowana — piękna. Może za bardzo odnowiona. Zbyt piękna.

Tak często bywałam tu w dzieciństwie. To tutaj pobrali się moi rodzice...

W tym mieście, w tym miejscu, przesuwają się dla mnie granice. Są chwile, że nie wiem dokładnie, co jest Dzisiaj, a co Wczoraj.

Piękna, smutna muzyka. Zawsze, kiedy ją słyszę, wyobrażam sobie siedzącą przy stole rodzinę: czerwony obrus z aksamitu, na nim białe koronki. Ojciec, matka, dzieci... wujowie i ciotki. Światło świec. *Szma!* — Słuchaj! Kantor śpiewa wysokim, donośnym głosem, wypełniającym całą przestrzeń:

— *Baruch ata Adonai...* — Boże, pobłogosław nam...

Gdzie jest Wczoraj, gdzie Dzisiaj?

Dopiero wczoraj modliłam się tutaj jako małe dziecko. Było zimno, ogrzewanie nie działało. W mozaikach brakowało wielu kamyków, tynk odpadał od ścian. Biegałam tam i z powrotem między ławkami, uradowana, że w te dni nie muszę chodzić do szkoły. Były to żydowskie święta, tylko dla nas. A moje „aryjskie" przyjaciółki musiały wtedy siedzieć w dusznej klasie.

Wtedy cieszyłam się, chociaż ludzie wokół mnie ciągle płakali. Stali albo siedzieli w małych grupkach, nie było ich wielu. Niewielu pozostało.

„Przeżył". To słowo słyszałam wszędzie. „Kto przeżył?" — tak pytano na powitanie, tak pytano na pożegnanie. Wszyscy płakali. Na górze, na balkonie — kobiety. Na dole — mężczyźni. Kobiet było więcej. Przy wejściu stały niewielkie lampki i świece. Dla każdego zmarłego jedna.

Całe morze świec. Synagoga zmieniała się w wielki lśniący ocean. A pośród tego wszystkiego — my, dzieci. Niewielka gromadka: ciemne włosy, blade twarzyczki — ciągle jeszcze przerażone oczy.

— Jadłem dzisiaj chleb z szynką — oznajmił jakiś chłopiec piskliwym głosem i uśmiechnął się bezczelnie.

Chciał nas tym zdaniem tylko sprowokować, ale wszyscy spojrzeli na niego z zazdrością, jako że nasza religia zabrania jedzenia szynki...

Muzyka nagle się urywa, chór skończył pierwszą pieśń. Teraz kolej na mówców. Mogę spokojnie marzyć dalej. Na czym to stanęłam?

— A teraz oddaję głos Profesorowi.

Długa, ciemna postać po mojej lewicy już wskakuje na scenę. Młodzieńczy w ruchach, niekonwencjonalny w zachowaniu, uśmiechnięty mężczyzna. W czarnej koszuli i czarnych spodniach wygląda jakoś prywatnie pośród tych wszystkich garniturów, białych koszul, krawatów i smokingów.

Od razu też przeprasza za swój strój:

— Wiecie państwo, w moim kraju, w Izraelu, jest zawsze tak gorąco, po prostu ciągle zapominam o marynarce.

Śmieje się. Jego śmiech jest zaraźliwy, więc wszyscy mu wtórują.

Mówi po polsku, po angielsku. Między nim a publicznością od razu zaiskrzyło. Widać, że przywykł do tego, iż stanowi centrum zainteresowania, i sprawia mu to przyjemność. Jest tutaj znany. Dowcipkuje, a potem poważnieje. Opowiada o wojnie w Izraelu. Nie zawsze mówi to, co ludzie chcieliby usłyszeć, ale wszyscy chcą słuchać tego, co mówi.

Uśmiecha się często — jest opalony, siwe włosy tworzą piękny kontrast z jego śniadą skórą. Niektóre kobiety nie mogą oderwać od niego wzroku.

Co za mężczyzna, myślę zachwycona. Co za mężczyzna!

Wtedy znowu zaczyna śpiewać chór. Muzyka unosi mnie, czy tego chcę, czy nie, z powrotem w przeszłość. Niektóre melodie są mi niezwykle znajome, chociaż nigdy w życiu ich nie słyszałam.

Na koniec wszyscy śpiewają *Az der rebe tanc*. Tę pieśń śpiewała również moja mama. Czy odśpiewano ją także podczas ślubu rodziców? Wtedy w Krakowie. W tej synagodze. Byli wówczas tacy młodzi. Po siedmiu długich latach, jakie minęły od zaręczyn, Tosia i Dawid mogli się wreszcie pobrać. Zimą 1933 roku — w czas zimowego przesilenia.

— Na noc poślubną wybraliśmy sobie najdłuższą noc w roku — z dumą opowiadała mi później matka. — Tak to się robi!

Mój ojciec miał wtedy dwadzieścia sześć lat, Tosia dwadzieścia trzy, i byli nadal tak zakochani, jak pierwszego dnia. W domu czekał na nich i gości olbrzymi stół: pieczeń z gęsi, góry ciast, wino rodzynkowe. Później wyjechali na wieś. Ojciec kupił tam mały letni domek. Nazwał go „TOSIA", imieniem swojej żony.

Chcieli mieć dużo dzieci. Przynajmniej pięcioro. A urodziłam im się tylko ja.

Gdy wybuchła wojna, Dawid miał trzydzieści jeden lat, Tosia zaś dwadzieścia osiem. On poszedł do obozu, ona do getta, ze mną.

Baruch ata Adonai... — śpiewa chór jeszcze raz, na pożegnanie, wszyscy wstają, śpiewają do wtóru. Profesor ponownie wskakuje na scenę, podaje rękę kierownikowi chóru, nuci jeszcze wraz z nim małe solo. *Szalom, szalom...* — „A pokój niech będzie z nami..."

Później Aviwa wyławia mnie z tłumu ludzi wylewających się z synagogi. Trzyma mnie mocno za rękę, drugą chwyta rękę Profesora, który jeszcze z kimś rozmawia. Przez chwilę wygląda to tak, jakby chciała związać nasze dłonie.

— Czy mogę przedstawić? — pyta.

On patrzy na mnie trochę z góry, jest o wiele wyższy. Ciepły, silny uścisk dłoni. Jego ciemne oczy lustrują mnie uważnie, z zaciekawieniem.

— Miło mi poznać.

— Jestem Dawid Schwarz...

ROZDZIAŁ II

LIPIEC

W ciągu ostatnich dni wszędzie natrafiam na zdjęcie z okładki: ciemne oczy, białe włosy, piękne dłonie. Widać je w gazetach, w witrynach licznych księgarń wokół Rynku, na plakatach. Książka o dzieciństwie Dawida Schwarza. Oczywiście natychmiast ją kupuję i od razu zabieram się do czytania.

* * *

Pewnego szarego i zimnego dnia w getcie — było to wcześnie rano albo wieczorem przed godziną policyjną, nikt już tego dzisiaj dobrze nie pamięta — pewna matka Żydówka wzięła małą rączkę swojego synka i wcisnęła ją w rękę młodej Polki.

— Weź go, Haniu — powiedziała błagalnie — weź go, przyniesie ci szczęście…

Szczęście? — pomyślała jasnowłosa kobieta. Przecież na każdym rogu roi się od gestapo.

Przyszła tu tylko z krótką wizytą, by przynieść trochę jedzenia swoim byłym pracodawcom, których bardzo lubiła. Nawet udało jej się załatwić dla siebie odpowiednią przepustkę.

Teraz stała bezradnie pośrodku zatęchłego ciemnego pokoju, a chłopiec obok niej.

Miał czarne kręcone włosy, duże czarne oczy i był maleńki. Liczył sobie równo dwa latka.

Gdyby chociaż nie miał takich czarnych włosów — pomyślała Hania.

— Przyniesie ci szczęście — powtarzała matka z uporem. — Pójdziesz za to do nieba. Weź go do siebie, będzie się za ciebie modlił... może kiedyś zostanie księdzem...

Palce Hani bawiły się nerwowo małym złotym krzyżykiem wiszącym na jej szyi. Nadal stała niezdecydowana, chociaż już dawno powinna wracać. Odwiedzanie Żydów było zbyt niebezpieczne.

Matka chłopca wyciągnęła szybko spod łóżka dużą starą walizkę.

— Jak się nie da inaczej — powiedziała śpiesznie — zapakujesz go do tej walizki...

— On tego nie wytrzyma! — wykrzyknęła Hania — nie zmieści się.

— Zmieści się. Będzie leżał cichutko. Bardzo grzecznie...

Uklękła, otworzyła walizkę.

— Schowaj się, Dawidku! — szepnęła dziecku do ucha. — Proszę, schowaj się.

Malec bez wahania wskoczył do walizki, zwinął się w kłębuszek, niczym małe zwierzątko, i zamknął oczy.

— Widzisz — powiedziała jego matka do Hani i podniosła się. — Widzisz? Ćwiczyliśmy to z nim.

Kobiety popatrzyły sobie głęboko w oczy. Przez chwilę stały w milczeniu. Ale nie było już czasu na zastanowienie.

Z pobliskich ulic zaczęły dobiegać strzały, wrzaski i ochrypłe ujadanie psów.

— Chodź, Dawidku — powiedziała jasnowłosa kobieta i mocniej ściągnęła kraciastą wełnianą chustę na ramionach. — Chodź.

Malec ufnie złożył swoją rączkę w jej dłoni. Znał Hanię od urodzenia, jeszcze do niedawna była jego nianią.

Matka zapięła mu starannie płaszczyk i naciągnęła czapkę głęboko na oczy. Wyglądało to tak, jakby tych dwoje wybierało się po prostu na spacer.

— Jak jest w czapce, to nie widać mu tak bardzo włosków — powiedziała matka Dawidka.

Stali już przy drzwiach.

— Poczekaj, Haniu, poczekaj — kobieta zaczęła szukać czegoś w torebce, po czym wetknęła Polce do ręki małą fotografię.

— Jesteśmy na niej wszyscy — powiedziała bez tchu.

Hania wzięła mały kartonik i wsunęła go między skórzaną oprawę modlitewnika.

— Dawidku! Zaczekaj! — zawołał nagle cienki dziewczęcy głosik z kąta pokoju.

Starsza siostra Dawida, która do tej pory siedziała apatycznie na łóżku, zerwała się, podbiegła boso do obojga wychodzących i wcisnęła bratu w ramiona małą szmacianą lalkę.

Clowna.

„Przez całe lata nie wiedziałem, że mam siostrę
— powie później Dawid — ale clowna pamiętam
dobrze jeszcze dzisiaj".

Na ulicy leżały sterty mebli. Ludzie wystawia-
li je, ponieważ mieszkania były strasznie przepełnione.

Deszcz z łoskotem uderzał o meble.

Młoda kobieta ścisnęła mocno rączkę malca,
w drugiej trzymała walizkę. Poszli przez środek
placu.

Później wszystko potoczyło się błyskawicznie.
Zza rogu ulicy wyjechała ciężarówka. Hania z daleka zobaczyła, jak wyskakują z niej umundurowani mężczyźni i znikają w wąskich uliczkach.

Wkrótce potem zaczęli wypędzać ludzi z domów
i ze strasznym wrzaskiem ładować ich do samochodu.

Walizka — pomyślała zrozpaczona Hania —
muszę wpakować dziecko do walizki. Szybko
— odwróciła się, ale chłopca nie było. Mała istot-
ka wyrwała się jej i gdzieś zniknęła. Zanim Hania się spostrzegła, malec podbiegł do sterty mebli
i wczołgał się do na wpół otwartej szafy. Ciężarówka z głośnym turkotem przejechała obok Hani. Nikt jej nie zatrzymywał.

Młoda kobieta ściągnęła mocniej chustę na ramionach i jeszcze raz się rozejrzała. Dziecka nigdzie nie było widać. Może to i lepiej… — pomyślała przez moment. — Teraz miałabym okazję
pójść dalej sama. Jeśli go nie będzie…

Wtedy jednak zobaczyła, że w dużej szafie z lustrem, której drzwi były lekko uchylone, coś się
porusza. Ukazał się bucik, potem rączka… Hania

wyciągnęła mały drżący tłumoczek i mocno go
do siebie przytuliła.

— Chodź, Dawidku...

„Gdyby moja mama Hania nie znalazła mnie
wtedy w tej szafie — opowiada Dawid w swojej
książce — dzisiaj już bym prawdopodobnie nie
żył".

Odkładam książkę i zamykam oczy. Widzę
wszystko przed sobą tak dokładnie, jakby to była
część mojej historii. Jakby to była historia mojego
brata...

„Przetrwałem pierwszy etap ucieczki — pisze
Dawid — nawet tego tak dokładnie nie pamiętam, opowiedziano mi o tym później, wiele lat
później.

Ale moje życie jeszcze długo było zagrożone".

„Pierwsza rzecz, jaką naprawdę pamiętam —
opowiada Dawid dalej — to potwornie przepełnione mieszkanie gdzieś na przedmieściach miasta. Przeważnie leżałem pod łóżkiem, na którym
przesiadywali dorośli. Pili wódkę. Klęli. Nocami
moja nowa mama wyciągała mnie spod łóżka,
myła, dawała coś do jedzenia. Spędziliśmy tam
chyba całą zimę. Ludzie, którzy z nami mieszkali,
nie lubili mnie i raz po raz wsuwali z powrotem
pod łóżko. Nie chcieli, żebym zdejmował czapkę.
Zawsze naciągali mi ją głęboko na oczy. Kłócili się
o mnie z Hanią, bo się bali. Wrzeszczeli na nas.
Złorzeczyli.

Pewnego dnia wyjechaliśmy, Hania i ja, gdzieś
bardzo daleko pociągiem. Dobrze pamiętam tę

długą drogę. Była to moja pierwsza podróż koleją. Trwała cały dzień, całą noc, a może jeszcze dłużej. Był też z nami mężczyzna — przyszły mąż Hani. Mój nowy ojciec...

Za każdym razem, gdy do przedziału wchodzili obcy ludzie, wpełzałem szybko pod ławkę, świetnie to opanowałem...

Jeszcze dzisiaj, kiedy ktoś wchodzi w pociągu do przedziału, w którym siedzę — ja, dorosły mężczyzna — mam przez króciutką chwilę uczucie, że powinienem wpełznąć pod ławkę. Jeszcze dzisiaj..."

Zatrzymali się przed starym, trochę zrujnowanym domkiem o drewnianym dachu i małych okienkach. Przy płocie rosły kolorowe kwiaty. Za domem zaczynał się las. W pobliżu znajdowało się tylko kilka chłopskich zagród. Do wsi było stąd dość daleko.

Przez najbliższy czas miał to być dom Dawida. Zamieszkali tu we czworo: ojciec, matka, dziecko i ojciec ojca — nowy dziadek Dawida.

Był to starszy mężczyzna o zatroskanej twarzy, spokojny, milczący, wiecznie z fajką w ustach. Dawid natychmiast się z nim zaprzyjaźnił.

„Nauczył mnie, jak się nabija i zapala fajkę. Umiał to robić jak nikt inny. Czasem, gdy byliśmy w domu sami, opowiadał mi bajki. Ledwo je rozumiałem. To były pierwsze bajki w moim życiu".

Nowa mama — wkrótce po prostu tylko mama — była pomocą domową na plebanii. Czasem we wczesnych godzinach porannych zabierała chłopca ze sobą.

Dla dziecka oznaczało to długą wędrówkę po zakurzonym gościńcu. Ale warto było, to wnętrze kościoła zapierało swoim pięknem dech w piersiach.

Kwiaty, kolory, światło i wiele świętych figur, ołtarz...

„Pozwalano mi wdrapywać się na ołtarz, wstawiać kwiaty do wazonów, zapalać świece — nie było niczego piękniejszego na świecie..."

Kiedy matka pracowała na cmentarzu za kościołem, Dawid bawił się pośród grobów — to był jego pierwszy plac zabaw.

Wzdłuż cmentarza płynął mały strumyk. Chłopiec wrzucał kamienie do szemrzącej wody — jeden za drugim...

W domu nie mógł zapomnieć o pięknym kościele. Ściągał ze stołu biały koronkowy obrus, kładł go sobie na ramionach i bawił się w księdza — celebrował mszę. Dziadek przyglądał mu się i z uznaniem kiwał głową. Co wieczór ojciec kładł Dawida do łóżka i modlił się razem z nim. Już wkrótce mały Dunek — bo tak go teraz nazywano — znał na pamięć wszystkie modlitwy. Ojciec był bardzo religijny, często się modlił. Klęczał i modlił się dalej, gdy Dunek już dawno spał. Zdarzały się jednak również inne dni i noce. Noce, w czasie których ojciec gwałtownie wyrywał Dawida ze snu i wyciągał z łóżka.

— Biegiem, Dunek, biegiem. Szybko — wołał.

Był to szept i zarazem krzyk.

Malec wiedział, że w lesie jest kryjówka, ziemianka wykopana specjalnie w tym celu. Dokładnie znał prowadzącą tam drogę. Musiał wczołgać się do środka i zasunąć gałęzie nad głową. Czekał w ukryciu, póki ojciec po niego nie przyszedł. Trwało to długo, niekiedy bardzo długo.

Czasem na drodze pojawiali się niemieccy żołnierze lub policja, czasem znowu sąsiedzi coś zauważyli... w lesie często słychać było strzały. Mijała cała noc, cały dzień... a kiedy wreszcie ojciec przychodził po dziecko, było całkiem zesztywniałe z zimna i zmęczenia. Ciepłe łóżko... tak bardzo pragnął, żeby pozwolono mu spać, żeby go znowu nie zrywano... ale nic nie mówił, nigdy nie płakał — był posłuszny.

Wkrótce nawet leśna kryjówka okazała się nieprzydatna. Nastała surowa, bardzo mroźna zima. Ziemię na wysokość kilku metrów pokrywał śnieg. Wieczorami dorośli siedzieli przy stole i naradzali się, co robić. Nie musieli wiele mówić — Dawid wiedział, że chodzi o niego. Że trzeba go ukryć.

Nie wiedział tylko dlaczego.

Zapomniał już o całej swojej przeszłości. Zapomniał o getcie, zapomniał o wszystkim, także o „tamtych" rodzicach. Wydawało mu się, że dopiero się urodził — wówczas w pociągu.

Za domem była drewniana szopa, a pod nią mała piwniczka. Właściwie tylko taka większa dziura. Ojciec ją przebudował, obił drewnem. Rozłożył słomę na ziemi.

Piwniczka miała około osiemdziesięciu centymetrów wysokości. Nie dało się w niej stać — można było tylko siedzieć lub leżeć.

Dawid musiał tam spędzać coraz więcej czasu.

Sąsiedzi, a także inni ludzie ze wsi, szeptali już między sobą. Córka sąsiadów pracowała teraz w mieście u Niemców. Nie wiedziano, co może tam opowiadać. Gdy przychodziła z wizytą do rodziców małego Dunka, nie powinna była go widzieć.

Wieczorem, po ciemku, matka stawiała przed szopą butelkę mleka i kawałek chleba. Mała rączka zabierała to do kryjówki.

Było w niej ciemno, samotnie i nudno. Dawid zbierał z ziemi małe drewniane patyczki i bawił się w żołnierzy.

Pewnej nocy w największym pośpiechu wepchnięto do piwniczki innego małego chłopca. Był większy niż Dawid, miał może siedem lub osiem lat. Już od dawna ukrywał się sam w lesie. Chłopi dawali mu od czasu do czasu coś do jedzenia. Któregoś wieczoru, nie mogąc dłużej znieść zimna, stanął po prostu pod drzwiami. Pozwolono mu spać razem z Dawidem w piwnicy.

W dzień chłopcy bawili się patyczkami. W wojnę. Patyczki wyobrażały żołnierzy. W szczelinach drewnianych ścian znajdowali mrówki. To byli jeńcy, ponieważ na wojnie zawsze muszą być jeńcy. Mrówki miały zakaz poruszania się lub ucieczki. Jeśli to robiły, chłopcy po prostu je rozgniatali, skazując na śmierć...

Dawid cieszył się, że jest z nim drugi chłopiec. Od razu poczuł się silniejszy, pewniejszy. Przez te dni zapomniał o całym świecie. Tak pięknie było bawić się z innym dzieckiem.

Pewnego dnia chłopiec zniknął. I nigdy już nie wrócił. Nikt nie wiedział, co się z nim stało. A Dawid nie poznał nawet jego imienia.

* * *

Zamykam książkę Dawida. Później zaś ciągle spotykam jej autora. Na koncertach, w teatrze, w kawiarni. Gdziekolwiek idę, on już tam siedzi — naturalnie w towarzystwie — albo przychodzi później, jakbyśmy się umówili. Zresztą nietrudno się spotkać, skoro ma się tylu wspólnych przyjaciół i te same drogi w tym małym i dziwnym mieście.

— Kiedy pani przyjedzie do Warszawy? — pyta za każdym razem.

Zwykle zamieniamy ze sobą tylko kilka słów, bo zawsze otacza go wielu zachwyconych nim ludzi. Przeważnie kobiet — a może tylko tak mi się wydaje?

Na okładce z tyłu czytam życiorys Dawida: urodzony w Polsce, gdzie przeżył wojnę. W Polsce kończy szkołę i rozpoczyna studia. Emigruje do Izraela. Żołnierz armii izraelskiej. Studiuje historię i politologię. Wykłada na licznych uczelniach. Przez dwa lata jest profesorem politologii na uniwersytecie w Rzymie. Obecnie kieruje Instytutem w Warszawie. Żonaty. Dwóch dorosłych synów... Widzisz!

— Czy żona Profesora też jest tutaj? — pytam zaprzyjaźnioną dziennikarkę, która wszystko wie.

Patrzy na mnie ze zdumieniem na ładnej twarzy Madonny.

— Jego żona? O ile wiem, mieszka w Izraelu...

Po co o to pytam?, karcę się zawstydzona. Jestem idiotką. Przecież to mnie w ogóle nie obchodzi. Ani trochę.

Jego wieczór autorski odbywa się w wypełnionej po brzegi sali teatralnej.

Siadam skromnie w kącie, ale Dawid mnie dostrzega i macha ręką. Jego oczy promienieją. Promienieją cały czas. Mam ze sobą swoją książkę. Chciałabym mu ją podarować. Nie zostaje mi na to wiele czasu, gdyż po wieczorze autorskim znowu otacza go mnóstwo ludzi.

— Może pana zainteresuje...?

— O tak, już bardzo dużo o niej... z pewnością mnie zainteresuje.

Później tłum nas rozdziela. Wycofuję się. Nienawidzę tłumu. W ścisku ogarnia mnie strach.

Tej nocy światło w naszych pokojach hotelowych długo się pali. On po raz pierwszy czyta moją, ja natomiast czytam dalej jego książkę.

* * *

Wkrótce mały Dawidek już nie musiał ukrywać się w piwnicy. Przez wieś przejeżdżali dużymi ciężarówkami radzieccy żołnierze. Wiejscy chłopcy biegli za nimi. Dawidek też. Żołnierze śmiali się, niekiedy rzucali dzieciom coś do jedzenia.

Ku powszechnej radości wojna się skończyła. Wydawało się, że tylko dziadek się nie cieszy. W milczeniu przesiadywał godzinami na swoim łóżku, z nikim nie rozmawiał. Nawet z Dawidem. Chudł coraz bardziej, prawie przestał jeść. Pewnego dnia znaleziono go w domu martwego. Powiesił się. Nikt nie rozumiał dlaczego.

W jakiś czas potem rodzina przeprowadziła się na Śląsk. Do małego miasteczka w pobliżu Wrocławia. Ojciec znalazł tam pracę. — Tak będzie też lepiej ze względu na sąsiadów — powiedział do żony.

Ale Dawid tego nie rozumiał.

W nowym miejscu niemieccy mieszkańcy bardzo śpiesznie opuszczali swoje domy. W popłochu pakowali rzeczy. Tym, którzy robili to nie dość szybko, pomagano.

Dom, w którym mieli teraz zamieszkać rodzice Dawida, został również opuszczony przez jakąś rodzinę. Przed wejściem stały jeszcze ich rzeczy.

Na skraju ulicy mała niemiecka dziewczynka siedziała na tłumoku z pościelą. Była wzrostu Dawida i przyglądała mu się pytająco.

Zaczęła się nauka — Dawid nie lubił lekcji, nie lubił dzieci. Jednak grzecznie chodził do szkoły, bo chciał być dobrym chłopcem. Poza tym pragnął w przyszłości zostać księdzem.

— Na księdza trzeba się długo uczyć — powiedział kiedyś dziadek.

Wiosną urodziło się rodzicom Dawida dziecko. Dziewczynka. Siostrzyczka miała jasne włoski i niebieskie oczka.

— Ładne dziecko — chwalili dorośli. — Bardzo ładne. Cały tatuś!

Potem patrzyli na Dawida — i milkli.

Dawid bardzo kochał ojca. Całą mocą swojego dziecięcego serca pragnął być taki jak on. Niekiedy zamykał się w jego pokoju i przeglądał się w lustrze. Później brał duże, oprawione w ramki zdjęcie ślubne rodziców, które stało na komodzie. Patrzył na swoje odbicie. A potem znowu na fotografię rodziców, na siebie, jeszcze raz na zdjęcie i tak w kółko.

Chyba jest podobny do rodziców, a może nie?

Kiedyś matka przyłapała go na tym, jak z fotografią w ręce stał przed lustrem.

— Co ty tam, dziecko, robisz? — zdziwiła się.

— Mamo, chyba jestem podobny do tatusia, prawda? — spytał chłopiec, a uszy mu poczerwieniały. — Widzisz: nos, usta. Jestem do niego podobny, prawda?

Matka nic nie powiedziała.

Dawid dokładnie pamięta chrzest siostrzyczki. Było to w maju, drzewa w pełnym rozkwicie, świeciło słońce. Wrócili z kościoła. Ojciec z dumą prowadził dziecięcy wózek, Dawid mu pomagał. Jakiś sąsiad, dość podpity, pochylił się nad wózkiem:

— Ładne ma pan dziecko, panie sąsiedzie — powiedział, chwiejąc się na nogach. — Taka blondyneczka, niebieskie oczka — poklepał ojca po plecach. — Pańska żona też ma jasne włosy. Jak to możliwe, że tylko chłopak jest taki ciemny? Dziwne, nie?

Ojciec spurpurowiał. Nie odezwał się ani słowem, zsunął rękę Dawida z poręczy wózka i szybko poszedł dalej. Milczał przez całą drogę.

Później, w domu, dorośli pili wódkę. Rodzina i goście siedzieli przy dużym stole nakrytym białym obrusem. Śpiewali. Chłopiec zakradł się cicho do sypialni, gdzie matka trzymała małą przy piersi.

— Dlaczego tatuś był taki obrażony? — zapytał. — Czy go rozgniewałem? Przecież jestem do niego podobny, prawda? Dlaczego się gniewa?

— Ponieważ... ponieważ wyglądasz na Żyda. A ludzie tego nie lubią — odparła udręczona matka.

— Czy właśnie dlatego musiałem ukrywać się w piwnicy?

— Tak.

— Ale ja nie jestem Żydem, prawda? — spytał chłopiec, wstrzymując oddech. — Prawda, mamo?

Hania milczała przez chwilę, odwróciła od niego wzrok.

— Przecież jesteś naszym dzieckiem — powiedziała cicho. — Wiesz przecież.

Pogładziła chłopca po włosach.

— Jesteś naszym synem — dodała stanowczym głosem.

* * *

Dzieje się ze mną coś dziwnego.

Zakochuję się w tej książce, jestem pełna ciepłych, delikatnych uczuć dla tego małego chłopczyka, którego wojenne losy tak bardzo przypominają moje. Tyle przeżył i doświadczył, podobnie jak ja wówczas. To ten sam strach, ta sama rozpacz. Również on miał uczucie, iż jest jakiś inny — i sądził, że musi być grzecznym chłopcem, aby mu wybaczono.

Zawsze chciałam mieć brata. Jak by to było wspaniale znaleźć brata, nawet jeszcze dzisiaj.

Wieczorem widzę Dawida. Właśnie wsiada do swojego samochodu, musi szybko dokądś pojechać.

Spostrzega mnie już z daleka, otwiera ramiona. Tuli mnie mocno do siebie.

— Dzisiaj w nocy przeczytałem twoją książkę. Musimy pogadać.

Stoję na ulicy. Patrzę za odjeżdżającym autem.

Nie powiedział „pani" — powiedział „ty".

Cały czas czuję ucisk w gardle. Jest jak zasznurowane. Nie mogę też nic jeść.

— Co z tobą? — pytają moje przyjaciółki.

Piją herbatę, przed nimi taca pełna ciastek. Wspaniałe krakowskie ciastka — duże kremówki, brązowe czekoladowe kule pokryte zmielonymi orzechami, nazywane ziemniaczkami. I małe rogaliki z pyszną marmoladą jagodową.

— Skosztuj chociaż jednego — zachęcają.

Z trudem przełykam kawałek rogalika. Ta choroba nazywa się *anorexia nervosa*. Już od lat nie dawała o sobie znać. Wręcz przeciwnie, z wiekiem staję się coraz bardziej łakoma.

Tylko kiedy się bardzo zdenerwuję... Ale przecież nie jestem zdenerwowana. Nie ma żadnego powodu. Natychmiast skończ z tym szaleństwem, upominam się surowo. Słyszysz? Ale jest już za późno. Już wiem, że wcale nie chcę skończyć z tym szaleństwem.

W wirze ostatnich dni byłabym nieomal zapomniała o własnym wieczorze autorskim — właściwym celu mojego pobytu w Krakowie. Kiedy jednak wkraczam do pięknej małej synagogi, odnowionej specjalnie z przeznaczeniem na imprezy kulturalne, jestem znowu spokojna, skoncentrowana i szczęśliwa, że przyszło tylu ludzi. Młodzież siedzi na schodach i na parapetach.

Cieszę się z mnóstwa kwiatów. Panuje tu taki obyczaj, że przynosi się autorom kwiaty. Latem jest ich szczególnie dużo.

Podpisuję właśnie ostatnie książki. Sala już pustoszeje, gdy podchodzi do mnie młoda kobieta. Jest piękna, szczupła. Jej błękitna suknia z lnu sięga do ziemi. Na głowie dziewczyna ma chustkę, kunsztownie związaną w turban.

— Czy miałaby pani chwilę czasu? — pyta z nieśmiałym uśmiechem. Jej młoda twarz jest bardzo blada. Oczy lśnią zielono.

Siadamy na ławce w okiennej niszy.

— Mój lekarz dał mi pani książkę i zmusił do jej przeczytania — uśmiecha się.

Niezwykły początek.

— I co? Przeczytała ją pani?

— Byłam bardzo chora tej wiosny — opowiada niewzruszenie dalej. — Miałam raka — dodaje rzeczowym tonem. — I nie chciałam tego wszystkiego, tej chemioterapii... uważałam, że to bzdura... już nie chciałam...

Potakuję tylko głową. Co mogę na to odpowiedzieć? Że jest jeszcze dzieckiem? Przecież ona sama to wie.

— Wtedy przeczytałam pani książkę. Dodała mi sił. Wprawdzie pani przeżywała to wszystko w czasie wojny, to były całkiem inne czasy, ale skoro człowiek może tak dużo wytrzymać...

— A teraz? Jak się pani teraz czuje? — pytam szybko, ponieważ jej historia i rola, jaką nieświadomie w niej odegrałam, w równym stopniu mnie uszczęśliwia, co zawstydza.

— Teraz czuję się już o wiele, wiele lepiej. — Uśmiecha się znowu, a jej palce dotykają kolorowej chustki na głowie. — Tylko włosy, im potrzeba trochę więcej...

— Napisze mi pani, jak się pani wiedzie? Proszę — mówię i mocno ujmuję jej dłoń.

Mam naraz uczucie, że los tej dziewczyny jest dla mnie bardzo ważny. I że koniecznie muszę w nim uczestniczyć.

Po prostu chciałabym, żeby żyła.

Sala jest już pusta — zbieram pospiesznie swoje rzeczy. Mnóstwo kwiatów — w ogóle nie mogę ich unieść...

— Czy mogę pani pomóc?

Młoda kobieta wraca od drzwi i zbiera ze mną wszystkie bukiety. Są tam też duże gałęzie jaśminu, zasłaniają jej prawie całą twarz.

— Może odwieźć panią do hotelu?

— Co ja z tym wszystkim zrobię w moim pokoju hotelowym?

Postanawiamy złożyć kwiaty na cmentarzu żydowskim. Dziewczyna wiezie mnie tam swoim małym samochodem.

Cmentarz jest już właściwie zamknięty, ale wpuszczają nas.

Kładziemy kolorowe wiązanki na nagrobkach. Nie ma tu wielu starych kamieni, wszystkie z tyłu są już nowe. W czasie wojny Niemcy spustoszyli cmentarz, rozbili płyty nagrobne. Z pozostałych fragmentów utworzono teraz mur. Znajduje się na nim wiele tajemniczych znaków i symboli oraz hebrajskie litery. Słońce powoli zachodzi. W jego ukośnych złotych promieniach kładziemy ostatnie kwiaty na grobie mojego ojca.

Wydaje mi się, jakbym już kiedyś to wszystko widziała, niczym scenę z dawno zapomnianego snu. Z całkiem obcą kobietą stoję przy grobie mojego ojca. Nie znam nawet jej imienia.

— Mam na imię Malina — mówi na pożegnanie.

„Malina". Piękne imię. Jak owoc.

* * *

Koncert na placu pod gołym niebem w ostatni dzień festiwalu. Czy będzie padać, jak ubiegłego lata?, zakładają się młodzi ludzie.

W pięknej restauracji niedaleko synagogi zawsze rezerwują dla mnie miejsce. Na pierwszym piętrze, przy oknie. Nieszczególnie nadaję się do brania udziału w takiej uroczystości, ponieważ boję się tłumu. Ale stąd mogę ją obserwować. Ulica powoli się zapełnia. Pojawiają się grupy młodych ludzi. Muzycy grają, głośniki huczą. Jest też wóz transmisyjny Telewizji Polskiej. Młode dziewczęta o długich włosach mają na sobie spódnice do kostek i krótkie koszulki. Pomiędzy tym dużo nagiej skóry. Poruszają się tak, jakby ciągle tańczyły. Do muzyki i bez niej.

Dawniej, przed wojną, moja babcia kupowała tu kury, myślę, siedząc przy oknie. Czy teraz by się jej tutaj podobało?

Moi rodzice zaraz po ślubie opuścili dzielnicę żydowską. Przeprowadzili się do pięknego mieszkania, do innej, o wiele ładniejszej dzielnicy.

— W tej starej dzielnicy się nie mieszka — mówiła moja matka. Dzisiaj może zmieniłaby zdanie. Teraz prawie wszystko jest tu odnowione.

Sala, w której siedzę, szybko się zapełnia. Wszyscy się znają, rozmawiają, piją wino.

— W przyszłym roku, jak Bóg da, znowu w Krakowie? Albo w Jerozolimie.

Dochodzą nowi goście, witają się. Niektórzy wymieniają adresy, wizytówki. Naprzeciw mnie siedzi angielska pisarka. Podobno także pochodzi z Polski, ale niepodobna tego ustalić, gdyż przez cały wieczór nie odzywa się ani słowem.

Zabłąkało się tu również kilku niemieckich turystów. Niewiele rozumieją z tego, o czym się mówi, ale zdaje się, że to im nie przeszkadza, dobrze się bawią.

Nie widać tylko Dawida. Może już wyjechał?

— Widzisz, widzisz? — mówię do siebie. — Tak, widzę.

Jutro wszyscy rozjadą się do swoich domów.

— Wracasz do Monachium? — pyta mnie ktoś.

— Tak.

— Czego tam jeszcze szukasz w tych swoich Niemczech? — pyta ktoś inny, nieco podchmielony. — Po co tam jedziesz? Czego tam szukasz? Tak. Co robię w Niemczech? Co robimy tu w Polsce, w Ameryce, w Izraelu?

A przecież robimy ciągle to samo — usiłujemy żyć.

* * *

Mimo najszczerszych chęci nie mogę powiedzieć, że nie zauważyłam wejścia Dawida. Dostrzegłam go, chociaż siedziałam plecami do drzwi, chociaż rozmawiałam i piłam wino. I chociaż dobiegająca z dołu muzyka była bardzo głośna.

Dawid z asystentem siada przy sąsiednim stoliku. Jedno miejsce obok siebie zostawia wolne; i pozostaje wolne, dopóki ja się nie przysiądę.

— Roma — mówi i kładzie swoją rękę na mojej. Nie puści jej już przez cały wieczór.

— Roma — powtarza, ale nie brzmi to tak, jakby mnie witał, lecz zawłaszczał. — Kiedy przyjedziesz do Warszawy?

Jestem speszona, staram się zachowywać rzeczowo.

— Myśli pan, że moglibyśmy u pana… w Instytucie… moje wydawnictwo mogłoby… zaprezentować moją książkę…

Wiem, że brzmi to idiotycznie.

— Po pierwsze, przestań mówić do mnie „pan". A może musimy wypić bruderszaft?

Tak. W Krakowie trzeba to zrobić.

Kiedy podnosimy kieliszki, przy stole przypadkowo zalega całkowita cisza. I wszyscy patrzą właśnie na nas.

— Gorzkie wino! Gorzkie wino! — wołają i klaszczą w ręce.

Dawid całuje mnie delikatnie w policzek.

— Mam na imię...

— Wiem, Profesor. A co się tyczy promocji, to trzeba to zaplanować odpowiednio wcześnie, ja...

Dawid zwraca się całkiem w moją stronę, mówi spokojnie, cierpliwie i cicho, jak do dziecka.

— Tak, wiem, trzeba to zaplanować dużo wcześniej. Chętnie zorganizowałbym twój wieczór w Instytucie. Nawet bardzo chętnie. Ale teraz pragnę, żebyś mnie po prostu odwiedziła. Mieszkam sam w strasznie wielkiej willi. Chciałbym cię zaprosić. Może na weekend? Co robisz w najbliższym czasie? Jakie masz plany?

Mogłabym powiedzieć, że nie mam czasu, że naprawdę wszystko jest już zaplanowane. Nawet bym nie skłamała. Moja książka ukazuje się teraz w wielu krajach. Czeka mnie mnóstwo podróży. Zimą muszę polecieć do Ameryki... Ale nic nie mówię.

Nie chciałabym zgasić tego maleńkiego światełka nierozsądku, jakie we mnie rozbłysło.

W ogóle się nie odzywam.

Z dołu dobiega głośna muzyka — żydowska, hiszpańska, brazylijska.

Wszyscy tańczą: młodsi i starsi, obcy i przyjaciele. Tańczymy razem z nimi.

Muzyka miesza się z rytmicznymi dźwiękami bębnów afrykańskich.

W wiszącym na ścianie lustrze przelotnie i niewyraźnie widzę swoją sylwetkę, czerwoną suknię, rozwiane włosy. Bardzo niepoważne.

Ręka Dawida raz po raz szuka mojej...

Nagle nie mogę już tego wszystkiego znieść. Dawid właśnie z kimś rozmawia, odwraca się na krótką chwilę — a ja po prostu stamtąd uciekam. Schodami w dół — na ulicę. Muszę być sama.

Z trudem toruję sobie drogę wśród tłumu hałaśliwych ludzi. Niektórzy są już dość podpici.

Trochę dalej ulica jest pusta.

Idę, idę i idę. Wydaje mi się, że unoszę się kilka centymetrów nad ziemią, jak na latającym dywanie. Albo że płynę ruchomym chodnikiem. Jest ciemno, dopiero teraz zaczyna lekko padać. Pierwsze krople deszczu chłodzą moją rozpaloną twarz.

Właściwie chciałam wziąć taksówkę, ale przychodzi mi to na myśl dopiero w chwili, gdy zbliżam się już do hotelu.

Ściągam buty na wysokich obcasach i dalej idę boso.

W pewnym momencie przystaję, mam wrażenie, że serce podchodzi mi do gardła i nie mogę złapać powietrza.

To wszystko nie może być prawdą, mówię do siebie. To nieprawda.

— Idźże wreszcie dalej — odzywa się we mnie ta druga — Rozsądna. — Pada deszcz, zaziębisz się.

Bosymi, brudnymi stopami wchodzę na lśniącą marmurową podłogę w hallu hotelu. Mężczyzna przy drzwiach patrzy na mnie zdumiony.

Siadam na łóżku, gdzie jeszcze leży książka Dawida. Nie mogłam z nim rozmawiać, więc teraz rozmawiam z jego fotografią.

— Kim jesteś, obcy mężczyzno? — pytam.

— Myślałam, że mógłbyś być kimś w rodzaju mojego brata...

— Ale dzięki Bogu nie jestem — odpowiadają jego ciemne oczy.

— Co we mnie widzisz? Dlaczego ja?

— Bo umiem sobie wyobrazić, że bez wielu słów zrozumiesz mnie lepiej niż inni... Może nawet lepiej niż ktokolwiek na świecie.

— A więc zanosi się na coś poważnego?

— Zobaczymy...

— Nie chciałabym tylko, aby jeszcze ktokolwiek w życiu mnie zranił. Nigdy więcej.

— Spójrz na mnie. Spójrzże na mnie — mówią znowu jego oczy — czy sądzisz, że ktoś taki jak ja może zranić kogoś takiego jak ty?

— Nie wyglądam już tak jak kiedyś...

— Wyobraź sobie, że interesuje mnie również twoje wnętrze, a co do powierzchowności, to mogę cię zapewnić, że też jest wszystko w porządku...

Nie mogę zasnąć do rana. Krótka, jasna letnia noc niebawem się kończy.

Stoję przy oknie i obserwuję różowe niebo, srebrne dachy, wieże kościołów. Zaczynają świergotać pierwsze ptaki. To nie słowik — to skowronek...

Mój numer telefonu! Uświadamiam sobie nagle, że w całym tym zamieszaniu nie dałam mu numeru telefonu. Do diabła! Współczesna Julia nie powinna być taka zapominalska.

Tutaj w Polsce nie udałoby mu się chyba tak łatwo znaleźć numeru mojego niemieckiego telefonu komórkowego.

Czy już wyjechał?

Tego niedzielnego poranka dzielnica żydowska sprawia istotnie wrażenie opuszczonej. On musi gdzieś tu mieszkać, w jednym z tych hoteli. Przynajmniej tutaj często stało jego auto... Przyjechałam szybko, najszybciej jak mogłam, taksówką w to miejsce. A teraz nie wiem, co robić dalej.

Nie mogę przecież tak po prostu stać przed hotelem Dawida i czekać jak zakochana nastolatka.

Niezdecydowana idę dalej. W kawiarnianym ogródku na rogu ulicy siedzi znajoma dziennikarka z telewizji. Ta o twarzy Madonny, cała w bieli, z włosami gładko zaczesanymi do tyłu i spiętymi klamrą. Wokół niej wianuszek wielbicieli.

— Roma! — woła radośnie na mój widok.

— Idziemy właśnie pożegnać Dawida Schwarza. Przyłączy się pani do nas?

Dawid rozmawia ze wszystkimi naraz, umawia się, podpisuje jeszcze książki. Obstępujemy samochód. Kierowca przynosi walizki Dawida, otwiera drzwiczki. Kiedy dochodzę do głosu, jest już prawie za późno.

— Zapisałam panu mój numer telefonu... Chciał go pan przecież...

Z neutralnym wyrazem twarzy Dawid chowa małą kartkę do górnej kieszonki marynarki.

— Jeszcze jak chciałem go mieć — szepcze mi do ucha.

— Zadzwonię — mówi znowu oficjalnie — wkrótce.

Chyba jednak się w coś wplątałam, myślę kilka godzin później.

Trochę bez celu wałęsam się po mieście.

Euforia ostatniej nocy ustępuje miejsca lekko melancholijnemu nastrojowi.

Miasto jest pełne niedzielnych spacerowiczów.

Powoli, dostojnie i leniwie przechadzają się po wąskich uliczkach, siedzą w kawiarnianych ogródkach, jedzą lody. Młodzi ojcowie biorą dzieci na barana. Wystrojone mamy podążają za nimi truchcikiem.

I co dalej?, zadaję sobie pytanie.

„Wkrótce", powiedział. Co dla niego znaczy „wkrótce"? Tydzień? Może dwa? Nie mogę przecież zostać w hotelu i czekać na jego telefon.

— ...a kiedy już wrócisz do Monachium, chyba nie polecisz od razu z powrotem do Polski? — odzywa się we mnie Rozsądna. — W ogóle nie masz na to czasu. Nie znasz swoich terminów?

— Tak, Rozsądna, masz rację. Masz sporo racji.

— No właśnie. Pakuj walizki i wyjeżdżaj. Zapomnij o wszystkim.

— Posłuchaj — próbuję ją udobruchać. — Tak czy owak, muszę tu zostać jeszcze kilka dni. Mam coś do załatwienia w moim polskim wydawnictwie. A pod koniec tygodnia są urodziny Dawida.

Ta data znajduje się w jego książce. Jeśli nie odezwie się do tego dnia, spakuję manatki, wyjadę i zapomnę. Dobrze?

— Dobrze.

W poniedziałek rano siedzimy przy dużym okrągłym stole w wydawnictwie. Bardzo lubię tych młodych ludzi wokół mnie. Planujemy wydanie mojej nowej książki. Znowu czuję twardy grunt pod nogami. Książka jest już napisana, najtrudniejsze za mną. Teraz już chodzi tylko o to, żeby była lepsza i piękniejsza. Rozmawiamy o rysunkach i obrazach, o formach i kolorach. Oglądamy barwne przezrocza... to bardzo przyjemne zajęcie...

Ktoś z całą pewnością ucieszy się z tej nowej książki. Moja młoda znajoma: Malina...

Gdy w mojej torebce dzwoni telefon, zapominam o wszystkich dobrych manierach i szybko go z niej wygrzebuję. A potem wybiegam pędem na korytarz.

— Tu Instytut Kultury Żydowskiej w Warszawie — odzywa się miły kobiecy głos. — Pani Ligocka? Pan dyrektor chciałby z panią rozmawiać, łączę.

— Tak. Dziękuję.

Bicie serca. Suchość w gardle.

— Roma? I co? Przyjedziesz?

— Tak. Myślę, że tak...

— Kiedy? Dzisiaj? Jutro?

— Nie, nie, nie dzisiaj — śmieję się. — Ani nie jutro. Muszę tu jeszcze popracować. Może pod koniec tygodnia. Masz urodziny i...

— Ach, moje urodziny, byłbym o nich prawie zapomniał. Dobrze. Przyjadę po ciebie samochodem.

Zwariował. Chce jeszcze raz przebyć tę całą drogę, żeby mnie stąd zabrać...

— Spędzimy moje urodziny razem...

— Czy coś się stało, pani Romo? — pyta moja redaktorka, gdy ponownie siadam obok niej przy stole. Patrzy na mnie z zatroskaniem. — Czy możemy jakoś pomóc?

Tak, coś się stało, myślę, ale już nikt nie może mi pomóc.

W ciągu następnych dni jem mało, za to dużo pracuję. Unoszę się lekko jak chmurka, nieważka... Zawsze jakieś dwadzieścia centymetrów nad ziemią.

Jestem zakochana, uprzytamniam sobie raz po raz w środku pracy, całkiem niespodziewanie. Jakie to teraz uczucie? Dokładnie takie samo jak dwadzieścia lat temu. Dobre uczucie.

Nocami czytam książkę Dawida.

Młody uczeń pozostał wierny swojemu dziecięcemu marzeniu. Chciał zostać księdzem. Zawsze lubił się uczyć.

— Mógłbyś zostać profesorem, nauczycielem w gimnazjum albo gdzieś... powinieneś później założyć rodzinę, mieć dzieci... — powtarzał często jego ojciec.

Ale chłopiec zgłosił się do seminarium duchownego.

— Dlaczego tata nie chce, żebym został księdzem? — pytał matkę.

— Przecież znasz ojca, on zawsze ma swoje racje — wykręcała się matka — zawsze ma inne wyobrażenia niż cała reszta ludzi.

— Czy to ma coś wspólnego z moim wyglądem? — dopytywał się natrętnie Dawid — bo wyglądam jak Żyd? Dlatego nie chce, żebym został księdzem?

— Ach, dziecko — powtarzała matka — nie zaprzątaj sobie tym głowy.

Dawid studiował pilnie, dużo czytał, zaprzyjaźnił się z innymi chłopcami z seminarium. Zbliżał się czas święceń kapłańskich. Na krótko przedtem prowadzono jeszcze ostatnie indywidualne rozmowy z młodymi kandydatami na księży.

— Czy dokładnie to przemyślałeś? — poważnie spytał go jeszcze raz jego ojciec duchowy.

„Zastanów się dobrze — pisał do niego ojciec — i nie podejmuj żadnych wiążących decyzji, zanim nie porozmawiamy. Proszę cię o to z całego serca".

List przyszedł w czasie, gdy syn pilnie przygotowywał się do ostatnich egzaminów. I miał pełne ręce roboty ze stworzeniem i urządzeniem sobie nowego świata.

„Przyjadę do ciebie. Odwiedzę cię. Czekaj na mnie..."

Dawid przeczytał list dość pobieżnie. Była to kartka papieru w kratkę — litery napisane kopiowym ołówkiem.

Jeszcze nigdy podczas całego okresu studiów ojciec nie odwiedził go tu w mieście. Dawid nawet za tym nie tęsknił. Był w wieku, gdy wizyty rodziców przeważnie oznaczały kłopoty.

Spotkali się na dworcu, ojciec miał za sobą długą podróż pociągiem, sprawiał wrażenie nieśmiałego i nieco zakłopotanego. Postarzał się, pomyślał syn. Nie wiedzieli, dokąd pójść, nie wiedzieli też, co robić. Żaden z nich nie chciał pierwszy zacząć rozmowy.

— Chodźmy do kościoła, na mszę świętą — zaproponował Dawid.

Kiedy po nabożeństwie wychodzili na dwór, ojciec upadł w ścisku. Zasłabł. Gdy później poczuł się trochę lepiej, wrócili do pustej świątyni. Usiedli na stopniach ołtarza. Dawid nieco wyżej. Patrzył na głowę ojca, na której widać już było niewielką łysinę. Był bezradny, pełen miłości i rozpaczy, ale nie znajdował słów na wyrażenie swoich uczuć.

Pragnął spytać: „Co chciałbyś mi powiedzieć, tato?" Nie wystarczyło mu jednak odwagi.

Później odprowadził ojca na dworzec.

— Nie martw się, tato — powiedział niefrasobliwie.

Było zimno i pociąg miał zaraz odjechać.

— Niedługo przyjadę do domu. Wtedy porozmawiamy.

— Jeszcze przed święceniami kapłańskimi?

— Tak. Przed święceniami.

Ale nie doszło już do tej rozmowy. Nazajutrz przyszedł telegram: „Ojciec zmarł dziś w nocy na zawał serca".

Później w domu również brakowało czasu na rozmowę. Należało załatwić i uporządkować różne rzeczy, podjąć pewne decyzje. A dwudziesto-letni Dawid był teraz głową rodziny.

Kilka tygodni po śmierci męża zachorowała matka Dawida. Już od dawna miała raka. Za życia ojca ukrywała to przed wszystkimi. Dawid siedział przy jej łóżku i trzymał ją za rękę. O nic już nie pytał, nie chciał nic wiedzieć.

Jednakże pewnego dnia matka sama zaczęła szukać sposobności do rozmowy. I wtedy Dawid dowiedział się wszystkiego. Dowiedział się o getcie, o walizce.

— Znałam kogoś z grupy porządkowej i w ten sposób wydostaliśmy się na drugą stronę — powiedziała.

Dawidowi wydawało się, że sobie coś przypomina: gestapo, szafę z lustrem i oczywiście clowna.

— A moi rodzice. Nie szukali mnie po wojnie.

Nie było to ani pytanie, ani stwierdzenie.

— Na pewno nie żyją — odparła matka.

— Skąd wiesz, mamo?

Znużona kobieta przymknęła oczy.

— Tak sądziliśmy. Przecież wszystkich wymordowano. W tym getcie...

— A wy? Wy też ich nie szukaliście? — spytał Dawid, tłumiąc szloch w gardle. — Dlaczego?

Przypominał sobie liczne ogłoszenia w gazetach, tuż po wojnie i jeszcze wiele lat później. Sam przecież czytał je jako dziecko.

Moryc Goldmann z rodziną. Widziany ostatnio w getcie... poszukiwany przez... Prosimy o wiadomość na adres redakcji...

Ryfka Meir deportowana do Oświęcimia, poszukiwana przez siostrę Sabinę z Lublina...

I dalej, i dalej, całe strony takich ogłoszeń.

— Dlaczego nie daliście ogłoszenia?

Zapadło długie milczenie. Powietrze w pokoju było ciężkie od mnóstwa pytań i niewypowiedzianych zarzutów.

— Bo z biegiem czasu stałeś się naszym synem, Dunek — powiedziała wreszcie Hania.

Wiele miesięcy później, po śmierci matki, Dawid znalazł w jej dokumentach małą fotografię.

Matka zdążyła mu jeszcze powiedzieć, że jego prawdziwe nazwisko brzmi Dawid Schwarz.

Teraz zobaczył ich wszystkich: brodatego mężczyznę, małą dziewczynkę w kapelusiku, piękną młodą kobietę z niemowlęciem na kolanach. Na odwrocie ktoś czystym, starannym pismem wykaligrafował: „Rodzina Schwarzów w roku 1940. Natan Schwarz z żoną Etel oraz ich dzieci Dora i Dawid".

Jakiś czas później Dawid postanowił wyjechać do Izraela i tam zostać.

Tak kończy się książka.

* * *

Przyjeżdżają późnym popołudniem. Jest upalny dzień. Kierowca i młody asystent Dawida mają na sobie koszule z krótkimi rękawami. Nie mówimy wiele. Nawet wieczorem jest jeszcze gorąco.

Na urodziny Dawid otrzymuje ode mnie różę. Ja od niego cały bukiet.

Obchodzimy tę uroczystość gdzieś po drodze, w pięknej restauracji nad wodą, z mnóstwem świec. W ogrodzie nad brzegiem jeziora stoją małe płonące pochodnie. Zostaje nawet skądś wyczarowany tort urodzinowy.

Później jedziemy dalej przez nocną Polskę. Do Warszawy pozostało jeszcze około dwustu kilometrów. Milczymy prawie przez całą drogę. Od czasu do czasu Dawid zapala fajkę. Poza tym trzyma rękę na fotelu, obok mojej.

Dom stoi w dzielnicy dobrze strzeżonej przez policję, jest rzeczywiście duży. W mroku rzucają mi się w oczy tylko kraty z kutego żelaza w oknach. Kierowca wnosi moje rzeczy na górę i zapala światło.

— Mamy tu kilka pokoi gościnnych — mówi Dawid oficjalnym tonem gospodarza — wybierz sobie taki, który ci się najbardziej spodoba.

— Czy może być ten położony najbliżej twojego? — pytam cicho.

— To by mi bardzo odpowiadało — szepcze mi Dawid do ucha.

* * *

Stoję i przeglądam się w lustrze. Dzisiaj rano z lekkim niepokojem przyjrzałam się swojej twarzy. Nie było nic do poprawiania.

Jest gładka, jasna i różowa. Promienieje — spostrzegam to ze zdumieniem — jakby w ogóle nie należała do mnie. Nie ma tu miejsca na makijaż.

Boso schodzę po schodach na dół. Nozdrza łechce mi wspaniały zapach kawy.

— Chodź, pośpiesz się — woła Dawid z kuchni.

W dżinsach i białym T-shircie on też nie wygląda tak, jakby się o tę noc postarzał.

— Robię najlepsze *espresso* w okolicy — oznajmia. — Nauczyłem się tego we Włoszech. Byłem tam dwa lata jako...

— ...profesor uniwersytetu w Rzymie. Wiem...

Na stole stoi mnóstwo smakowitych rzeczy, ale ja nadal nie mogę jeść. Dawid ma cierpliwość, o nic nie pyta. Smaruje kromkę chleba masłem i kraje ją na małe kawałeczki.

— Jedz, ile możesz — mówi łagodnie.

Kuchnia jest duża i jasna. Białe meble lśnią w słońcu. Także kafelki są białe. Kilka z nich ma błękitny kwiecisty wzór. Panuje cisza.

Tylko z policyjnego samochodu, który stoi przed ogrodzeniem, dochodzą ciche dźwięki: dwadzieścia cztery, dwadzieścia cztery, kolego, zgłoś się, zgłoś się...

Przesuwam dłonią po włosach Dawida. Są krótko obcięte, jak u żołnierza, srebrne i niewiarygodnie miękkie...

— Masz włosy jak młody pies.

— Ja j e s t e m młodym psem — mówi, a jego oczy się śmieją.

* * *

Pożegnanie na lotnisku jest krótkie. Dawid zapisuje mi kilka numerów telefonów na swojej wizytówce.

— Dzwoń, kiedy chcesz. W dzień i w nocy — mówi.

— A więc zanosi się na coś poważnego — stwierdzam rzeczowo.

— Zobaczymy.

— Nie chciałabym tylko, aby jeszcze ktokolwiek w życiu mnie zranił.

— Jakże ktoś taki jak ja mógłby...

Już to gdzieś ostatnio słyszałam.

ROZDZIAŁ III

SIERPIEŃ

Monachium. Moje dobre, piękne i jasne mieszkanie przyjmuje mnie ciepło. Meble pokryte warstewką kurzu. Róże na balkonie całkiem uschły — długo mnie nie było. Siedząc przy biurku, widzę przez okno spory skrawek nieba. Przede mną piętrzy się poczta. Agentka chce ze mną porozmawiać, także wydawnictwo. Trzeba podjąć różne organizacyjne kroki. Moja książka ukaże się jesienią w Ameryce, należy to wszystko zaplanować. Ale czy ja w ogóle chcę lecieć do Ameryki...? Ponownie zanurzam się w roziskrzone letnim światłem Monachium — wydaje się, że należy ono do całkiem innego świata niż ten, z którego właśnie wróciłam.

W drodze do wydawnictwa oglądam wystawy sklepowe. W butikach widzę fantastyczne letnie sukienki. A ja przecież tak lubię się przebierać. Udaję wtedy przed sobą inną osobę, którą nie jestem — którą nigdy nie będę. Nie mogę się oprzeć i zaglądam do drogich sklepów.

Dawniej, jako nieśmiała emigrantka, nie odważyłabym się nawet wejść do środka. Teraz kupuję to i owo, dziwiąc się za każdym razem, jacy mili są dla mnie ludzie. Wiem, że uśmiechają się tak miło do mojej karty kredytowej. Ale mimo wszystko mnie to wzrusza.

W domu dzielnie załatwiam zaległą korespondencję, prowadzę rozmowy, piszę listy. Rozsądna jest ze mnie zadowolona, bo wcale nie robię tego z niechęcią. Ochoczo pogrążam się w pracy, obserwując jednocześnie, jak pewna cząstka mnie bawi zupełnie gdzie indziej.

Ze stojącego na biurku zdjęcia Dawid równie życzliwie przygląda się moim poczynaniom.

Dawid zresztą wkrótce dzwoni, nie każe mi wyczekiwać, martwić się, rozpoczynać dnia w złym humorze. Ma dla mnie dość czasu, nie udaje niedostępnego — po prostu jest. Czy wie, jak kojąco to na mnie wpływa? Myślę, że tak.

W ogóle jednak nie przejmuje się tym, że telefonuje do mnie o wszystkich możliwych i niemożliwych porach dnia i nocy. Dzwoni o piątej rano, kiedy nie może spać:

— Obudziłem cię? — pyta bez skruchy w głosie.

Ma rację, bo cóż znaczy ta odrobina snu?

Telefonuje grubo po północy.

— Gdybyś mogła mnie teraz zobaczyć! Siedzę w kuchni, przebrany jak idiota, w smokingu i muszce. Właśnie wróciłem z przyjęcia.

— Na pewno wyglądasz oszałamiająco. Podobało ci się?

— No co ty, same osły.

W ciągu dnia odzywa się miły kobiecy głos:

— Tu Instytut Kultury Żydowskiej... łączę.

Tak, tak, chciałabym powiedzieć, niech mnie pani łączy jak najczęściej.

Dawid dopada mnie rano w parku, po którym znowu zaczynam biegać, bo przecież chciałabym być szczuplejsza i ładniejsza.

Odbieram w końcu, sprawdziwszy najpierw wszystkie kieszenie w poszukiwaniu telefonu.

— Co robisz w tej chwili?

— Biegnę — mówię.

— Dokąd? — pyta, uważając to zajęcie za niepoważne.

— Biegam po parku.

— Ach tak. A inni siedzą już od wielu godzin przy biurkach. To bardzo niesprawiedliwe.

Dwa dni później miły kobiecy głos wita mnie, kiedy piję poranną kawę.

— Tu Instytut…

— Roma — pyta od razu Dawid — znasz taki pałacyk myśliwski, jakieś dwie godziny od Warszawy? Podobno jest bardzo piękny.

— A dlaczego pytasz?

— Odbywa się tam konferencja i muszę wygłosić referat…

— Tak…

— Pomyślałem sobie, że moglibyśmy wygłosić go wspólnie. Swego rodzaju dialog. Temat, o który chodzi, jest nam obojgu bardzo bliski… organizatorzy…

— No właśnie, czy oni mnie znają?

— Oczywiście, że cię znają. I byliby zachwyceni, gdyby mogli cię zaprosić.

Wszystko już zorganizował, wszystkiemu nadał bieg, w ogóle mnie o nic nie pytając.

— No to kiedy przyjedziesz? Będę czekał na lotnisku.

Czy mogę powiedzieć „nie"?

Łatwiej przeorganizować całe swoje życie, niż sprzeczać się z tym dorosłym mężczyzną, który na powrót stał się chłopcem.

Lotnisko w Warszawie. Niedługo będę je znała na pamięć. Zanim skończy się lato, przyjdzie mi jeszcze wiele razy latać tam i z powrotem. Mała kawiarenka, kwiaciarnia. Dawid, żawsze czekający przy wejściu. A ja już z daleka rozpoznaję jego szczupłą sylwetkę, czarną koszulę, siwe włosy. Będzie stał tam z rękami opartymi spokojnie o barierkę, owiany zapachem fajki. Jego krępy kierowca za nim.

W Monachium dostrzegam w delikatesach błyszczący żółty kubełek z czterema butelkami szlachetnego szampana. Lecąc do Warszawy, zabieram ze sobą ten kolorowy przedmiot. Ma pokrywkę z uchem, niosę więc kubełek jak zwykłą torebkę.

— A co to za wiadro? — pyta rozbawiony Dawid na powitanie.

Później, w samochodzie i w mieszkaniu Dawida, ogarnia mnie to dziwne poczucie obcości, które pojawia się niekiedy, gdy bardzo cieszymy się na spotkanie z kimś, z kim wcześniej często rozmawialiśmy w myślach. Człowiek ma wrażenie, że tak naprawdę wcale jeszcze nie przyjechał. Jakby nadal był w podróży. Ale Dawid świetnie sobie radzi z kobiecymi nastrojami.

— No, daj już to swoje komiczne wiadro — mówi i zgrabnie otwiera butelkę szampana.

* * *

To nowe, ekscytujące uczucie siedzieć tak razem z Dawidem na podium. Tym razem nie muszę się szczególnie wysilać. On zawsze wie, co chcę powiedzieć — po prostu podejmuje temat i mówi dalej. Jest tak, jakbyśmy nigdy w życiu nie robili niczego innego.

Później spacerujemy po starym cienistym parku dookoła pałacyku. Pracownicy Dawida trzymają się dyskretnie z tyłu.

Siadamy na ławce i pozwalamy, by słońce grzało nam skórę.

Odkrywa nas kilku reporterów z lokalnej prasy. Udzielamy wspólnego wywiadu, znowu tak, jakby to był dla nas chleb powszedni.

— Poczułem nagle straszne zmęczenie — mówi później Dawid, gdy reporterzy odchodzą.

A jego oczy znowu się śmieją. Tak pięknie umie śmiać się samymi oczami. Na jego twarzy rysuje się wtedy wiele poprzecznych zmarszczek. Jest jasne popołudnie, jedziemy do hotelu. Zmęczenie Dawida okazuje się bardzo zaraźliwe…

Wieczorem siedzimy na balkonie, pijemy czerwone wino, delektujemy się letnią nocą. Fajka Dawida pachnie słodkawo — jej zapach spowija nas, miesza się z wonią świeżo skoszonego trawnika. Jesteśmy całkiem sami — poza naszym zwykłym życiem — na końcu świata.

Do późna w noc jest jeszcze gorąco — jak we Włoszech.

— Opowiedz mi o Rzymie — proszę.

— Mówią, że w takie noce jak ta śpiewają w Rzymie fontanny — rozmarza się Dawid. — Często tęsknię do tego miasta. Skrywa w sobie tyle historii, ciągle się zmienia. Wiosną jest całe żółte od mimoz, pełne ich słodkiego zapachu. Na każdym rogu sprzedają całe gałęzie. Ofiarowuje się je pięknym kobietom — uśmiecha się. — Zimą powietrze jest przejrzyste, a światło jasne. Można rozkoszować się spokojem w mieście. Mniej turystów, mniej zgiełku. Kiedy idziesz na spacer, możesz nawet zobaczyć na ulicach *romani* — prawdziwych rzymian. Nocami przesiadują przy fontannach.

Po dwu latach musiałem wrócić do domu, bo moja żona zachorowała. Wróciłem więc, dzieci chodziły jeszcze do szkoły. Ona potem wyzdrowiała, podejrzenia się nie potwierdziły...

Ale od tamtej pory nie mieszkaliśmy już razem. Tak... chętnie pozostałbym w Rzymie... wykradałem się czasem z pracy... po prostu szedłem sobie na wagary. Wędrowałem po ulicach i zawsze odkrywałem coś nowego. Robiłem zakupy na Campo dei Fiori, na rynku. Albo w dzielnicy żydowskiej. Znasz dzielnicę żydowską, Piazza Mattei?

— Nie.

— No widzisz. Będę ci musiał to wszystko pokazać. Pewnego dnia. Koniecznie. Żydowska dzielnica... Villagio degli Ebrei — tak się nazywała — wieś żydowska. To świat sam dla siebie, niczym maleńka wyspa. Dawniejsze getto. Getto to przecież włoskie słowo, a Żydzi byli jednymi z najstarszych mieszkańców Rzymu. Do dzisiaj zachowali swoje obyczaje i tradycje, nazywają siebie *romani da Roma* — rzymianami z Rzymu. A jak gotują... Kupowałem u nich zawsze chleb, mięso i słodkie ciasto. Mają najlepsze trattorie w mieście, małe bary...

— Pojedźmy tam — proszę, wzdychając głęboko.

— ...wałęsasz się przez cały dzień po ulicach, kobiety siedzą na dworze przed drzwiami domów, mężczyźni dyskutują przed barami. Wszyscy wszystkich znają... rzemieślnicy mają swoje sklepiki... jest głośno, ale tak spokojnie... Jednak i tam natrafiamy wszędzie na nasze niezabliźnione rany, czy tego chcemy, czy nie...

Dawid milknie na chwilę, zamyśla się — wyraz jego twarzy nagle się zmienia.

— Wszędzie natrafiamy na nasze rany. Gdzie tylko pójdziemy, ból wychodzi nam naprzeciw i czeka, żebyśmy go ze sobą zabrali. Znasz historię o żydowskim złocie? Nie, nie znasz:

We wrześniu 1943 roku komendantura niemiecka w Rzymie obwieściła, że żydowskie życie w getcie jest na sprzedaż. Nie na zagładę, nie — na sprzedaż. Za wielką ilość złota — było tego chyba pięćdziesiąt czy sześćdziesiąt kilo — rzymscy Żydzi mogli zachować życie. Nic się im nie stanie, mają tylko oddać złoto, i to w ciągu trzydziestu sześciu godzin. A więc zaszczuci ludzie zaczęli zbierać, co się dało: pierścionki, łańcuszki, stare broszki, monety, złoto dentystyczne, wszystko. Wyobrażasz sobie sześćdziesiąt kilogramów złota? Cała góra. Nawet sąsiedzi, nie będący Żydami, coś oddawali i, o ile wiem, także Kościół... aż w końcu Niemcy dostali złoto. Nawet więcej, niż żądali. Na wszelki wypadek. A potem, pewnego październikowego dnia o świcie, naturalnie była to sobota, święto żydowskie...

— ...zajechały do dzielnicy żydowskiej ciężarówki — kończę zdanie.

— Tak. Odtransportowano kobiety, mężczyzn, dzieci i starców, ciężarne i chorych. Ogółem prawie dwa tysiące ludzi. Wywieziono ich do Oświęcimia — *non sono tornati piu* — wróciło zaledwie jedenaścioro.

* * *

Nazajutrz rano proponuję, abyśmy rozejrzeli się po okolicy. Jeszcze nie mogę znieść myśli o powrocie do domu. Chciałabym tu trochę zostać z Dawidem. Nawet gdyby to miało być tylko kilka godzin.

— Dobry pomysł — mówi Dawid.

Jedziemy na wieś, prosto przed siebie po wyboistych drogach. Nad drogą zielone łagodne wzgórza, dużo drzew owocowych. Doskonale błękitne niebo ani myśli się zmieniać.

Mijamy stare drewniane kościółki, niskie domki. Mają maleńkie okienka i są pomalowane na biało albo na jaskrawoniebiesko — otacza je mnóstwo kwiatów. Nie wszystkie są zadbane, niektóre podniszczone, i tylko kury gdaczą dokoła. Samotny czarny koń patrzy na nas melancholijnie. Dawid wpada w coraz większy zachwyt:

— Przyjrzyj się temu krajobrazowi. Gdzie znajdziesz jeszcze takie wsie? Przyjrzyj się tym domkom. W takim domu spędziłem dzieciństwo. Gdzie jeszcze na świecie znajdziesz takie domy! To jak z dziecięcego rysunku!

Mamy coraz lepsze humory, swoim nastrojem zarażamy nawet kierowcę. Prowadząc samochód, pogwizduje cicho pod nosem. Miły człowiek, ma na imię Kajetan, były bokser — zdradza to jeszcze jego krzywy nos. Ale bary ma mocne jak niedźwiedź.

Naraz ogarnia nas pełna beztroska i swawola. Spostrzegamy, że w jednym z małych miasteczek odbywa się właśnie jarmark.

Zachwycony Dawid kupuje mnóstwo zabawek. Drewniane koniki, kolorowe klocki, gwiżdżące ptaszki z gliny — wszystko dla swojego wnuka.

Kierowca i ja przyglądamy się temu z rozbawieniem, bo mało prawdopodobne, żeby siedmioletni wnuk Dawida w Izraelu chciał się jeszcze bawić takimi zabawkami.

Mnie Dawid chce kupić korale z dużych kolorowych kulek drewnianych i zawiesić na szyi. Z trudem się wzbraniam. Nie jest łatwo równocześnie być zakochaną nastolatką i pozostać damą.

Zdaje się tylko, że to wszystko nieszczególnie interesuje naszego młodszego towarzysza o imieniu Eliasz. Trzyma się dyskretnie z tyłu, ale oczy ma bardzo czujne. Rejestrują, czy nikt zanadto nie zbliża się do szefa. Wtedy robi spokojnie dwa kroki do przodu i staje obok niego.

Pakujemy do samochodu wszystkie zdobycze Dawida i jedziemy dalej. Nagle stajemy się głodni jak wilki. Zaraz też natrafiamy na jakąś małą gospodę. Nawet nakrywają dla nas w ogrodzie, stawiają stół pod drzewami — tak jak sobie życzymy.

Ani Dawid, ani ja nie przestrzegamy zbyt surowo reguł kuchni żydowskiej. Ale mimo wszystko je respektujemy. W normalnych warunkach nie jemy wieprzowiny ani nie mieszamy mlecznych produktów z mięsnymi.

Teraz jednak chcemy o tym na chwilę zapomnieć. Jesteśmy w Polsce, na wsi, jedzenie jest tu solidne, ale takie smaczne...

— Mogłabyś przynajmniej dla przyzwoitości zamknąć oczy i nie patrzeć, jak jem rybę — mówi Dawid, ładując sobie na talerz dużą pieczoną kiełbaskę z całą górą cebuli.

— Dobrze, zamknę, jeśli nie popijesz tego mlekiem.

— Mleko do ryby? Nigdy w życiu.

Śmieje się. Ujmuję jego twarz w dłonie i przyciągam ją do siebie. Nigdy nie widziałam, aby jakikolwiek dorosły mężczyzna miał w sobie tyle radości życia. Czule przesuwam palcami po jego głębokich zmarszczkach na czole.

— Jesteś grzesznikiem, wiesz o tym...?

— Jedzenie stygnie — mówi po chwili — poza tym nasi chłopcy patrzą.

— Od jak dawna szef i ty już się znacie? — pyta mnie Eliasz w drodze do samochodu.

Rozmawiamy po angielsku, więc dzięki słówku „ty" wszystko staje się bardziej poufałe.

— Dawid i ja?... znamy się od kilku tygodni.

— *You are so close* — jesteście sobie tacy bliscy — mówi.

Bo znaliśmy się już w dzieciństwie — chciałabym dopowiedzieć — tylko do tej pory o tym nie wiedzieliśmy.

Właściwie byłby czas wracać, ale Dawid jeszcze się nad czymś zastanawia.

— Masz mapę tej okolicy? — pyta kierowcę.

— Nie potrzebuję mapy. Mam wszystko w głowie — odpowiada Kajetan.

— No to pokaż mi tę mapę. — Dawid rozpościera ją na kolanach i zagłębia się w niej. — Tu gdzieś w pobliżu powinna być... no, może nie tak całkiem w pobliżu... ale niezbyt daleko... tak, jest. Wieś, w której wtedy mieszkałem. Podczas wojny. — Kajetan, zawróć — mówi zdecydowanie. — Zawróć. Zrobimy sobie teraz prawdziwe krótkie wakacje.

Znowu nie zapytał mnie o zdanie. Uświadamia to sobie dopiero po jakiejś półgodzinie.

— Mam nadzieję, że się zgadzasz? — pyta i ujmuje moją dłoń, która jak zawsze leży obok jego ręki.

Śmieję się tylko.

Błądzimy przez chwilę, nawet Kajetan ze swoją znajomością okolicy parę razy się gubi. Oczywiście nikogo nie pytamy o drogę, Dawid sam chce znaleźć tę wieś.

Raz po raz wydaje mu się, że coś rozpoznaje: a to lasek, a to znowu rzeczkę.

— Tu powinien być mały mostek... ale go nie ma.

Wreszcie naszym oczom ukazuje się wieś. Stary kościół jest odnowiony, widać to już z daleka. Dawid w ogóle nie chce wejść do środka.

— Kajetan, jedź dalej, proszę.

To tylko kilka minut. Na twarzy Dawida maluje się ogromne napięcie.

— Nigdy nie chciałem tego oglądać, dopiero teraz, z tobą.

Stoimy przed drewnianym płotem. Tam, gdzie kiedyś był dom, zieje teraz wielka czarna dziura. Dookoła świeżo skopana ziemia. W miejscu dawnej drewnianej szopy i piwniczki leżą deski i cegły. Obok stoi taczka i para gumiaków. Najwyraźniej ktoś zamierza tu sobie zbudować nowy dom.

Do lasu jest zaledwie kilka kroków. Z twarzy Dawida nadal nie znika wyraz napięcia. Szukamy, kręcimy się w kółko. Dawid wraca jeszcze raz do domu, a potem powoli rusza w kierunku lasu. Stawia małe kroczki, jak dziecko. Dawny gęsty las zmienił się w niewielki lasek, ale Dawid przedziera się przez niego jak przez dżunglę.

W końcu odnajdujemy jedynie małą ziemiankę. Nikt nie zdołałby się w niej ukryć, ani dorosły, ani dziecko.

No, może dziecko...

Dawid siada wyczerpany na ziemi, ja obok niego. Wymachujemy nogami nad ziemianką. Milczymy. Dawid obejmuje mnie ramieniem i nagle zaczyna szlochać, tak jak czasem szlochają mężczyźni: gwałtownie i rozpaczliwie.

Nie wiem, jak go pocieszyć — jest taki duży i silny — a ja jestem bezradna, więc także płaczę.

W ciszy, jaka potem zalega, opowiadam mu pewną historię, którą kiedyś czytałam. Opowiadam ją tak, jak pozostała mi w pamięci.

Przed wielu, wielu laty żył sobie w pewnym małym żydowskim miasteczku cadyk — mąż pobożny i sprawiedliwy. Często zaszywał się w pobliskim lesie, aby tam w spokoju oddawać się modłom. Zabierał ze sobą swoje święte księgi, szatę liturgiczną, nic nie jadł, tylko modlił się żarliwie.

Jego Żydzi czekali na niego w miasteczku, kiedy bowiem wracał, zawsze znajdował jakieś rozwiązanie ich religijnych czy życiowych problemów.

Wiele lat później, po licznych pogromach — nie było już cadyka, zniknęła jego szata liturgiczna, księgi spalono.

Ale Żydzi wiedzieli, gdzie się ukrywał, więc gdy tylko mieli kłopoty — a kiedy Żydzi nie mają kłopotów? — szli do lasu i modlili się w tym samym miejscu.

Po wielu kolejnych latach i wielu kolejnych pogromach nikt nie znał już kryjówki cadyka w lesie. Żydzi wiedzieli jednak, że kiedyś istniała, i to musiało im wystarczyć.

Jedziemy dalej, niebo szybko się ściemnia, robi się wietrznie i zimno. Nadciąga burza. Na szczęście nasz kierowca dobrze zna te okolice. Znajdujemy mały hotelik. Jest to przebudowany młyn.

Jak zwykle Eliasz sprawdza najpierw nasze pokoje, potem kiwa potakująco głową i wreszcie możemy wejść do środka.

Pokój Dawida jest szczególnie piękny, duży, z kominkiem. Wieczorem powietrze bardzo się ochładza. Jakiś czas temu padał gwałtowny deszcz.

Dawid próbuje rozniecić ogień, ale drewno jest wilgotne.

— Potrafisz? — pytam sceptycznie.

— Jestem żołnierzem, wszystko potrafię — odpowiada, klęcząc przed kominkiem.

To typowy dla niego, żartobliwy sposób udzielania odpowiedzi, ale nie brzmi ona radośnie. Nic tego wieczoru nie jest radosne, poza tym, że jesteśmy razem. Dzisiejsze popołudnie ciąży nam jeszcze na duszy.

Dawidowi udało się rozpalić ogień — siedzimy na podłodze przyglądając się, jak wysokie płomienie pożerają szczapy drewna.

— Nie miej złudzeń — mówi po chwili. — Ja jestem samotnym, smutnym człowiekiem. Może nie od razu to po mnie widać.

Dzisiaj wieczorem to widać. Twarz ma zmęczoną i kanciastą.

— Nigdy nie byłem szczęśliwy w małżeństwie. Może nie jest ze mną tak łatwo...

— Nie zauważyłam, żeby z tobą było trudno... — odpowiadam.

Siedzę tuż obok ognia, obejmuję rękoma kolana. Płomienie malują czerwone cienie na białej ścianie, nie sposób odwrócić od nich wzroku.

— Jako dzieci byliśmy zamknięci — mówi wolno Dawid — w czterech ścianach, skazani na siebie samych. Na bezczynność, pozbawieni własnego życia. Myślisz, że coś takiego można kiedykolwiek z siebie strząsnąć?

— Może oboje nie zaznaliśmy szczęścia ze swoimi partnerami, bo nauczyliśmy się, że mamy tylko wrogów albo przyjaciół. Kto nas nie kochał, ten nas nienawidził i mógł zabić — nie było trzeciego wyjścia.

— Moja żona — opowiada Dawid — urodziła się w Ameryce i tam przeżyła okres wojny. Później przyjechała z rodziną do Izraela. Wiesz, w Izraelu są Żydzi, którzy mają nam za złe, że my tu w Europie pozwoliliśmy ze sobą to wszystko zrobić. Że pozwalaliśmy się zabijać i że się nie broniliśmy. Rodzina mojej żony była również tego zdania. Nie dało się z nimi rozmawiać.

Jeszcze długo siedzimy przy kominku i nie możemy zasnąć. Z nocy niewiele już pozostało.

Zza lasu dobiegają pomruki oddalającej się burzy.

Rano przy barku pijemy kawę. Wszystko jest już przygotowane do odjazdu, torby piętrzą się w samochodzie.

Przysiada się do nas Eliasz, który zazwyczaj trzyma się z tyłu. Ma piękną twarz, czarne oczy z długimi rzęsami, jak dziecko. Jest silny, wysportowany, czujny — miło na niego popatrzeć, budzi zaufanie — ale jednocześnie widać, jak bardzo jest jeszcze młody i nieśmiały.

— Dawidzie, czy mogę Romę o coś spytać…? — prosi, rumieniąc się przy tym — …bo ona mieszka w Niemczech…

— Ależ oczywiście, Eliaszu. Naturalnie.

— Jak to jest w Niemczech, ty to na pewno wiesz, mieszkasz tam już tak długo. Jak to jest między Niemcami i Żydami?

Początkowo nie rozumiem jego pytania.

— Jest różnie. Na ogół dobrze. Obie strony bardzo się starają...

Ale Eliaszowi chodzi o coś innego.

— Jak to jest między mężczyznami i kobietami? Mam na myśli, czy... wolno nam?

— Myślę, że tak. Ale ten problem każdy musi rozstrzygnąć sam.

— Jednak ty nigdy...

Szybko spoglądam z ukosa na Dawida.

— Nie, ja nigdy...

— W ubiegłym roku latem byłem w Heidelbergu... — opowiada Eliasz, trochę ośmielony — ...na szkoleniu, i poznałem tam pewną dziewczynę, Niemkę.

— Ładna?

— Bardzo ładna — ciągnie zniecierpliwiony, bo w jego wieku uroda jest czymś oczywistym — i ona wszystko rozumie, całą moją sytuację...

— No to układa wam się jak najlepiej... — łapię się na tym, że nie traktuję problemu Eliasza tak poważnie, jak na to zasługuje, bo trochę zazdroszczę jemu i jego ładnej dziewczynie tego młodego szczęścia.

— Chciałbym, żeby teraz przyjechała do Izraela. Żebyśmy się pobrali. Chciałbym przedstawić ją mojej matce... ty sama jesteś matką i też masz syna... jak myślisz, co na to powie moja matka? Zgodzi się?

— Ach, Eliaszu — wzdycham z głębi duszy — zadaj mi jakieś łatwiejsze pytanie.

Gdy już zbieramy się do odejścia, podchodzi do nas młoda kelnerka, która przez cały czas nas obserwowała. Patrzy na mnie, potem na Dawida, a później znowu na mnie.

— Zdaje mi się, że widziałam już państwa w telewizji. Czy państwo są aktorami? — pyta.

— Nie, nie jesteśmy.

Wytęża umysł, a po chwili zauważamy, że nagle sobie coś przypomniała. I już wie. To my jesteśmy tymi, co przeżyli Holocaust, i których pokazują w telewizji, żeby opowiadali swoje historie. Wpada w jeszcze większe zakłopotanie, że w ogóle nas zagadnęła, a równocześnie chce być miła — tak miła i taktowna, jak mili i taktowni są niekiedy ludzie wobec niepełnosprawnych...

— Tu, u nas — mówi na pożegnanie — jest w pobliżu cmentarz żydowski. Może się państwo tam wybiorą — proponuje uprzejmie — to niedaleko stąd.

Skręcamy w lewo, w wyboistą wąską dróżkę. Oglądamy cmentarzyk.

Stoi tam tylko kilka starych nagrobków, poza tym jest to raczej łąka. Wokół grobów ktoś świeżo zasadził kwiaty, reszta terenu wygląda na dość zapuszczoną i zarośniętą.

Z daleka widzimy wysoką, szczupłą postać w czarnej sutannie. To ksiądz, który grabi ziemię. Gdy nas spostrzega, odkłada grabie, podchodzi i wita się z nami.

Również on zna nas z telewizji.

— Pan jest dyrektorem Instytutu Kultury Żydowskiej w Warszawie — mówi do Dawida, wycierając sobie starannie ręce.

— Cieszę się, że państwo do nas przyjechali. Oglądamy wspólnie kilka pozostałych grobów. Widnieją na nich stare hebrajskie napisy. Dawid je nam odczytuje. Daty roczne wskazują, że większość tutejszych Żydów zmarła na długo przed wojną, a jeden tuż przed jej wybuchem.

— Miał szczęście — mówi Dawid.

Ksiądz zaprasza nas do siebie na herbatę… Dawid i ja wymieniamy szybkie spojrzenia — oczywiście, że nie możemy powiedzieć „nie".

Plebania jest niedaleko.

— Przyjechałem tu dziewięć lat temu — opowiada ksiądz po drodze — i przypadkowo odkryłem ten stary cmentarz żydowski. Najpierw odnalazłem sześć grobów — mówi z zadowoleniem — a potem jeszcze trzy. Wszystko oczywiście dość zniszczone, porośnięte zielskiem. Trzeba było groby najpierw odnowić.

— Czy ksiądz zrobił to wszystko sam? — pytam z uznaniem.

— Jest tu wiele cmentarzy żydowskich — mówi w zamyśleniu — zostały doszczętnie zniszczone w czasie wojny, a potem nikt się nimi nie zajmował. Teraz krowy się na nich pasą. Tak nie może być… powiedziałem sobie i… Pomogło mi paru młodych ludzi ze wsi.

Plebania jest otoczona starym sadem — ksiądz proponuje nam miejsca na drewnianej werandzie.

Podchodzi duży płowo-czarny pies, żeby się z nami przywitać.

— Mieszaniec owczarka z…?

— Ależ nie, to *hoverward*, stara niemiecka rasa — wyjaśnia ksiądz z dumą — nie ma lepszego do pilnowania domu i obejścia. I wszystko rozumie. Szaleję za psami, więc dokazuję z nim na trawie. Kiedy znowu siadam, pies kładzie mi na kolanach swój wielki pysk o mądrych, ciemnych oczach i trwa tak przez dłuższą chwilę.

Dostajemy herbatę i jeszcze ciepłe ciasto drożdżowe z wiśniami — prosto z pieca. Przynosi je gospodyni.

Jest to staruszka o dużych spracowanych dłoniach i rzadkich, związanych z tyłu włosach, spod których prześwieca różowa skóra.

Przysiada się do nas trochę nieśmiało.

— Waleria mogłaby państwu dużo opowiedzieć — mówi ksiądz. — Pochodzi z tej okolicy, wychowała się tutaj. Znała wszystkich tutejszych Żydów.

Waleria tylko potakuje głową.

— Miałaś przecież przyjaciółkę Żydówkę — ksiądz się nie poddaje. — Rózię.

— Różę — poprawia gospodyni — nazywała się Róża Neufeld — była w szkole moją najlepszą przyjaciółką. Piękna dziewczyna — twarz starej gospodyni rozjaśnia się na to wspomnienie. — Miała ogromne niebieskie oczy i warkocze, o, takie grube — szeroko rozcapierza zaczerwienione palce. — Zawsze pozwalała mi od siebie odpisywać, dobrze się uczyła. I oddawała mi swoje drugie śniadanie, bo tyle jej szykowali do szkoły. Jej rodzicom trochę lepiej się powodziło, inni tu we wsi to byli raczej biedni ludzie. Róża była miła, lubił ją nawet nasz katecheta, chociaż była Żydówką. Kiedy potem Żydzi musieli stąd odejść, mój brat powiedział do ojca: ochrzcimy Różę i ożenię się z nią. Mój brat miał już wtedy szesnaście lat i trochę się w Róży podkochiwał. Ale oni wszyscy musieli stąd odejść…

— Do obozu?

— Nie, gdzie tam, nie do obozu. Zapędzono ich wszystkich do tutejszego lasu i rozstrzelano. Co do jednego. Sami musieli wykopać sobie groby. Musieli rozebrać się do naga i oddać swoje rzeczy. Niektórzy ludzie poszli tam później i oglądali to z ukrycia. Ale nam ojciec nie pozwolił.

Patrzę na spokojne błękitne niebo, patrzę na to mnóstwo drzew z dojrzałymi owocami, na dobroduszną, kanciastą twarz księdza i na psa, śpiącego cicho u moich stóp.

Ile takich historii będą jeszcze musiały wytrzymać nasze serca?

— Zostały tu jakieś stare domy? — pytam, aby trochę zmienić temat.

— Żydowskie? — odpowiada Waleria pytaniem. — Nie, niedużo, będzie ze trzy albo cztery, ale już nic tam w środku nie ma. Niemcy spalili synagogę zaraz na samym początku. Dawniej mieszkało tu wielu Żydów. Mieli sklepiki, piękne sklepy. Piekarnię… Mieli też taką potrawę, z wołowiny, kaszy perłowej i grochu. Trzeba było dać ją potem na całą dobę do piekarza, żeby wstawił to do pieca. Dobre było… pachniało w całym miasteczku.

— Ta potrawa nazywa się *czulent* — wtrącam.

— Zna ją pani? W piątek wieczorem — opowiada dalej — zamykali wszystko i szli do syna-

gogi. Na ulicach robiło się naraz całkiem cicho.
Bo kiedy indziej było tu zawsze bardzo głośno.
Przede wszystkim dzieciaki strasznie hałasowały.
Nudno jest tu bez Żydów...

Żegnamy się z księdzem, psem, całujemy się
z Walerią trzy razy w policzek.

— Zostańcie w zdrowiu.

Jest tak, jak powiedział Dawid: Czy tego chcemy, czy nie, staliśmy się zbieraczami żydowskich
historii. Komu jednak ludzie mają je opowiadać,
jeśli nie nam?

Po przyjeździe do Warszawy znowu pakuję
swoje rzeczy.

— Ale wkrótce przyjedziesz? — upewnia się
Dawid.

— Jesteś despotą, wiesz?

— Tak, już to kiedyś słyszałem.

— Samoloty latają w obu kierunkach. Mógłbyś
odwiedzić mnie kiedyś w Monachium.

— To będzie trudne — odpowiada krótko.

Z Dawidem wszystko jest przyjemne. Nawet
pożegnanie na lotnisku. To tylko na kilka dni.

— Pracuj pilnie — mówi — odniosłaś wielki
sukces. To twoje pięć minut. Nie roztrwoń ich.

Weekendy, podczas których odwiedzam Dawida, są wszystkie prawie takie same, nieomal
nudne. Ale właśnie to się nam podoba. Siedzimy
w pokoju, zasuwamy niebiesko-zielone zasłony.
Są bardzo upalne dni sierpniowe. Szumi klima-

tyzacja. Dawid pobrzękuje trochę na pianinie —
w seminarium uczył się gry na organach.

Jest gorąco, ale gdy któregoś razu chcę rozsu-
nąć kratę z kutego żelaza, chroniącą drzwi balkonowe, Dawid potrząsa przecząco głową:

— Nie rób tego — mówi szybko.

Przyzwyczaiłam się już do odgłosów z auta policyjnego:

— Siedemdziesiąt cztery, gdzie jesteś… kolego,
odezwij się… — to działa uspokajająco.

Jemy w kuchni. Lodówka jest zawsze pełna.
Dawid ma dwa „aniołki", jak je nazywa, które mu
gotują. I robią to bardzo dobrze. Ale w weekendy
mają wolne.

Czasem jedziemy gdzieś wieczorem na kolację
— wyszukujemy sobie jakiś ładny lokalik. Przeważnie jednak jesteśmy na to zbyt leniwi.

Któregoś wieczoru zapraszamy na kolację
współpracowników Dawida. Są to młodzi, mili
Izraelczycy — poważni i wykształceni. Dawid
przedstawia mnie im — nie bez dyskretnej dumy
posiadacza.

Nasze noce są krótkie. Oboje źle sypiamy. Czasem budzimy się, siadamy na kanapie, pijemy herbatę, opowiadamy sobie różne historie, a potem
znowu usiłujemy zasnąć. Dawid otula mnie cienkim wełnianym pledem o barwie złota.

— Nie przeziąb mi się — mówi. — Ładnie ci
w tym kolorze.

Dawid jest jedynym mężczyzną, który nie musi mnie pytać, dlaczego często przez pół nocy leżę z otwartymi oczami. Nim zaś wstrząsa niekie-

dy przez sen dziwny, suchy szloch. Wtedy chroni się w moich ramionach i wszystko jest znowu dobrze.

Kiedy budzę się rano, on zazwyczaj siedzi już przy biurku i rozmawia przez telefon.

— Dawid, jest dopiero siódma rano.

— Moi współpracownicy już się do tego przyzwyczaili — uśmiecha się. — Przecież sama mówisz, że ze mnie straszny despota.

Dużo telefonuje. Zawsze ma telefon w zasięgu ręki, dniem i nocą.

— Muszę być w każdej chwili do dyspozycji — mówi — przeszkadza ci to?

Nie przeszkadza mi. Nie przyjeżdżam do niego po to, żeby cokolwiek zmieniać.

Najczęściej mówi po hebrajsku, w języku, którego nie rozumiem. Rozmawia ze swoimi dziećmi. Rozmawia z wnukiem. Domyślam się tego po jego głosie, który nagle dziwnie mięknie, a hebrajszczyzna brzmi wtedy zupełnie inaczej.

— Wiesz, co mi powiedział? — opowiada później z dumą — wracaj szybko, dziadku, powiedział. Tęsknię za tobą. Naprawdę tak powiedział — powtarza rozanielony.

Dawid prowadzi wiele rozmów służbowych, również w weekendy, a ja wiem, że to należy do jego obowiązków.

— Ale mu się dostało — śmieje się i mruga do mnie po długiej i gwałtownej rozmowie, którą akurat z kimś przeprowadził, usiłując tego kogoś do czegoś przekonać.

— Był ministrem. Stary uparciuch, służyliśmy razem w wojsku.

Rozkoszujemy się tym szczególnym czasem, który wspólnie spędzamy. Tak daleko od życia, jakie wiedliśmy do tej pory. Raz po raz wzrusza mnie nasza codzienność, taka piękna i harmonijna. Równocześnie jednak mam wrażenie, jakbyśmy byli tylko dwojgiem dzieci — chłopcem i dziewczynką, którzy bawią się w męża i żonę. W dużym, wypożyczonym domku dla lalek.

Przywożę Dawidowi jedno ze swoich nowych opowiadań. Nosi tytuł: *Altanka*.

— Przeczytać ci?

— Tak.

Lubi, gdy mu czytam.

Jest to historia mojej ciotki, która miała ukochanego syna jedynaka. Pewnego dnia kilku pijanych młodzieńców wrzuciło go do rzeki. Nie umiał pływać i utonął — właśnie w dzień swojej matury. Nie stało się to w czasie wojny, nie, był to spokojny rok 1936. Ciotka umarła potem ze zmartwienia — siedziała w tej altance, czekając, że jej chłopiec wróci jednak do domu — i tam ją znaleziono.

Znowu nie jest to wesoła opowieść. Kiedy kończę czytać, oczy Dawida są pełne łez. Płaczemy oboje. Płaczemy również, słuchając pewnego określonego rodzaju muzyki żydowskiej. Płaczemy wspólnie i potrzebujemy tego płaczu. To dobry płacz — spokojny i wyzwalający.

Ale również dużo się śmiejemy. Po raz pierwszy w życiu słyszę siebie śmiejącą się w głos. Jest to tak śmieszne, że znowu nie mogę powstrzymać się od śmiechu.

— Po ile my mamy lat, po szesnaście, siedemnaście? — pytam Dawida.

— Szesnaście i pół — odpowiada — ale to nic nie szkodzi. Starzy już byliśmy.

Oczywiście pewnego dnia Dawid wyciąga pudełko ze starymi fotografiami. Oglądam młodego wysportowanego Dawida podczas gry w piłkę ręczną. Dawida w wojsku. Dawida z dwójką dzieci, z wnukiem. Dawida siedzącego z ciemnowłosą kobietą pod jakimś pomnikiem. Dawida z ważnymi osobistościami, ściskającymi mu dłoń i uśmiechającymi się do obiektywu. I do końca poznaję historię Dawida, której nie opisał już w swojej książce.

— Po przyjeździe do Izraela — opowiada — nie mogłem znaleźć nikogo z mojej rodziny. Przez jakiś czas żyłem ot, tak sobie, z dnia na dzień. Nauczyłem się hebrajskiego, czasem sypiałem w śpiworze na plaży, patrzyłem na morze i zastanawiałem się, co zrobić dalej ze swoim życiem. Sam — między dwiema rodzinami, które tymczasem już w ogóle nie istnieją. Bywało, że nienawidziłem tego kraju, ale kiedy indziej znowu go kochałem. Potem poszedłem do wojska. Pomogli mi tam później w poszukiwaniu moich krewnych!

Oglądam zdjęcie Dawida w mundurze. Kręcone włosy. Czarne, młode i płomienne oczy.

— Jak ci było w tym wojsku? — przerywam mu.

— Ach, wiesz — milczy przez chwilę — to wszystko nie jest takie trudne. Nietrudno jest umrzeć, nawet zabijanie wydaje się łatwe. Cała trudność polega może tylko na uspokojeniu tego małego chłopca, którego człowiek nosi w sobie, chłopca, który się boi i rozpaczliwie chce do domu...

Później spotkałem moją siostrę Dorę. W Jerozolimie. Nie pamiętam, co wtedy poczułem. Z ogromnego zdenerwowania prawdopodobnie nic.

„Czy my się w ogóle rozpoznamy?" — spytałem. „Ja cię nie rozpoznam — powiedziała Dora przez telefon — ale ty poznasz mnie".

I tak też się stało.

Od siostry dowiedziałem się, że obie były w obozie. Ona i mama. Naszą matkę zabili. Dorę ukrywali starsi więźniowie, dzięki czemu przeżyła. Potem wyjechała do Izraela. Tam spotkała się z ojcem. On siedział w innym obozie. Zmarł trzy lata później, w wieku czterdziestu siedmiu lat. „Ale wyobraź sobie, że zdążył się przedtem jeszcze raz ożenić" — opowiadała Dora. Moja siostra też wyszła za mąż. Za rabina. „Chodź ze mną do synagogi" — prosił. A ja jeszcze nigdy nie byłem w synagodze, przez całe swoje życie. Nie miałem odwagi. „Czy ja w ogóle mam prawo wejść do środka? — spytałem go. — Jeszcze trzy lata temu chciałem zostać księdzem katolickim". „A ja jestem żydowskim rabinem. To nie to samo co ksiądz, to raczej nauczyciel lub sędzia. I ja ci mówię, że możesz pójść ze mną do synagogi". Później jeszcze przez całe lata prowadziliśmy dysputy teologiczne. Wiele się od niego nauczyłem.

Biorę do ręki zdjęcie ciemnowłosej kobiety. Ma rysy twarzy podobne do Dawida, tylko nieco surowsze.

— Co się z nią teraz dzieje? — pytam.

— Z Dorcią? Mieszka pod Jerozolimą. Z wiekiem stała się bardzo religijna. Modli się prawie przez całe dnie. Rzadko utrzymujemy kontakty.

— A co stało się z twoją drugą siostrą? Z tą polską?

— Mieszka teraz w Niemczech. Niedaleko Hamburga. Z nią mam jeszcze słabszy kontakt.

— Więc może ja zostanę twoją siostrą? Zawsze chciałam mieć brata.

— Dobrze. Zgoda. Ale czy naprawdę dokładnie to sobie przemyślałaś? — pyta po chwili całkiem poważnie, i znowu wybuchamy śmiechem.

Zbieram wszystkie fotografie i wkładam je z powrotem do pudełka. Jeszcze raz oglądam dzieci, a potem także wnuka Dawida. Jego całe dotychczasowe życie.

— Kiedy skończy mi się kontrakt w Instytucie — mówi Dawid, siedząc obok mnie z fajką w ręce — mam kilka propozycji objęcia profesur na różnych uniwersytetach. Oczywiście, po pierwsze w Tel Awiwie, ale również za granicą. Tu w Warszawie albo w Rzymie...

— Nigdy nie będziemy mogli się pobrać — mówi nagle. — Moja żona nie da mi rozwodu — odpowiada na nie zadane pytanie. — Zresztą to nie byłoby w porządku, po tylu latach. Ona mnie nigdy nie puści. Nigdy nie będę wolny.

Nie odpowiadam. Zamykam oczy i wyobrażam sobie prawdziwy żydowski ślub w Krakowie.

Żydzi biorą śluby przeważnie na dworze, pod baldachimem zwanym *chupą*.

Pan młody rozbija kieliszek na szczęście i całuje pannę młodą. Wszyscy wołają: *Maseltow* — żyjcie sto lat — tego byłoby nam potrzeba w naszym wieku.

Znam w dzielnicy żydowskiej piękny dziedziniec, ocieniony mnóstwem starych drzew. Tam mogłoby się odbyć nasze wesele. Przyjadą nasze dzieci. Synowie Dawida i mój syn. I wszyscy nasi przyjaciele. Będzie wino i słodkie ciasto.

Później wszyscy zasiądziemy do dużego stołu. Tak jak to często malowałam na swoich obrazach, choć sama nigdy tego nie przeżyłam.

Będą grać trzej muzykanci z Krakowa, najlepsi klezmerzy na świecie, a goście ruszą w tany. Dawid będzie trzymał mnie za rękę...

W co się ubiorę? Biel już by nie pasowała. Ale może coś długiego, kremowego, i wysoko upięte włosy...

Dawid rzeczywiście bierze mnie za rękę:

— Nie będzie pięknego żydowskiego wesela w Krakowie — mówi, jakby czytał w moich myślach.

— Kto by tam w naszym wieku myślał jeszcze o weselu — odpowiadam, obdarzając go jednym z moich najszczerszych uśmiechów.

* * *

Dzwoni telefon. Właśnie otwieram drzwi mojego mieszkania w Monachium i odstawiam bagaże. Telefonują z dużej gazety codziennej. Bardzo niezwykłą porę wybrali sobie na rozmowę służbową. Jest niedziela wieczór.

— Nazywam się tak i tak — odzywa się mężczyzna o dość wysokim głosie — piszę właśnie artykuł o pewnej żydowskiej rodzinie z Krakowa.

— Dla gazety?

— Tak. Nie. Jestem niezależnym dziennikarzem.

— I?

— Szukałem różnych informacji, również na temat pani rodziny. I na coś się natknąłem... Czy to prawda, że pani ojciec był kapo w obozie koncentracyjnym?

W mojej głowie zalega absolutna cisza. Tylko coś bije jak zegar. Bum-bum, bum-bum, bum--bum...

— Wiem jedynie, że mój ojciec należał do ruchu oporu. Jedno chyba wyklucza drugie — mówię ochrypłym głosem.

— Ach tak? To ciekawe.

— Proszę posłuchać, jeśli zamierza pan napisać coś o mnie, czy nie powinien pan wcześniej porozmawiać ze mną osobiście? A nie przez telefon?

— No tak... nie... sam jeszcze nie wiem. Może w ogóle nic nie napiszę. Miałem tylko taki pomysł. Jeszcze zadzwonię.

Klik. Odłożył słuchawkę, a ja dopiero teraz uświadamiam sobie, że wcale go nie spytałam, skąd wziął mój zastrzeżony numer telefonu. Już chyba zawsze będę reagowała jak dziecko. Można zrobić ze mną wszystko, jeśli tylko się mnie zastraszy.

Leżę na dywanie i mam skurcze żołądka. Trzeba leżeć tam, gdzie się jest, nie poruszać się i zamknąć oczy. Roztopić się w przestrzeni. Nauczyłam się tego jako dziecko. Wtedy można ukryć się również przed sobą.

Nie boję się.

Jestem kobietą wybraną przez Dawida. Jestem spokojna, łagodna i szlachetna. Nie wolno mi odczuwać gniewu, nie wolno się bać. Nie boję się, boli mnie tylko brzuch.

— Jeśli już masz znane nazwisko — powiedział kiedyś mój wydawca — zawsze pojawią się wokół ciebie jacyś wariaci. Musisz nauczyć się z tym żyć.

Nie chcę już o tym myśleć. Nie mogę pozwolić na to, by jakiś obcy facet grzebał w moim życiu i budził we mnie panikę.

Chcę szybko zapomnieć. To na pewno był jakiś maniak. Muszę pomyśleć o czymś innym. Muszę zapomnieć, zapomnieć, zapomnieć.

Wolę myśleć o tym, że z wielką chęcią pojechałabym z Dawidem na długie wakacje. Zanim jeszcze skończy się to lato.

Moglibyśmy wyjechać razem — na dłużej, nie tylko na dwa dni. On na pewno będzie miał urlop. Może wybralibyśmy się do Szwajcarii albo do Włoch. Mielibyśmy dużo czasu dla siebie. Mogłabym mu też pokazać Monachium. Góry.

Podczas urlopu nie musi mieć przy sobie tego swojego szofera. Powinnam omówić to z Dawidem, najlepiej od razu. Zadzwonić do niego? Ale lepiej nie, lepiej nie przez telefon. Zapytam go o to, gdy się znowu zobaczymy, następnym razem.

Ten starszy pan w Amsterdamie powiedział, że mój ojciec był dobrym człowiekiem. Znał go z obozu...

Nie muszę Dawida o nic pytać. Wkrótce sam opowiada mi wszystko przez telefon. Spędzi urlop w Izraelu, z rodziną, z dziećmi. Już cieszy się na myśl o tym, że zobaczy swojego wnuka. Wyłącznie o nim opowiada. Dawno wszystko zaplanował.

— Nie mówiłem ci o tym? — pyta, gdy podczas tej rozmowy jestem bardziej milcząca niż zwykle. — No i widzisz, znowu — mówi skruszony — kiedy tak długo jak ja żyje się samotnie, człowiek przyzwyczaja się decydować o wszystkim sam.

Po prostu zapomniał poinformować mnie o swoich planach.

— Ale w drodze powrotnej mógłbym odwiedzić cię w Monachium. To na pewno da się zrobić — rzuca mi tę propozycję jak cukierek.

Staram się, żeby drobne ukłucia zazdrości, które czuję w sercu, nie stały się większe. Przecież wszystko było od dawna zaplanowane.

Tylko nie chcieć niczego zatrzymywać na stałe. Wszystko to już znam. Czekałam, dzwoniłam, pisałam listy. Czekałam cierpliwie i niecierpliwie. Zadawałam pytania i szukałam odpowiedzi. A znajdowałam zawsze tylko samą siebie.

Nie mogę pokazać, że jest mi smutno — Dawid nie powinien mieć wyrzutów sumienia — tej lekcji też się już dobrze nauczyłam.

Jest przecież pięknie tak jak jest, i nie ma niczego więcej.

* * *

Nagle postanawiam pojechać do Nicei.

— Nie siedź w domu, nie czekaj na jego telefon z Izraela. Wyjedź, dokądkolwiek. Bądź taka jak ja, bądź rozsądna — mówi we mnie Rozsądna.

— Przecież próbuję.

— No to wyjedź teraz, od razu. Zrób sobie wspaniałe wakacje.

— Dobrze. Tylko powiedz mi, dokąd mam pojechać? Sama.

Nicea. Mój wybór nie jest bardzo oryginalny, ale teraz potrzebuję przytulnego miejsca, aby dobrze się poczuć.

To miasto sprawia na mnie wrażenie salonu starej ciotki. Wiele przypomina tu dawne dobre czasy. Jest trochę ciasne, trochę zakurzone, świetność zblakła, ale nad całością unosi się tchnienie wielkiego, wytwornego świata. Trzeba jedynie starać się nie widzieć tej lawiny samochodów. W atmosferze Nicei jest coś takiego, o czym człowiek nie wie, czy sam to przeżył, czy tylko o tym czytał.

Czując odrobinę złośliwej radości, usiłuję wyobrazić sobie Dawida w jego gorącym mieszkaniu

w Tel Awiwie, otoczonego głośną rodziną, space-
rującego za rękę z małym wnukiem. A — w tym
samym czasie — ja w Nicei, w luksusowym hotelu, flirtująca ze wszystkimi możliwymi i niemożli-
wymi mężczyznami. To z pewnością uczucie Dawida tak mnie ośmieliło, może nawet trochę za
bardzo. Ale wszystko i tak jest tylko grą.

ROZDZIAŁ IV

WRZESIEŃ

Wczesnym rankiem szybko pakuję do torby podróżnej kilka kolorowych letnich ciuszków. Mam już przecież wprawę w pakowaniu. Na sam wierzch dorzucam jeszcze fotografię Dawida w ramkach — może to i dziecinada, ale co mi tam.

Jakiś czas później siedzę już w samolocie.

Hotel, który sobie wyszukałam, ma angielską nazwę i mieści się w starym solidnym i nieco staromodnym budynku. Tym razem to nie „Negresco", w którym podobno mieszka mnóstwo rosyjskich mafiosów. Wyobrażam sobie, że będą tam wytworni Anglicy, popijający w salonie herbatę. Hotel znajduje się także przy Promenade des Anglais — naturalnie z widokiem na morze. Myślę o plaży, o zielonym leżaku — choć może tym razem wybiorę sobie niebieski? O słońcu, grzejącym moją skórę. Będę chłonęła w siebie błękit nieba, słoną woń morza i roztapiała się w niej...

Lecę do Nicei — znowu sama. Szczęśliwa? Nieszczęśliwa? Nie wiem.

Późnym popołudniem oglądam i biorę w posiadanie piękny, duży pokój z szerokim łóżkiem i łazienką wyłożoną zielonymi kafelkami, otwieram szeroko drzwi balkonowe, po czym mówię „dzień dobry" jak zwykle niewiarygodnie błękitnemu morzu.

Siedzę na tarasie hotelu, piję chłodne różowe wino, podawane przez *maître d'hôtel*, który nawet jak na Lazurowe Wybrzeże wydaje się już zbyt przystojny.

Lekko odurzona dzwonię do Dawida — cieszę się, że mogę go zaskoczyć.

— Roma? Dobrze cię słyszeć — jego spokojny głos i radość przynoszą mi, jak zwykle, ukojenie.

— Siedzę na tarasie przecudnego hotelu, patrzę na morze, myślę o tobie, piję...

— No to kiedy przyjadę, będziesz pięknie opalona, już się na to cieszę — to jego jedyna i jak zawsze spokojna odpowiedź.

Dawid nigdy się niczemu nie dziwi — czyżbym już o tym zapomniała? Trzeba dużo więcej, żeby go zaskoczyć.

Tego wieczoru postanawiam, że przez cały tydzień będę szczęśliwa — tylko szczęśliwa. W każdej godzinie, w każdej poszczególnej minucie.

Nie chcę mieć kłopotów — moje dwie książki dobrze się sprzedają — po raz pierwszy mogę wydawać pieniądze bez wiecznego poczucia grzechu, które uciskałoby jak pięść w żołądku.

W czasie tego tygodnia w Nicei chcę zachowywać się tak, jakbym była bogata. Naprawdę bogata. Swoje zwykłe lęki zamknę w hotelowej szafie, razem z niemieckim paszportem i kluczami od monachijskiego mieszkania. Dawid będzie do mnie dzwonił: „Jesteś już opalona?" — spyta.

„A co porabia twój wnuk, najdroższy?" — odpowiem również pytaniem.

Jeszcze do późna w nocy siedzę na balkonie, z ostatnim kieliszkiem wina w ręce, choć właściwie jest to już o ten jeden za dużo. Samochody i motocykle stają się w ciemności jedynie przemykającymi szybko refleksami światła. Kołysanie w mojej głowie przypomina rytm morskich fal. Snuję plany na najbliższe dni: szybko się opalić, wyglądać młodo, jeść krewetki, wcześnie wstawać, spacerować brzegiem — ku słońcu. Jeszcze nie wiem, że na to wszystko zostanie mi zaledwie dwa i pół dnia.

Całe dwa i pół dnia.

We wczesnych godzinach porannych promenada nadbrzeżna jest jeszcze pusta, hałas znośny, słychać szum morza i widać srebrne promienie tańczące na falach.

W obcisłych czarnych szortach i czerwonej czapce z daszkiem wtapiam się między biegaczy. Większość z nich podąża bardzo daleko — aż do portu. Ja nie jestem aż tak wysportowana, więc przystaję na targu kwietnym. Zanurzam się w kolorach i zapachach, podziwiam góry cudownych owoców. Chciałabym kupić wszystko naraz — truskawki, maliny, winogrona — i natychmiast zjeść.

Mały, nastrojowy bar na rogu przypomina paryskie bistra. Czarno-białe kafelki, wysokie stołki barowe, duże filiżanki do kawy. Nawet właściciel wygląda jak z reklamy papierosów: czarny wąs, niebieska koszula i przekrzywiony beret.

— *Je vous en prie, madame* — grucha w moim kierunku, stawiając mi przed nosem kawę oraz talerzyk ze złotym, lekkim jak piórko *croissantem*.

Kiedy nazajutrz rano siadam na tym samym stołku barowym, właściciel wita mnie już jak starą znajomą.

Opalanie się na plaży jest nieco wyczerpujące, za to popołudnia spędzam spokojnie i stylowo w „Salon de Thé" na promenadzie. Obserwuję barwnych turystów, którzy przechodzą obok mnie — przeważnie są to parki. A ja? Sama. Ale co tam, to nic nie szkodzi. Ja teraz też jestem częścią pary, mimo iż jej druga połowa znajduje się Bóg wie gdzie. Herbata delikatnie pachnie wanilią.

— Jeszcze jedną *tarte Tatin*? — pyta uwodzicielsko kelner. — Jeszcze jedno ciasteczko, *madame*?

— Nie! Owszem, tak. Naturalnie. Bardzo proszę.

Następnego ranka budzę się bardzo wcześnie. Przez chwilę przyglądam się, jak w pierwszych promieniach słońca zraszają promenadę wodą, potem wciskam czerwoną czapkę głęboko na oczy — i biegnę, biegnę, biegnę. Czuję się lekka jak piórko, bez wieku, ponadczasowa. Srebrne fale na wodzie mrugają do mnie. Obok przebiega kilku opalonych na brązowo mężczyzn.

— *Bonjour madame, comment allez vous aujourd'hui?* — pyta właściciel kawiarni.

— *Vite, cappuccino* — szepczę jeszcze całkiem bez tchu.

Śmieje się głośno, a kiedy się odwracam, by wziąć sobie *croissanta*, daje mi lekkiego klapsa w tyłek.

— *Mois qu'est-ce que tu fais?* — oburza się od razu jego żona stojąca za nim. — *Tu est absolument fou!*

Przy wtórze żoninej paplaniny właściciel zostaje wypędzony do kuchni.

— *Au revoir, madame, à demain* — piszczy słodko kobieta na pożegnanie.

Nie wie — i ja też jeszcze nie wiem — że jutro będę już kimś całkiem innym.

Nadal z poczuciem, że mam dwadzieścia lat, wychodzę na ulicę. Biedny facet, myślę, równocześnie rozbawiona jego wcale niewesołą sytuacją; gdyby wiedział, że został tak surowo ukarany z powodu prawie-babci.

Później, w drodze do hotelu, zdaje mi się, że ten dzień postanowił sobie ze mną naprawdę poigrać. Naprzeciw mnie kroczy jakiś mężczyzna. Nie wierzę własnym oczom: to Harrison Ford, mój ulubiony aktor. Nadchodzi od strony portu, gdzie stoją wielkie, białe jachty, z których każdy mógłby być jego własnością. Ford ma na sobie białe szorty i przepoconą koszulkę polo, uśmiecha się do mnie. Przelotny, trochę krzywy uśmiech.

Czy to rzeczywiście był on? Rozstrzygam, że tak. Z całą pewnością.

Powoli czuję się tak, jakbym już od dawna spędzała tu wakacje albo, jeszcze lepiej, jakbym po prostu stąd pochodziła.

Mijam urocze białe wille z secesyjnymi balkonami i kolorowymi żaluzjami i śnię wieczny sen emigrantów. Jak by to było posiadać taki dom otoczony kwiatami — zamieszkać na zawsze w tych prześwietlonych słońcem pokojach? Jest to zabawa, w którą zawsze się bawię, gdy mi się gdzieś szczególnie podoba: wyobrażam sobie wtedy, co by było, gdybym tu po prostu została. Ja, która nigdy nie miałam własnego miejsca. Zostać tu na zawsze? Tylko co dla emigranta znaczy „na zawsze"?

W moim ulubionym starym sklepie, gdzie sprzedają suszone zioła, domowej roboty oliwę z oliwek i najrozmaitsze perfumy, wybieram mały flakonik o zapachu „Fleur de Provence".

Jest pora sjesty. Zaciągam zasłony w pokoju, kładę się na łóżku i gapię przed siebie. Wentylator pracuje, unosząc w słońcu złoty pył. Lekki zapach ryby miesza się z zapachem cytryn. Dobry Boże, myślę, czy to możliwe, żebym i ja mogła być szczęśliwa, lekka, wolna od strachu? Czy naprawdę masz dla mnie jeszcze kilka radosnych, beztroskich dni? Czy naprawdę wolno mi być tutaj, w całym tym luksusie? Mnie, dziecku z krakowskiego getta?

Wkrótce stąd odlecę — będzie na mnie czekał mężczyzna. Czy tym razem zdarzy się tak, że ten, kogo kocham, również mnie pokocha?

Zanim udaje mi się głęboko zasnąć, myślę jeszcze o ślicznej bransoletce, którą widziałam na starym mieście. Składała się z wielu misternych maleńkich instrumentów muzycznych — gitar, skrzypiec, fletów. Nie jest to coś, czego naprawdę potrzebuję, ale po prostu urzekło mnie swoim wdziękiem. Kupię ją sobie dzisiaj wieczorem.

Jeśli Dawid zadzwoni, koniecznie będę musiała opowiedzieć mu o właścicielu bistro...

Dzwonek telefonu... dzwoni długo... dzwoni głośno... nie mogę otworzyć oczu, nadal dzwoni, a ja już wiem, że to niedobre dzwonienie.

— Roma — słyszę głos Dawida, który jak zwykle nie brzmi tak, jakby mnie o coś pytał, lecz zawłaszczał — ...Roma.

— Czy coś się stało? — pytam niepotrzebnie, bo już wiem, że coś się stało.

— Ona jest bardzo chora. Moja żona, spotkałem się z nią... — Dawid milczy przez chwilę, słyszę tylko jego oddech. — Jest bardzo ciężko chora... przez jakiś czas... przez jakiś czas będę musiał z nią zostać. Nie mogę teraz stąd wyjechać. Długo się nie zobaczymy. Może bardzo długo. Zadzwonię, obiecuję. Jak tylko będę coś więcej wiedział. Ona ma raka.

Przez krótką chwilę siedzę na łóżku, przyciskając poduszkę do brzucha. Więc naprawdę myślałaś, że możesz przechytrzyć los? Że możesz nadal bawić się w swoją grę? Podrygiwać tu dokoła, marzyć, biegać, pozwolić, by klepano cię po tyłku? Jakby nie było przeznaczenia, jakby nie było twojego życia, jakbyś nie wiedziała, jaka jest twoja rola?

Chwiejąc się na nogach, idę do łazienki, przeglądam się w lustrze. Widzę trochę podstarzałą kobietę, z głębokimi cieniami pod oczyma.

Czy nie wiesz, że twoim zadaniem jest znosić ciosy losu? W przetrzymywaniu ciosów jesteś mistrzynią świata. Po prostu kolejny raz iść dalej, brać wszystko na swoje barki, nie ociągać się, nie zatrzymywać. Iść dalej... Tym razem nie jest to mój los. A może jednak?

Nie pozostaję długo w pokoju.

Wiem, co należy zrobić. Znam się na sytuacjach kryzysowych. Wszakże moje życie składa się z samych kryzysów. Co to miałam w planach? Spacer do centrum. Zakup bransoletki.

Ubieram się jak automat i idę do miasta.

Dopiero na ulicy spostrzegam, że wyszłam o wiele za wcześnie. Jest jasne popołudnie, upał, słońce pali, na ulicach prawie nie ma ludzi. Sklepy są zamknięte. W prażącym słońcu jestem sama ze swoimi myślami, których wcale nie chcę domyślać do końca.

Czy ta kobieta teraz umrze? Czy ja jestem temu winna? Boże, przecież ja tego nie chciałam. Naprawdę nie? Przecież tylko... przecież tylko czasem wyobrażałam sobie, jak by to było, gdyby ona nie istniała... Dawid będzie teraz przeżywał najtrudniejsze chwile swojego życia. Jeszcze tego nie wie. To może trwać miesiącami. Będzie zmęczony zmęczeniem, jakiego jeszcze nigdy nie zaznał. I żył z ciągłym poczuciem winy, które już nigdy go nie opuści.

Później stanie się kimś innym. A ja? Czy potrafię mu pomóc? A potem? Czy mnie jeszcze zechce?

— Przestań, przestań — próbuje znowu Rozsądna — nie musisz się teraz nad tym wszystkim zastanawiać.

Zatrzymuję się na chwilę pośrodku ulicy, potem jednak idę dalej.

A ja? Czy chcę mieć tego mężczyznę wyłącznie dla siebie? Nawet jeśli jesteśmy sobie pokrewni, bliscy? Znam go przecież dopiero od kilku miesięcy. Chcieliśmy najpierw zobaczyć, co może z tego wyniknąć. A co teraz z tego wyniknie?

Czy potrafiłabym z nim być? Czy w ogóle potrafię z kimś być?

Jakaś obca mi kobieta ma teraz umrzeć. Ja przecież naprawdę tego nie chciałam! Idę coraz dalej, w skwarze popołudnia, nie wiem już, gdzie jestem, nie znam żadnej z tych ulic. Skręcam w jakiś wąski zaułek, na którego końcu widzę mały, żółty kościół. Drzwi są otwarte.

Ciemny kwadrat w nieznośnie jaskrawym świetle. Pośrodku tego kwadratu, we wnętrzu kościoła, jest małe okienko składające się ze lśniąco niebieskich szklanych szybek.

Muszę usiąść, muszę odpocząć. Ten kościółek z otwartymi drzwiami chyba na mnie czekał. Czuję suchość w gardle, serce mi wali. Jeszcze na ulicy zaczynam się modlić. Odmawiam jedyną modlitwę, jaką znam:

Ojcze nasz, któryś jest w niebie… Bądź wola Twoja. Wola Twoja… urywam. Nie mogę odmówić jej do końca. Boję się własnych myśli. Nawet modlitwa przyprawia mnie o lęk. Bo w głębi duszy wiem już, jak wyobrażam sobie Jego wolę.

* * *

W domu moje rzeczy jeszcze długo pachną „Fleur de Provence". Na dnie torby podróżnej znajduję niewielki, pięknie zapakowany prezent. Kupiłam go pierwszego dnia w Nicei — całą wieczność temu — dla wnuczka Dawida. Małą harmonijkę ustną. Później miałam ochotę wrzucić ją do morza, ale jednak zabrałam ze sobą. Może jeszcze wszystko będzie dobrze...

Nie pamiętam już dokładnie, jak spędziłam ostatnie dni w Nicei. Mechanicznie zachowywałam sztywny rytm dnia, chodziłam na spacery, jadłam grzecznie *salade niçoise*. Popijałam ją małą karafką czerwonego wina, które później niosło mnie łagodnie przez upalne popołudniowe godziny.

Właściciel mojego bistro patrzył gdzieś w bok, jaskrawo uszminkowana właścicielka uśmiechała się chłodno. Zdawało się, że już nikt mnie tu nie lubi.

Większość czasu spędzałam na plaży — patrzyłam na wodę — siedziałam tam jak odurzona, niezdolna odejść, chociaż hałas i upał już od dawna wydawały mi się nie do zniesienia. Wszystko we mnie burzyło się przeciw tej nowej sytuacji. Nie, mówiłam sobie, nie, przecież znalazło się dwoje ludzi, którzy szukali siebie przez całe życie — zdarzył się mały cud — więc to wszystko nie może się już teraz skończyć...

Chciałam zadzwonić do Izraela, ale za każdym razem wyobrażałam sobie, że Dawid właśnie siedzi u żony w szpitalu. Zadzwoń mimo to, mówiłam do siebie, ucieszy się, może cię nawet potrzebuje. Wahałam się, ale jednak tego nie zrobiłam. Wiedziałam, że mój telefon mu nie pomoże — mnie również nie. A on się też nie zgłaszał.

Cierpliwości, mówiłam sobie. Nie myśleć o tym — nie oglądać się wstecz. Teraz pora wrócić do domu. A tam czeka mnie wiele pracy.

Telefon dzwoni bez przerwy. Nie jest to jednak wiadomość od Dawida. To obcy ludzie, którzy pytają: „Mogłaby pani wygłosić prelekcję, wziąć udział w dyskusji… z młodzieżą, ze starszymi… mogłaby pani udzielić wywiadu…?" Tak, mogę. Teraz bardziej niż kiedykolwiek potrzebuję spotkań z wieloma nieznanymi, życzliwymi ludźmi.

Szukają we mnie siły, nadziei, przebaczenia — i otrzymują je. Na dwie, trzy godziny staję się inna. Odważna, optymistyczna, nie do zranienia.

— Pani dzieciństwo było takie straszne, najchętniej podarowałabym pani swoje własne, radosne — mówi do mnie jakaś obca kobieta. Czytelniczka, mniej więcej w moim wieku.

Podchodzę do niej i obejmuję ją bez słów. Jak inaczej mogłabym podziękować za taki dar?

Kiedy później wracam do domu, nie mam już na nic siły. Patrzę tylko nieruchomo przez okno w ciemną, nieprzejrzystą noc. Mijają dni, noce. Nadal nie ma ani słowa od Dawida.

Przez całe lato usiłowałam być kimś innym, oszukać los, który, jak się wydaje, skazał mnie na samotność — nie udało się.

Nigdy się nie uda.

Tylko jedno lato — sama obecność Dawida w moim życiu dodała mi nie zaznanej nigdy dotąd pewności siebie. Prawie już uwierzyłam, że mam twardy grunt pod stopami. A teraz znowu patrzę w otchłań.

Co będzie z Dawidem i ze mną?

Usiłuję pozbyć się tych myśli, ale one formują się groźnie na moim horyzoncie, jak oddziały żołnierzy o świcie. Czyhają, by mnie zaatakować — a ja muszę się bronić. Całkiem sama.

„Walka z własnymi myślami — mawiała moja matka — to żydowski pojedynek".

Telefon, na który tak czekałam, dopada mnie jednak nie przygotowaną. Jest niedziela rano — właśnie myję w łazience głowę.

— Dawid — z trudem znajduję słowa. — Co u ciebie? — pytam, ale nie chcę usłyszeć odpowiedzi.

Mokre włosy lepią mi się do karku.

— Bez zmian — mówi — wszystko bez zmian.

Człowiek, który to mówi, to inny Dawid: niepewny, prawie zakłopotany, wcale nie ktoś, kto przywykł do tego, że zawsze akceptuje się jego propozycje.

— Posłuchaj — ciągnie dalej — możesz oczywiście powiedzieć „nie", ale... Ja muszę pojechać na konferencję do Wiednia. To część mojej pracy, oficjalnie nadal przecież kieruję Instytutem... pomyślałem tylko, że... to tak blisko Monachium...

— Kiedy?

— Możesz powiedzieć „nie". Zrozumiem...

Wcale nie zamierza mnie przekonywać, zachowuje się prawie tak, jakby oczekiwał tego „nie". A ja czuję, że byłoby mu wszystko jedno...

— Teraz zresztą nie jestem dobrym kompanem... i nie znajdę dla nas wiele czasu. Od razu potem muszę wracać. Przez cały dzień będę miał posiedzenia... zostanie nam wieczór, może noc...

— Myślisz, że to dobry pomysł? — pytam, znowu niepewna siebie.

— Chyba nie. Ale przynajmniej moglibyśmy się zobaczyć.

* * *

Tym razem wychodzi po mnie tylko Kajetan, który towarzyszy tu swojemu szefowi. Dawid jest jeszcze na konferencji.

— Zaraz pani zobaczy — kiwa smutno głową w odpowiedzi na moje nieme pytanie. — Zaraz pani zobaczy, szef ma teraz wiele zmartwień.

— Panie Kajetanie, czy może mi pan coś obiecać? — pytam natarczywie, bo wiem, że mnie lubi. — Pan często widuje Dawida, rozmawia z nim ciągle przez telefon, proszę mi coś obiecać; kiedy pan zauważy, że źle się z nim dzieje, że potrzebuje mojej pomocy, zadzwoni pan do mnie. On sam na pewno tego nie zrobi. Pan go przecież zna.

— Ależ oczywiście — mówi Kajetan, bardzo wzruszony moim do niego zaufaniem — może pani na mnie polegać.

Zbliżamy się do hotelu, a ja czuję znane mi tak dobrze kołatanie serca. Tak niedawno cieszyłam się z tego, bo to świadczyło, że ciągle jeszcze jest żywe.

Znam hotel, do którego właśnie podjeżdżamy. Znam tak wiele hoteli — w jakiś sposób są częścią mojego życia. To wytworny stary dom na najelegantszej ulicy Wiednia. Znam też dobrze miasto — przez kilka lat mieszkała tu moja matka. Często ją odwiedzałam.

Salon w hotelu jest utrzymany w kolorze bordowym — ciężkie aksamitne zasłony, antyczne fotele, przytłumione światło. Obrazy na ścianach ukazują wdzięczne damy w biedermeierowskich strojach. Pianista gra na fortepianie łagodne melodie.

Już z daleka dostrzegam Dawida — na jego widok moje serce przebiega jak zwykle lekki prąd. Dawid siedzi sam przy stole, w czarnej koszuli i ciemnej marynarce. Jego ręce są zajęte fajką. Wygląda jak zwykle dobrze — pasuje do tego otoczenia. Ma taki dar, że wszędzie, w każdym miejscu wygląda stosownie.

Ale sprawia wrażenie samotnego, zmęczonego i wyczerpanego.

— Lubisz tort Sachera? — wita mnie w typowy dla siebie sposób — tutaj mają prawdziwy.

Długo siedzimy w hallu hotelu i patrzymy na siebie pośród ludzi, jakbyśmy bali się zostać sami.

— W ogóle nie mogę wyjechać z Izraela — mówi później, gdy jesteśmy już na górze — jestem tam potrzebny, muszę wszystko załatwiać, rozmawiać z lekarzami, ze szpitalem... zawozić ją na badania...

Mimo jego rzeczowego tonu spostrzegam natychmiast, że czuje się słaby i niepewny. Sama tak dobrze znam te uczucia — wyczuwam je też u innych ludzi.

— Dla moich synów... to wszystko... możesz to sobie wyobrazić... jest bardzo, bardzo trudne. Muszę być tam dla nich...

Chciałabym mu opowiedzieć, że kilka dni temu otrzymałam złowieszczy telefon od bardzo dziwnego człowieka. Wiem, że chce mnie skrzywdzić, czuję, że zbliża się do mnie coś mrocznego. Ale mój wewnętrzny głos natychmiast zabrania mi cokolwiek mówić. Z tą iskrą pokory i świętości, jaką czasem mają w sobie kochankowie, wiem, że w tym momencie mogę tylko słuchać Dawida, a moje własne lęki nie odgrywają teraz żadnej roli.

Siedzimy blisko siebie. Mimo iż jest to wbrew wszelkiemu rozsądkowi, bliskość Dawida daje mi poczucie ciepła, bezpieczeństwa. Jego głos, jego zapach... Nawet teraz, mimo całej naszej bezradności, odnajduję przy nim pewność i równowagę, której zawsze nadaremnie szukam. Jeszcze przed chwilą chciałam zadać mu wiele pytań — a także opowiedzieć o sobie. Teraz wszystko to jest już nieważne.

Cieszę się, że mamy trochę czasu dla siebie i że mogę tu z nim być. Jeszcze dziewięć godzin, potem cztery, potem dwie...

Później odprowadzam wzrokiem duży samochód, który wiezie go w kierunku lotniska.

— Zadzwoń, jeśli będziesz mnie potrzebował — mówię, zanim zdąży zamknąć drzwiczki sa-

mochodu, jakby on sam nie wiedział, że zawsze
i o każdej porze może do mnie zatelefonować.
Spogląda na mnie znużony swoimi czarnymi
oczami:

— Zadzwonię.

Jest wcześnie, mam trochę czasu. Właściwie
chcieliśmy jeszcze pospacerować razem po ulicach Wiednia. Ale tak się nie stało.

Idę teraz sama. Wałęsam się po Hofgarten, potem po Burggarten — tak dobrze znam te parki
z dawniejszych czasów.

Świeci słońce, ale jest wietrznie i niezbyt ciepło.

Dookoła bawi się kilkoro dobrze odżywionych
dzieci — ich korpulentne matki rozmawiają, siedząc na ławkach.

Ja również jako młoda matka przychodziłam
tu na spacery z moim małym synkiem Jakubem.
Przed wielu laty.

Moja matka mieszkała niedaleko stąd, w pobliżu największego targu wiedeńskiego, nazywa-
nego „Naschmarkt". Uwielbiała robić tam zakupy — a poza tym lubiła jeść i gotować. Gdy oboje
przyjeżdżaliśmy do niej z wizytą, dźwigała zawsze do domu siatki pełne zakupów: kurczaki albo kaczki, jajka, owoce, sery.

— Wiesz, mój sklepikarz ma największe jajka
w mieście — mówiła frywolnie, jak to zwykle
ona.

Gotowała z pasją. Często zapraszała przyjaciół
na obiady — również moich, przeważnie wygłod-

niałych artystów. Sprawiało jej przyjemność widzieć ich wszystkich sytych i zachwyconych jej sztuką kulinarną.

Ale najchętniej gotowała dla mnie i Jakuba.

— Ty wyjdź z dzieckiem na świeże powietrze, idź do parku, a ja tymczasem zajmę się obiadem — mówiła.

Kiedyśmy wracali, stała zniecierpliwiona w drzwiach…

— Już tak późno, a ja czekam i czekam… na pewno spałaszowaliście coś w mieście i już nie jesteście głodni…

Jak wszystkie żydowskie matki chciała nas nieustannie karmić, pragnąc chyba tym swoim dobrym jedzeniem złagodzić niepewny emigrancki los swojej córki i małego wnuka. Jakuba kochała nade wszystko. Z nim potrafiła śmiać się tak beztrosko, jak nigdy nie umiała robić tego ze mną. Niekiedy, gdy musiałam pracować, zostawiałam go u niej w małym, słonecznym, zawsze czyściutko wysprzątanym mieszkaniu.

Póki żyła moja matka, mogłam po prostu położyć się u niej na sofie i być znowu małą dziewczynką. Wtedy dbała o nas oboje jednakowo, jakbym była starszą siostrą mojego syna. Leżałam — z wysoko uniesionymi nogami — a ona tymczasem gotowała i piekła w kuchni. W całym mieszkaniu pachniało ciastem.

— Popatrz, Roma — prosiła — przyjrzyj się, jak ja to robię, żebyś wiedziała na przyszłość… Zaraz zapiszę ci ten przepis, to bardzo proste…

Ja tylko leniwie przymykałam oczy.

— Mamo, ty to zrób, ja nie muszę się tego
uczyć. Ty zawsze będziesz żyła.

Wciąż jeszcze mam jej przepisy kulinarne —
napisane ładnym, staroświeckim charakterem pisma i starannie wklejone do książki. To już tak
dawno temu…

Wieje silny wiatr i zaczyna padać deszcz. Nagle wracam do teraźniejszości. Idąc dobrze znaną
mi alejką, całkiem odruchowo ląduję przy dużej
palmiarni. Jakub bardzo lubił się tu bawić — po-
dziwiał wielkie palmy, które prawie rozsadzały
dach. Teraz wewnątrz jest kawiarnia. Na trawni-
ku przed palmiarnią wiruje już kilka żółtych liści
— spadają mi na stopy — czyżby wkrótce miała
nastać jesień?

* * *

„Kochana Malinko, w Monachium zrobiło się
już jesiennie. Zdaje się, że lato odeszło — szybko
się pożegnało — o wiele za wcześnie. Jak dziecko
mam co roku nadzieję, że będzie trwać wiecznie.
Zaskakuje mnie i rozczarowuje za każdym razem
na nowo, gdy widzę, że jednak odchodzi…

Tego lata wiele się w moim życiu wydarzyło
— może teraz jest pora o tym pomyśleć.

Już od wielu dni pada deszcz. Mimo to staram
się co rano trochę biegać. Właściwie zmuszam się
do tego. Tuż przed domem mam wspaniały park
— duży, z mnóstwem starych drzew, z łąkami
i nawet małym szumiącym potokiem.

Biegając, przyglądam się mokrym czerwonym
i żółtym liściom spadającym z drzew. Lepią się do
butów — trzeba uważać, żeby się nie pośliznąć.

Napisałaś do mnie tyle uroczych listów.

Mam nadzieję, że nie jesteś na mnie zła, iż jeszcze Ci na nie nie odpowiedziałam. W ostatnim czasie byłam ciągle w podróżach..."

Trzy listy od Maliny leżały już dość długo na moim biurku i czekały na mnie — razem z inną pocztą. Rozpoznaję je natychmiast — różowe koperty ze ślicznymi kwiatkami. Łatwo sobie wyobrazić, że napisała je młoda osoba — delikatna i pogodna. Ale ja wiem, że to nie jakaś beztroska dziewczynka, lecz chora-zdrowa Malina, którą uważam już za bliską przyjaciółkę.

Mam nadzieję, że dobrze się czuje, myślę, zanim zaczynam czytać.

„Droga Pani Romo, często wyobrażam sobie, że jest Pani u mnie i rozmawia ze mną. W Pani książce odkryłam tyle siebie...

Dopiero dzięki Pani zrozumiałam, że po pierwsze, to ja jestem najważniejszą osobą dla siebie — a nie inni.

Bo chodzi o mnie — zawsze tylko o mnie. Ode mnie wszystko się zaczyna.

Podziwiam Pani uczciwość i odwagę. Czy mogę pisać do Pani częściej — o moim życiu? Ot tak, po prostu?

Cieszę się, że Panią poznałam. Myślę, że to dodało mi siły i pewności siebie".

„Ciągle jeszcze śni mi się po nocach choroba. Śni mi się, że znowu jestem w szpitalu. Nastaje nowy dzień — kolejny dzień pełen kroplówek, chemii, zastrzyków... Znowu liczę dni, kiedy będę mogła zdjąć z ust maskę, która ma chronić mnie przed bakteriami. A potem — to najgorsze: w nocy przykrywają sąsiednie łóżko prześcieradłem. Nazajutrz rano jest puste.

We snach przeglądam się w lustrze i znowu widzę, jak wypadają mi włosy i brwi... To bzdura martwić się tym, mówią mi... a mimo to — chciałabym być teraz piękna, skoro wkrótce muszę umrzeć. Mam dopiero dwadzieścia dwa lata..."

„Staram się żyć tak, jakbym na nowo odkrywała każdy dzień. No cóż, choroba nie ma ze mną łatwego życia. Postanowiłam, że tak szybko mnie nie pokona. To jeszcze ja mam tę chorobę — a nie ona mnie.

Moje myśli też wiążą się ciągle z Pani książką, z Pani odwagą, z Pani siłą.

Wydaje się, że choroba zrezygnowała. Już tylko podczas kontrolnych wizyt w szpitalu — gdy widzę pacjentów — wracają zmory senne — wychodzę stamtąd jak sparaliżowana..."

„Zaczynam znowu studiować. Historię i dziennikarstwo. Całkiem szczególnie interesuje mnie historia Holocaustu. Pani pierwsza rozbudziła we mnie takie zainteresowania. I teraz chciałabym pisać pracę na ten temat. Wędruję, by tak rzec, po Pani śladach...

I jeszcze jedna wielka, cudowna dla mnie nowość: mam własne mieszkanie. Pierwsze w moim życiu. Nieduże, tylko pięćdziesiąt cztery metry kwadratowe, ale kazałam wyburzyć dwie ściany i teraz jest to jedna piękna i jasna przestrzeń. Urządzona kilkoma prostymi drewnianymi meblami, wygląda raczej po spartańsku. Ale stoi tu już półka na książki — znalazły na niej miejsce moje ulubione — również Pani powieść. Inne muszą jeszcze poczekać w pudłach.

Naturalnie chciałabym również zarabiać własne pieniądze — znalazłam ciekawą pracę w archiwum pewnej gazety. Tylko na pół etatu, ale to daje trochę grosza, a poza tym mogę tam zbierać materiały potrzebne mi do studiów.

I może najważniejsza rzecz: poznałam kogoś. Zaraz po Pani wyjeździe..."

„Kochana Malinko, oczywiście możesz do mnie pisać, jak często chcesz. Każdy list od Ciebie czytam z radością, każdy mnie uszczęśliwia. I uczy też pokory, bo w porównaniu z tym, co Ty przeżyłaś w tym roku, i co Ci się udało, moje przeżycia w ostatnich miesiącach są nieomal błahe, chociaż oczywiście były dla mnie bardzo ważne.

Mam nadzieję, że nie będziesz rozczarowana, iż odpowiadam tak krótko. Trudno mi opisać życie, które teraz wiodę. W tej chwili niewiele mogę napisać o miłości. Ani o pracy.

Godzinami siedzę przy biurku, patrzę na niebo, które się rozjaśnia, a później, w pewnym, zupełnie dla mnie niezauważalnym momencie, znowu ciemnieje. Zadaję sobie często pytanie, co ja właściwie robię — szukam słów, które w postaci liter zapisuję na papierze. Dopiero potem, później, zaczynają żyć.

Dawniej, gdy malowałam obrazy, odkrywałam i tworzyłam nowe światy, pojawiały się natychmiast — realne i namacalne...

Jak jednak mam teraz — nawet jeśli są przeznaczone tylko dla Ciebie — opisać słowa za pomocą słówek...?

Ja również tego lata kogoś poznałam. Na krótko przed naszym spotkaniem.

Powiadają, że starość nie chroni przed miłością, ale miłość chroni przed starością...

Teraz jest to już raczej mniej lub bardziej... ach, sama nie wiem.

Miłość — ona nadal istnieje, mimo iż niekiedy jest tylko uczuciem bólu. Istnieje, staje się silniejsza, obumiera, a potem znowu odżywa.

To ważne dla mnie i pocieszające, że uważasz mnie za osobę silną i odważną. Z pewnością nie zawsze nią jestem. W tej chwili wcale się taka nie czuję.

Na koniec dobra wiadomość. Będziemy mogły się zobaczyć. Myślałam wprawdzie, że przez jakiś czas nie uda mi się przyjechać do Polski. Ale w październiku ukaże się w Krakowie moja druga książka — polskie wydanie — otrzymasz ją naturalnie ode mnie jako jedna z pierwszych (bardzo interesuje mnie Twoja opinia). Za dwa, trzy tygodnie przyjadę na promocję. Zapraszam Cię wtedy na kieliszek wina albo na coś innego, czego tylko zapragniesz. Z pewnością będziemy miały sobie wiele do powiedzenia, a w Krakowie chyba znajdziemy na to dość czasu.

Bardzo cieszę się z Twoich zwycięstw — cieszę się ze względu na Ciebie. Każdy dzień, który przeżywasz, jest także i moim sukcesem — nie zapo-

minaj o tym. Bądź zdrowa — jesteś zdrowa, wiem
o tym. Do rychłego zobaczenia, Malinko…"

Są koperty, o których człowiek natychmiast wie,
że nie zawierają nic dobrego. Wcale nie lubimy ich
otwierać.

Ta już od jakiegoś czasu leży na moim biurku.
Zwlekałam z jej otwarciem i ciągle odkładałam
ten moment na później. Ale przecież kiedyś trzeba to zrobić.

Koperta zawiera starannie wycięty artykuł z gazety. Brak jednak nadawcy. To oczywiste.

Najpierw oglądam fotografie. Oczy mojej babki
— tragicznie czarne oczy, okolone ciemnymi cieniami na drobnej twarzy.

Zdjęcie mojego ojca — młody i piękny przed
wojną, ciemnowłosy, rozpromieniony. A potem,
po wojnie — siwe włosy, zapadnięte policzki, ma-
towe, zrozpaczone oczy zaledwie trzydziestodzie-
więcioletniego mężczyzny…

Później moja własna twarz — moje oczy —
również pełne strachu. Wydaje się, jakby te oczy
zagubiły się tutaj, na tej gazetowej stronie.

Oglądam zdjęcia i wiem, że nie jest to film ani
powieść — nie jest to życie niczyje inne, tylko
moje.

To historia mojej rodziny, i nie mogę przed nią
uciec…

Te oczy nie tylko wyglądają jak moje własne.
One są moje.

Najpierw zadaję sobie pytanie, co mają znaczyć
te wszystkie prywatne fotografie. A później już
wiem.

Są częścią świadectwa, które składa tu obcy człowiek, dziennikarz. Częścią fałszywego świadectwa.

Mam ściśnięte gardło i wyschnięte usta. Czuję w sobie tylko zimno, ale policzki mnie palą.

Całymi latami zadawałam sobie pytanie, co zrobię, jeśli ktoś wywlecze tę starą historię. Prawdą jest, że do tej pory nie zdobyłam się na to, aby z kimś o tym porozmawiać. Nawet sama ze sobą. Być może, od kiedy skończyłam siedem lat, przez całe życie nosiłam w sobie nieszczęście swojej rodziny.

Artykuł jest krótki i zwięzły, jak większość artykułów gazetowych. Pytam sama siebie, o czym myślał ów człowiek, zanim postanowił zadać ten cios. Czy bodaj przez krótką chwilę wyobraził sobie, jaką krzywdę na całe życie wyrządza dzieciom człowieka, którym zajmuje się akurat w tym momencie, choćby to było tylko kilka godzin? Nie, on się nikim nie zajmuje, on tylko pisze. Obiekt właściwie mało go interesuje, a jego dzieci czy wnukowie już w ogóle nie. Pisze szybko kilka linijek, by potem zająć się innym tematem, bo pisanie to jego zawód. Nie interesuje go, jaki ból może w ten sposób spowodować, ból, który będzie trwał lata, całe dziesiątki lat. Jest jak dentysta, wyrywający zęby nie po to, żeby ból minął, tylko po to, żeby powstała krwawiąca jama.

On nie zastanawia się nad tym, że słowo raz napisane może wyrządzić wiele dobrego, ale też wiele złego, że może uleczyć albo zabić. On cieszy się tylko jak kura ze świeżo zniesionego jajka.

„Ojciec poczytnej autorki Romy Ligockiej, której książka o dzieciństwie w czasie Holocaustu zrobiła światową karierę, był podobno kapo w obozie koncentracyjnym. Miał ponoć bić ludzi i posyłać ich na śmierć. Aresztowany po wojnie, zmarł niedługo później w więzieniu".

Zrobił z tego nieco większą papkę, ale taka jest treść.

Tylko tyle. Nie więcej.

Wściekłość i rozpacz. Poczucie klęski. Chęć zemsty.

Siedzę na moim balkonie — a jednak zrobiło się ładnie — wrześniowe słońce trochę grzeje. Mam ochotę walić głową w mur. Gdybym kiedykolwiek w życiu nauczyła się krzyczeć, teraz bym krzyczała. Ale mój pierwszy krzyk został wówczas, w krakowskim getcie, zdławiony ręką człowieka. Potem nigdy nie odważyłam się krzyczeć. Teraz jest już za późno, żeby się tego nauczyć.

Siedzę skulona — sama w słońcu — wyjałowiona, bezradna — nie wiem, co robić.

Chodzę po pokoju — nie wytrzymałam na balkonie — na dworze jest zbyt pięknie. Zbyt pięknie na moje ponure myśli. Chodzę po pokoju tam i z powrotem i szukam rozwiązania.

„Niech pani zadzwoni do swojego adwokata" — poradziła mi moja wydawczyni. Nie, znajomego adwokata tym nie obarczę, to wieloletni przyjaciel, nie chciałabym, żeby i on został skalany. Dzwonię do jakiejś nie znanej mi pani mecenas.

Oczywiście zachowuje spokój, oczywiście jest rzeczowa, oczywiście wysłuchuje cierpliwie mojego emocjonalnego potoku słów — oczywiście odpowiada zwięźle. Robi wszystko tak, jak to jej zaszczepiono w tym zawodzie.

— Mamy zbyt mało materiałów — obawia się — potrzebujemy danych, faktów, dokumentów.

— Z jaką karą musi liczyć się ten dziennikarz? — dopytuję się.

Jedyne, co mnie interesuje, to żeby został ukarany.

„J'accuse", chciałabym krzyczeć, „Oskarżam!"

— Potrzebujemy faktów — powtarza cierpliwie miła dama. — Powinna nam pani dostarczyć możliwie dużo informacji. Dopiero potem będziemy mogły rozmawiać o karze.

Z pewnością ma rację. Czego się właściwie po niej spodziewam? Nawet gdybym sobie powiedziała, że tego faceta czeka kara śmierci — czy to by mnie zadowoliło? Gdybym teraz miała broń i umiała strzelać, a on stałby naprzeciw mnie — co bym zrobiła?

I co by to zmieniło? Nie, nie — wiem, że droga prowadzi zupełnie dokądś indziej. Nie wiem tylko, dokąd.

W ciągu następnych dni prawie nie wychodzę z domu. Nie jestem w stanie oglądać ludzi. Jem niewiele, spać nie mogę, gdyż nocami piszę nieskończenie wiele listów do redakcji, które mają oczyścić mojego ojca, odrzucam je, piszę nowe — trafniejsze.

Tymczasem pogoda się poprawiła, nastały ładne ciepłe dni wczesnej jesieni. Ale nie umiem się nimi cieszyć.

Ponownie dzwonię do pani mecenas.

— Może powinna pani pojechać do Polski — proponuje — zebrać dane, fakty, artykuły z gazet, niech pani idzie do archiwum, poszuka świadków — mówi — proszę też poszperać we własnych wspomnieniach.

Świadkowie? Najmłodsi mogą mieć teraz dobrze ponad osiemdziesiątkę. Wspomnienia? Przez kilkadziesiąt lat spychałam je w podświadomość.

Ale dobrze. I tak muszę pojechać do Polski na promocję książki — może istotnie coś znajdę. Teraz będę musiała na dodatek odgrywać detektywa w swojej własnej historii.

Jest to dokładnie to, czego nie chciałam. Jeszcze wszystko burzy się we mnie przeciw wspomnieniom, jeszcze chciałabym odsunąć ten moment, kiedy będę musiała zebrać wszystkie siły, by stawić czoło całej tej historii. I po raz kolejny wyjść na spotkanie przeszłości. Nie robię sobie złudzeń.

Nie uda mi się — ponad pięćdziesiąt lat po śmierci ojca — uratować mu życia. Nie uda mi się dowieść jego niewinności.

Klamka zapadła — mogę robić, co chcę — mogę każdej nocy zabijać tego dziennikarza we snach — mogę mówić, co chcę — w rzeczywistości nikt mi nie uwierzy. Bo pewnie taka właśnie jest natura Zła, że natychmiast daje mu się wiarę.

— Przestań przeklinać, Roma. Przestań walić głową w mur, przestań marnotrawić te piękne jesienne dni. Jedź do Krakowa, poproś kogoś o pomoc. Kogokolwiek. Rozejrzyj się tam jeszcze raz.

A przede wszystkim zjedz coś, prześpij się trochę. Idź między ludzi.

— Uspokój się, Rozsądna, nie jesteś moją starą niańką — mamroczę.

— Zamykasz się od wielu dni, jakbyś to ty sama siedziała w więzieniu. Skoro uważasz, że musisz dowieść niewinności ojca — dowiedź jej. Jedno jest pewne: będziesz musiała rozmawiać o tym z innymi ludźmi, otworzyć przed nimi swoją urażoną i zranioną duszę.

— Tak, wiem — i właśnie tego się boję.

ROZDZIAŁ V

PAŹDZIERNIK

W Krakowie mży. Zmokłe gołębie, poszukując schronienia, zaszyły się w otworach murów. Podnoszę kołnierz płaszcza i mimo nieprzyjemnej pogody udaję się do miasta w poszukiwaniu czegoś, czego nawet nie umiem dokładnie nazwać. Po drodze niechętnie kupuję parasol. Wiem, że zanim dzień się skończy, z pewnością gdzieś go zgubię.

W tym mieście, choćbyś znał tylko kilka osób, zawsze możesz którąś z nich spotkać w kawiarni. To na ogół zastępuje telefon.

Również na ulicy wpadamy często na kogoś znajomego. „Słuchaj, szukam mieszkania, antycznej komody albo, przypuśćmy, byłego więźnia obozu koncentracyjnego". Wcześniej czy później ktoś do ciebie zadzwoni, czasem jest to nieznajomy przyjaciel przyjaciela:

— Słyszałem, że szuka pani szafy?

— Komody.

— Komody? Też dobrze. Mam i komodę.

Tą drogą dowiaduję się o istnieniu starego mężczyzny, który mógłby mi pomóc. Zaczęłam po prostu zadawać pytania — wszystkim mniej lub bardziej znajomym ludziom, których spotykam. Takie przyjęłam założenie, chociaż za każdym razem czuję tępy ból w piersi. A ponieważ się go spodziewam, staje się do zniesienia.

— Mój ojciec został po wojnie aresztowany — jako zdrajca czy ktoś w tym rodzaju. Chciałabym dowiedzieć się czegoś na ten temat. Czy zna pan kogoś, kto mógłby o tym coś więcej wiedzieć? Kto może sobie przypomnieć tamte lata, zdarzenia?

Na początku odpowiedź jest zawsze taka sama:

— Już nikogo nie ma, to byli starzy ludzie, wszyscy poumierali. Może ktoś jeszcze żyje w Ameryce? Może powinna pani raczej tam spróbować? — pytają życzliwie.

Z pewnością — w Ameryce jest wszystko. Prawdopodobnie również kilku ponadosiemdziesięcioletnich Żydów, którzy mogli znać mojego ojca z obozu. Mieszka tam też pan Goldberg, którego spotkałam w Amsterdamie. Ale ja jestem w Krakowie, gdzie rozegrała się historia mojej rodziny — tutaj, gdzie wszystko się zaczęło. I stąd chciałabym najpierw zacząć poszukiwania.

— Stary mężczyzna, nazywa się Berg — przypomina sobie wreszcie zaprzyjaźniona właścicielka księgarni. — Był w obozie w Płaszowie, z całą pewnością, zdaje mi się, że również w Oświęcimiu. Niekiedy wygłasza na ten temat odczyty. Kiedyś wyemigrował do Ameryki, ale teraz mieszka znowu tutaj. Przychodzi czasem do naszej księgarni i psioczy na książki... mam nawet jego numer telefonu — ale niech pani będzie ostrożna, to dziwak...

Pan Berg jest powściągliwy.

— Pani Ligocka — moje nazwisko rozpływa mu się na ustach. — Najwyraźniej już o mnie słyszał. — Pisarka — czemu zawdzięczam ten zaszczyt?

— Czy mogłabym pana odwiedzić?

Oczywiście nie chcę przedstawiać mu swojej prośby przez telefon.

Nie jest jednak szczególnie zachwycony pomysłem moich odwiedzin. W końcu wyznacza mi termin — jak u dentysty: jutro, o ósmej trzydzieści.

— Ale niech pani będzie punktualna.

To stary dom w centrum miasta — właśnie go odnawiają.

Przedzieram się przez rusztowania, kontenery z piaskiem, kubły z cementem i bluźniących robotników. W środku stare ciemne schody, jakie znam z dzieciństwa. Obskurne, wilgotne i równie pilnie jak reszta wymagają renowacji. Klatka schodowa kończy się straszliwie brudną szklaną kopułą, na której przesiadują gołębie — słychać ich groźne gruchanie.

Mieszkanie znajduje się na poddaszu. Mosiężna tabliczka z nieznanym nazwiskiem — „mieszkam u przyjaciół" — powiedział mężczyzna.

Dzwonię. Żadnej odpowiedzi.

Zrezygnowana i wściekła siadam na wilgotnych schodach. Pół do dziewiątej rano — w Krakowie to wczesna pora — jest to miasto uniwersyteckie, w którym ton nadają studenci, w większości nie należący do rannych ptaszków. Tu życie zaczyna się trochę później.

Jednakże wczoraj starszy pan wyraźnie nalegał na tę godzinę, nie mogłam mu się przeciwstawić — czyżby więc zapomniał albo zaspał?

Dzwonię jeszcze raz energicznie i już jestem zdecydowana odejść, kiedy nagle drzwi się otwierają.

Siwowłosy mężczyzna siedzi na wózku inwalidzkim.

— Miała pani dzwonić trzy razy. Trzy razy, prosiłem przez telefon — mówi zrzędliwym tonem — dlaczego nie dzwoniła pani trzy razy, tak jak powiedziałem?

Usprawiedliwiam się słabo, nie mając pewności, czy ma zamiar wpuścić mnie do środka.

Ale jedzie przodem na wózku, a ja z wahaniem dreptczę za nim.

Typowe stare mieszkanie krakowskie, które dawniej nazywano „mieszczańskim". Dzisiaj nie ma już takich jak niegdyś mieszczan. Wszystko tu nieco zbutwiało. Pokój wypełniają stare meble, ściany, niegdyś pomalowane na żółto, są teraz szarozielone, olbrzymi czarny kredens, zegar stojący, który bez przerwy wydaje z siebie melodyjne dźwięki. Siadam na wytartej sofie, wyglądającej na niewygodną.

Oglądam obrazy — olejne malowidła w ciężkich, złoconych ramach — przeważnie kwiaty i krajobrazy.

— Chce pani herbaty?

Mężczyzna ma długie siwe włosy, które sięgają mu ramion. Nosi starą kowbojską koszulę i owinięty jest kolorowym wełnianym pledem. Jego twarz jest ciemna, skóra jak wygarbowana, oczy zaczerwienione.

— Napije się pani — postanawia za mnie. — Wanda — jedzie w stronę kuchni — Wanda, przynieś nam herbatę.

Kuchnia jest na pół otwarta, dolatuje z niej słodkawy zapach gotowanych jarzyn i przypalonego mleka. Herbatę podaje nam obfita blondyna w średnim wieku.

— Moja przyjaciółka — przedstawia ją mężczyzna.

Wypiwszy dzielnie trochę niezdefiniowanego bliżej płynu o smaku mleka, usiłuję przedstawić swoją prośbę.

— Czy ma pani mikrofon? — przerywa mi energicznie pan Berg. — Proszę, żadnych mikrofonów, żadnych urządzeń nagrywających.

— Nie, oczywiście, że nie. Nie jestem dziennikarką. Proszę mnie dobrze zrozumieć, to nie jest wywiad.

— Więc czego pani ode mnie chce? — pyta nieufnie.

Tak samo nieufny był już wczoraj przez telefon. Widzę, że jest starszy, niż myślałam — z pewnością po osiemdziesiątce. Ręce mu drżą.

— Chciałam pana po prostu spytać o coś osobistego; chodzi o moją rodzinę, a dokładnie o ojca — zaczynam i natychmiast czuję bolesne ukłucie w sercu. — Być może spotkał pan mojego ojca, znał go podczas wojny lub po wojnie? Pan też był w obozie. Może w Krakowie albo gdzie indziej? Nie wiem…

— Pani ojca... jak to?

Starzec głośno siorbie herbatę.

— Bo... bo ja jestem jego córką i chciałabym się dowiedzieć, czy on... właściwie jakim on był człowiekiem. Ponieważ to jest część mojej rodzinnej historii...

— Tak, tak — i tego wszystkiego chce się pani dowiedzieć dopiero teraz, kiedy już pisze pani o tym książki. Trochę późno, nieprawdaż?... Powinna pani była odwiedzić mnie wcześniej. Dzisiaj ludzie są leniwi — utyskuje mężczyzna — leniwi i gnuśni, chcą pisać książki o sprawach, o których nie mają zielonego pojęcia.

— Tak więc znał pan mojego ojca? — wtrącam się szybko w jego monolog.

— Pani ojca? — mężczyzna milknie poirytowany. — Jak on się nazywał?

— Dawid Liebling... był w Płaszowie i...

— Liebling, Liebling — z wysiłkiem mruży oczy — nie, nigdy nie słyszałem. Nie znałem żadnego Lieblinga.

— Z obozu też nie?

— Z którego obozu? Byłem w sześciu różnych — rozumie pani — w sześciu: Oświęcim, Mauthausen... i tak dalej! Wanda! — woła nagle tak przeraźliwie, że się aż wzdrygam — czy ja znałem w obozie jakiegoś Lieblinga?

Drzwi kuchni się otwierają, słodkawo-kwaśna woń ponownie bucha mi w nos...

— Lieblinga? Nic mi o tym nie wiadomo — odpowiada dama niechętnie. — Proszę wybaczyć — rzuca jeszcze w moją stronę — mam robotę.

— A więc pani ojciec był w Płaszowie — podejmuje rozmowę pan Berg, który, jak się zdaje, trochę się uspokoił — ja też tam byłem, na samym początku, a później... niech pani poczeka...

Podjeżdża do dużej komody, wyciąga szufladę, z której wyjmuje tekturową teczkę, a w niej olbrzymi plik spiętych kartek maszynopisu. Następnie wraca do mnie i kładzie ją na moich kolanach. Teczka wyślizguje mu się z drżących rąk i rozwiązuje — warstwa luźnych kartek pokrywa naraz moje kolana — część rozsypuje się wokół mnie po podłodze.

— Widzi pani — mówi zdyszany mężczyzna — widzi pani, ja nadal piszę swoją książkę o czasach wojny, i ciągle jeszcze nie jest gotowa. Dlatego że coś przeżyłem, że coś widziałem. Pani nie jest w stanie sobie tego nawet wyobrazić. Nikt nie jest w stanie sobie tego wyobrazić. Wszyscy ci przemądrzalcy, którzy teraz piszą książki, nie mają zielonego pojęcia. Pani też nie ma o niczym pojęcia. Ile lat miała pani podczas wojny — trzy, cztery? Przecież pani nic nie pamięta, nic a nic. A wydaje się pani, że może pisać o tym książki. Ze mną nikt nie chce o tym rozmawiać, bo ja zbyt dużo wiem... nawet żadne wydawnictwo, wszyscy mnie lekceważą... ale to mnie już nie obchodzi, ani trochę. I tak nikt nie potrafi wyobrazić sobie tego, co przeżyłem, nikt... niech mnie wszyscy zostawią w spokoju...

Mężczyzna zaczyna krzyczeć, purpurowieje, ręce drżą mu jeszcze bardziej.

W drzwiach kuchni ukazuje się wzburzona twarz jego przyjaciółki:

— Co się dzieje? Co pani z nim zrobiła? Przychodzi pani ot, tak sobie i denerwuje go. To niesłychane. Uspokój się, Józiu, tysiąc razy ci powtarzałam, żebyś się nie denerwował.

Kobieta wchodzi do pokoju i władczym gestem chwyta za oparcie wózka.

— Proszę, niech pani już idzie, przykro mi, ale sama pani widzi, że on nie powinien się denerwować.

Potrzebuję dobrej chwili, żeby pozbierać wszystkie kartki, które leżą na moich kolanach i podłodze.

— Proszę to zostawić, ja to już zrobię — mówi szybko blondyna.

Żegnam się pośpiesznie.

Na ulicy muszę najpierw głęboko zaczerpnąć powietrza, by dojść do siebie.

Nie, mówię sobie, nie będę więcej odwiedzać starych ludzi. Nie mogę zakłócać ich spokoju, nadwerężać starganych nerwów. To tak, jakbym chciała rozdrapywać dawne rany.

Nie jest to również droga prowadząca w głąb mojej historii.

Czuję, że jest mi trochę słabo i uświadamiam sobie, że jeszcze dziś nic nie jadłam.

Idę jedną z uliczek, które prowadzą do Rynku. Już z daleka widać wieże kościoła Mariackiego.

Na rogu znajduje się nowa, urocza kawiarnia. Pokazali mi ją moi przyjaciele. Nie należy do tych starych, tradycyjnych, ale ma dobrą atmosferę i młodzi ludzie bardzo ją lubią. Nazywa się „Prowincja". Podają tu gorącą czekoladę, zapach drażni nos już od wejścia. O tej porze lokal jest jeszcze dość pusty. Tylko w jednym kącie siedzi jakiś cherlawy student w okularach, całkowicie pogrążony w książce. Młoda para przy oknie omawia tę samą kwestię, to samo pytanie, które już tysiące par omawiały w tysiącach kawiarń:

— Skąd mam wiedzieć, czy mnie kochasz? — pyta dziewczyna — skoro zawsze... skoro nigdy...

— Wiesz, że cię kocham, ale ty jesteś taka, co to zawsze... co to nigdy... — broni się chłopak.

A później oboje pogrążają się w bezradnym milczeniu i tylko trzymają się za ręce.

Siadam przy jednym z prostych, wypolerowanych woskiem drewnianych stołów i zamawiam czekoladę. Zagląda właściciel lokalu, wita mnie uprzejmie — znamy się z widzenia. To młody mężczyzna, dość korpulentny — widać, że sam chętnie raczy się podawanymi tu smakołykami.

— No, Roma, znowu w Krakowie? — uśmiecha się, patrząc na mnie jasnymi, mądrymi oczami.

— Szukam ojca — odpowiadam o wiele za szybko i łapię się na tym, że znowu odruchowo mówię to, co mi przychodzi na myśl.

— Ojca? — dziwi się mężczyzna.

— Nie, oczywiście nie ojca. Tylko jego historii.

Stawiają przede mną dużą filiżankę gorącej czekolady. Jest ciemna, gęsta, prawie jak krem, słodka i odurzająco pachnąca.

Nie znam żadnego miejsca na świecie, gdzie podawano by lepszą.

— Mamo, jak smakuje czekolada? — pytałam matkę w czasie wojny, kiedyśmy miały ledwo co jeść.

— Smakuje tak cudownie — odpowiadała — że w ogóle się tego nie da opisać. Słodka i kleista, jak mleko i miód, jak marmolada i ciasto, ale jeszcze o wiele lepsza...

Myślę, że polubiłaby również tutejszą czekoladę.

Pochylając twarz nad parującą filiżanką, usiłuję wrócić do swoich planów.

Co mam teraz począć? Pozostało mi zaledwie kilka dni, nie mogę ich nie wykorzystać, aby potem, pewnego dnia, nie znaleźć się na lotnisku z zapakowanymi walizkami i poczuciem, że niczego nie osiągnęłam. Nie mam wiele czasu — w przyszłym tygodniu, to znaczy na początku października, odbędzie się promocja mojej książki. Później muszę wracać do Monachium. Tymczasem czeka mnie jeszcze Jom Kipur, największe święto żydowskie, które naturalnie chciałabym spędzić tutaj. Idzie się wtedy do bóżnicy, pości się, można też spotkać kilka znajomych żydowskich twarzy...

W synagodze warto by również trochę porozpytywać. Jednakże większość osób, które można tam spotkać, jest nie dość stara na moje pytania. Byli wówczas dziećmi jak ja — a ci inni, to ich dzieci i wnuczęta.

Co pozostaje mi poza tym: archiwum, Malina, stare gazety.

Sąd — przychodzi mi na myśl — może tam zachowały się jakieś dawne akta? Albo Montelupich

— straszliwe słowo — więzienie na ulicy Montelupich. Nie, nie miałabym siły tam pójść, wiąże się
z tym zbyt wiele wspomnień. Poza tym minęło
kilkadziesiąt lat, zmieniały się rządy, z pewnością
wszystko już dawno zniszczono.

Czuję, że zaczyna mnie boleć głowa. Myślenie
przychodzi mi naraz z trudem, nawet ta pyszna
czekolada mnie nie ożywia, moje myśli poruszają
się wolno — pływają jak tłuste ryby w akwarium
— niewyraźne i nieuchwytne.

Tym razem przyjechałam do Krakowa po to,
aby odkryć prawdę. Prawdę, jaką prawdę… nie
wiem. Ale muszę ją odkryć.

Całkiem zaschło mi w gardle, nie pomaga nawet picie płynów. Do lokalu wchodzą nowi ludzie. Są przemoknięci i przemarznięci. Za każdym razem, gdy drzwi się otwierają, wpada do
środka fala wilgotnego powietrza, które przyprawia mnie o drżenie na całym ciele.

Kilka godzin później, wieczorem tego samego
dnia, wiem już, że prawdopodobnie nie uda mi
się zrealizować ani jednego punktu z mojego planu. Mam wysoką gorączkę — jestem chora. Bolą
mnie oczy i gardło. Straciłam głos. Mój stary wujek, prawdziwy żydowski lekarz, który mieszkał
w Polsce, gdy jeszcze byłam mała, miał na taki
stan opatentowaną receptę: „Połóż się", mawiał
zawsze, „dobrze się przykryj i wypij herbatę z cy-
tryną". „Wujku, jesteś pewien, że to pomoże?" —
pytałam. „No, ale na pewno nie zaszkodzi" — odpowiadał.

Był to cichy, milczący mężczyzna — pacjenci
go kochali. Pewnego dnia postanowił wyemigro-

wać do Izraela, spakował więc walizki i sprzedał niewielki domek. W Izraelu udało mu się jeszcze nauczyć obcego dla siebie języka. A potem zmarł. Ziemia Obiecana, jak się zdaje, nie posłużyła mu lepiej niż małe, czarne od węgla miasteczko na Śląsku, w którym przez całe życie borykał się ze swoimi pacjentami.

Teraz — podążając za jego radą — leżę w łóżku, przykryta kilkoma kocami. Mimo to marznę i mam dreszcze.

Jednakże najgorszy jest brak głosu, naprawdę go straciłam. Świadoma obowiązku, dzwonię do wydawnictwa. A jeśli podczas prezentacji książki, na którą przyjdzie prasa, nie będę mogła mówić...? Pracownicy wydawnictwa, czego się obawiałam, bardzo się o mnie zaniepokoili.

— Natychmiast przyślemy lekarza — mówią.

Usiłuję się słabo przed tym bronić.

— Nie potrzebuję lekarza — skrzeczę — zresztą jest już późno.

Jednak moja pani redaktor wygrywa ten nierówny pojedynek na głosy:

— Ma pani wysoką gorączkę, to niebezpieczne — mówi — trzeba natychmiast coś z tym zrobić. Polubi pani lekarkę, którą do pani przyślemy, to też Żydówka. Może nawet zna ją pani z widzenia. Od dawna jest zaprzyjaźniona z naszym wydawnictwem. Niezwykła kobieta.

Pani doktor jest niziutka. O dobrą głowę niższa ode mnie. Kiedy wchodzi do pokoju, wygląda to tak, jakby to jej duży czarny kufer lekarski ją niósł, a nie ona jego.

Stawia go od razu na podłodze, siada obok mnie i bierze za rękę.

— Już panią widziałam, pani doktor — szepczę — w synagodze.

— A ja panią wszędzie w księgarniach — odpowiada rezolutnie. — No dobrze, więc co pani dolega…?

— No tak, z całą pewnością ma pani infekcję — stwierdza, zbadawszy mnie niewiarygodnie szybko i bardzo dokładnie.

— I co teraz zrobimy? — wzdycham. — Nie mam czasu chorować, ale… czuję się tak marnie. Mój wujek, który był lekarzem, zalecał zawsze położyć się do łóżka i pić herbatę, tylko czy to teraz wystarczy?…

— Miał sporo racji — lekarka znowu siada obok mnie.

Jest mniej więcej w moim wieku, ma miłą twarz, jedno oko chore, powieka jej opada, lecz ona sama promieniuje energią i osobliwą pewnością siebie.

— Ale nie wystarczy się położyć, trzeba też pozwolić odpocząć duszy — przenikliwie patrzy na mnie zdrowym okiem. — Czy w ostatnim czasie nie wymagała pani od niej zbyt wiele…?

Wyjmuje bloczek z receptami i coś na nim bazgrze:

— Niech pani to zażywa — kładzie receptę na stole — teraz muszę iść, mam jeszcze pacjentów…

— A pani, pani doktor, czy nie pracuje pani za wiele? Jest już ósma wieczór, a pani jeszcze idzie do pacjentów. Skąd pani bierze siły?

— Ach, co tam — macha przecząco ręką — a skąd pani bierze siły na pisanie książek? Robimy to, bo to nas po prostu trzyma przy życiu. Ot i wszystko.

— Pani doktor — uśmiecham się słabo — proszę, niech pani trochę zostanie...

Lekarka patrzy na mnie z zaciekawieniem i znowu ujmuje moją rękę:

— No, młoda damo, gdzie jeszcze boli?

— Pani doktor, chciałabym pani coś opowiedzieć, może pani wie... — siadam wyprostowana na łóżku i prawie szepczę jej do ucha, gdyż mój głos całkowicie zawodzi, dzięki czemu nasza rozmowa nabiera tajemniczego, konspiracyjnego charakteru. — Kilka tygodni temu ukazał się w gazecie artykuł, może nawet pani o nim słyszała; ktoś obwinia mojego ojca, że był kapo w obozie, być może mordercą... a ja przecież wiem, że on należał do ruchu oporu. Szukam więc teraz tutaj, w Krakowie, pilnie czegoś, co... no tak, co by go... oczyściło — kończę niepewnie zdanie.

Może sprawia to spojrzenie tej kobiety, która taksuje mnie uważnie jednym okiem, a może jej milczenie — ale nagle nie jestem wcale taka pewna sensu całego swojego przedsięwzięcia...

Lekarka w zamyśleniu potrząsa głową.

— A więc to panią tak dręczy... no cóż, nie jest pani jedyna. Wie pani, ile było takich przypadków i ile ich ciągle jeszcze jest, ile dzieci, mam tu na myśli dzieci w pani wieku, które dawniej nie zastanawiały się nad przeszłością swoich rodziców, a teraz nagle tracą pewność siebie i szukają wyjaśnień… bo myślą, że nie będą umiały dalej bez nich żyć…

— …ani umrzeć — szepczę.

— Jeszcze dobrze pamiętam tamte czasy — ciągnie dalej ta mała kobieta — wróciliśmy z rodzicami do Polski, bo podczas wojny byliśmy w Rosji. Odbywało się tu wiele procesów, padało wiele oskarżeń, u nas w domu też się dużo mówiło o tym, że tylu ludzi okrzyknięto zdrajcami i zbrodniarzami. Ludzie byli zrozpaczeni, upokorzeni, musieli odreagować, upokarzając innych, przeważnie słusznie, ale czasem i niesłusznie, to nie zawsze było całkiem jasne.

— A teraz minęły dziesiątki lat… i prawdopodobnie niewiele można już tu zmienić — dodaję zrezygnowana, z uczuciem, że lekarka właśnie zakończyła mój rozpaczliwy pojedynek z własnymi myślami, uznając go za nie rozstrzygnięty.

— A teraz — mówi i przecząco kręci głową — teraz dzieci tych ludzi noszą winę w sobie i chorują. Mam kilku przyjaciół psychologów, często o tym rozmawiamy. Nie jest pani jedyna, młoda damo — uśmiecha się znowu.

Określenie „młoda damo" widać bardzo jej się podoba.

— Niech pani najpierw wyzdrowieje…

— Ale przecież muszę coś przedsięwziąć, nie mogę tego tak zostawić — szepczę, walcząc ze łzami, które cisną mi się do oczu.

— A czy już pani coś przedsięwzięła?

— Do tej pory jeszcze nie… ja, ja… ja ciągle tylko o tym rozmyślam…

— Jeśli dobrze panią rozumiem... — głos lekarki staje się rzeczowy, prawie nieuprzejmy, podczas gdy ona sama wrzuca bloczek z receptami i stetoskop do kufra. — ...jeśli dobrze rozumiem, chciałaby pani, żeby pani ojciec pozostał bohaterem, za jakiego zawsze go pani uważała, nie konfrontując się przy tym nigdy z brudnymi i krwawymi czasami jego życia obozowego, ale to niemożliwe — mówi trzeźwo.

Potem uśmiecha się znowu, jak nauczycielka, która przywołuje swoją uczennicę do porządku, ale mimo to ją lubi.

— Coś mi jednak przyszło na myśl. Znam kogoś, to mój dobry przyjaciel.

Wygrzebuje znowu bloczek z receptami i coś na nim bazgrze.

— Ma pani tu jego nazwisko i numer telefonu. Pracował w instytucji, która bada najnowszą przeszłość Polski, teraz przeniesiono ją do Warszawy, a on zajmuje się czym innym. Ma jednak fantastyczną pamięć i zna tę problematykę, niech pani do niego zadzwoni. Mieszka poza miastem...

— Pojadę tam...

— Najpierw niech pani zadzwoni i powoła się na mnie. Wszystkiego dobrego, młoda damo...

Kufer lekarki znika w drzwiach i pociąga ją za sobą.

— Przyjechałem do miasta na ważną konferencję naukową — powiedział mężczyzna — ale możemy spotkać się w przerwie. W ten sposób nie będzie pani musiała jechać do mnie tak daleko. Jeśli wystarczy pani tyle czasu… będzie mi pani mogła zadać kilka pytań.

Jest niewysoki, siwowłosy, starannie ubrany, ma okrągłe okulary i bardzo miło się uśmiecha. Początkowo sprawia wrażenie nieco sztywnego. Wygląda tak, jak wyobrażamy sobie urzędnika, równocześnie jednak widać, że wcale nim nie jest. Zza okularów przebłyskuje coś ludzkiego i współczującego. Siedzimy w korytarzu na ławce — dość niewygodnie. Liczni uczestnicy konferencji przeciskają się obok nas, piją kawę z papierowych kubków, palą, głośno rozmawiają. Usiłuję trochę natężyć swój słaby głos — po trzech dniach leżenia w łóżku ciągle jeszcze nie całkiem wrócił do normy — i zaczynam wyjaśniać mu moją prośbę:

— Chodzi o mojego ojca, a więc… — nabieram powietrza, by obszernie przedstawić całą moją historię.

Ogarnia mnie panika, nie wierzę bowiem, że uda mi się to w ciągu kwadransa, ale on tylko szybko lustruje mnie znad oprawki okularów:

— Chwileczkę, chwileczkę, wszystko po kolei… Jak nazywał się pani ojciec?

— Dawid Liebling.

— Urodzony?

— Urodzony? Tak, no więc, w 1908 roku…

— Dawid Liebling. Miałem już w rękach te akta. Jeśli się nie mylę… Ale nie. Na pewno. Liebling… takie niezwykłe nazwisko. Piękne…

— A zatem istnieją jakieś akta?

— Tak, oczywiście. Pamiętam dość dobrze. Czy są jeszcze kompletne, tego już tak dokładnie nie wiem. Widziałem je przed wielu laty. Ale to się da...

— Kiedy? Od razu teraz? — Czuję, jak serce mi wali. — Czy mogę je zobaczyć?

— Są obecnie w Warszawie — mężczyzna wykonuje uspokajający ruch ręką — w archiwum centralnym.

— Od razu tam jadę. Mam niewiele czasu, wie pan, a to jest takie ważne...

— Jak długo pani tu zostaje?

— Tylko kilka dni, mogłabym więc zaraz...

— Powoli — mówi i uśmiecha się cierpliwie — tak szybko się to niestety nie uda. Trzeba najpierw złożyć wniosek, trzeba otrzymać pozwolenie na wgląd w akta, a to wszystko nawet mimo najszczerszych chęci wymaga czasu. Ale otrzyma pani akta swojego ojca, obiecuję to pani.

— Wie pan... że ten dzień... że nasza rozmowa jest może niezwykle ważna w moim życiu. Jak mam panu dziękować?

— Niech pani poczeka. Najpierw trzeba złożyć wniosek — szuka długopisu, wyrywa kartkę z notatnika — pokażę pani, jak to się robi. Później musi pani niestety uzbroić się w cierpliwość. Ale może uda mi się coś przyśpieszyć. Postaram się.

— A potem?

— Niech pani spokojnie jedzie do domu. Otrzyma pani te akta pocztą. Teraz muszę już iść.

Mężczyzna wstaje.

— Ma pani ochotę na jeszcze jedną kawę?

Wstaję, jestem podekscytowana, czuję perełki potu na czole.

— I myśli pan, że istnieją prawdziwe akta sądowe mojego ojca?

— Jeśli nazywał się Dawid Liebling, to tak, jestem prawie pewien.

Tego dnia niewiele mogę ze sobą począć. Jestem tak zdenerwowana i rozstrojona, że ciągle wszystko gubię.

W taksówce zapominam torebki. Ledwo uprzejmy taksówkarz przywozi mi ją do kawiarni, przed którą mnie wysadził, zostawiam tam swój telefon. Później nie mogę znaleźć okularów... Przez cały dzień jestem zajęta szukaniem swoich rzeczy. Dopiero wieczorem usiłuję zaprowadzić nieco spokoju we własnych myślach i przygotować się do jutrzejszego dnia. Jutro bowiem jest wigilia święta Jom Kipur. To Dzień Pojednania.

Niewielka grupka ludzi spotyka się na modły przed starą synagogą. Wyglądamy nieomal na spiskowców.

Prawdopodobnie nie opłaca się otwierać dużej synagogi — przyszło nas tak mało. Bądź co bądź towarzyszy nam jednak rabin, który co roku przyjeżdża z Ameryki.

Jest wczesny wieczór, zimny i wietrzny.

Wkrótce rozlegnie się wzniosła melodia *Kol nidre*, rozpoczynając to najważniejsze ze świąt żydowskich.

Siedzimy ciasno obok siebie w małym pomieszczeniu — garstka żydowskich kobiet, przeważnie starszych, ale znalazło się tu także kilka młodych, zapewne przyjezdnych.

Zimne światło kończącego się dnia zlewa się ze światłem lamp i wielu świec. Mężczyźni siedzą w przednim pomieszczeniu, symbolicznie oddzieleni od kobiet tiulową zasłoną. Podoba mi się takie oddzielne siedzenie w synagodze — odpowiada tradycji i powinno na zawsze tak pozostać, na przekór wszelkim próbom unowocześniania.

My z mamą chodziłyśmy na nabożeństwa do bóżnicy tylko w największe żydowskie święta. Po tym wszystkim, czegośmy doświadczyły, moja matka chyba nie zniosłaby częstszego obcowania z religią. Podobnie do wielu innych ludzi zadawała sobie pytanie: jak miłościwy i wszechmocny Bóg mógł dopuścić do Auschwitz i tych wszystkich innych okropności.

Przyzwoita i szczera, wolała raczej trzymać się od swojego Boga z daleka, niż udawać religijność, której już nie odczuwała.

Tak to sobie tylko wyobrażam, bo nigdy ze mną o tym nie rozmawiała. Wolała milczeć. Ja sama potem przez wiele lat poszukiwałam odpowiedzi na te pytania, aż dopiero w dojrzałym wieku, po śmierci matki, znalazłam swego rodzaju pojednanie z moją religią.

Te nieliczne dni, które wówczas spędzałyśmy w synagodze, może właśnie dlatego tak bardzo utkwiły mi w pamięci, że całkiem różniły się od naszej szarej codzienności.

Siedziałam tam jako mała dziewczynka obok matki, przejęta podniosłością dnia, przede wszystkim jednak zauroczona tyloma kobietami wokół nas. Były wystrojone, eleganckie, jak mi się zdawało, pewne siebie i głośne. Modliły się, niekiedy wstrząsał nimi płacz, przeważnie jednak rozmawiały z ożywieniem. Czytały modlitwy z książek, których tajemniczego pisma nigdy się nie nauczyłam.

Miałam wrażenie, że w pierwszym rzędzie siadają zawsze najbogatsze i najpiękniejsze. Najbogatsze w tych biednych powojennych czasach nosiły kapelusze, na szyjach kołnierzyki z norek, perełki, a na palcach pierścionki. Nic więcej nie zostało po końcu świata, który przeżyliśmy, ale dla mnie, dziecka, była to świetność nie mająca równych sobie.

Jedną z tych kobiet mam jeszcze przed oczyma, jakby to było dzisiaj — wysoka, szczupła z nienagannie uczesanymi, lśniąco czarnymi włosami, uszminkowanymi na czerwono ustami, w pięknej biżuterii — stała tam, spod długich rzęs mierząc z daleka mężczyzn — dumna i promieniejąca niczym judejska królowa. Chciałam być kiedyś taka jak ona. Miała na imię Ruth.

Siedzę teraz w pierwszym rzędzie, ściśnięta między dwiema dość korpulentnymi damami. Oczywiście wszystkie jesteśmy ubrane odświętnie, stosownie do okoliczności. Ja włożyłam białą bluzkę i biały żakiet — tradycja nakazuje mieć na sobie coś białego jako symbol, że tego dnia jest się oczyszczonym z grzechu. Również my nosimy biżuterię — łańcuszki i pierścionki, mniej lub bardziej cenne.

Niektórzy mężczyźni włożyli tradycyjne koszule pokutne. Na dworze powoli zapada zmrok; małe pomieszczenie z modlącymi się w nim ludźmi wydaje mi się wysepką, jakbyśmy — ta mała gmina tutaj — byli jedynymi Żydami na całym świecie, rozbitkami ocalonymi z potopu.

Tego dnia zawsze biorę ze sobą małą koronkową chustkę, którą moja matka okrywała w synagodze głowę i ramiona. Daje mi to poczucie, że matka jest ze mną.

Jej już się nie udało wrócić po długiej emigracji do rodzinnego miasta, ale ja jestem tutaj również w jej imieniu, po prostu ją ze sobą zabieram...

Szybko podnoszę głowę, gdyż kładzie się na mnie jakiś cień, zasłaniając widok mężczyzn, modlących się przed nami na podeście, i na zwoje Tory. Tuż nade mną pochyla się ciemno ubrana postać — o wiele za blisko.

— Roma, ty też tutaj...?

Ktoś, kogo jeszcze nigdy nie widziałam, jakaś obca kobieta, mocno umalowana, w trudnym do ocenienia wieku...

— Nie poznajesz mnie? Oczywiście że nie, byłaś wtedy jeszcze mała, na ulicy Józefińskiej...

— Na Józefińskiej...?

— Tak, nie pamiętasz już... mieszkaliście tam w getcie. Ty, twoja matka i inni... byłam waszą sąsiadką...

Podnoszę ku niej wzrok — jest w tej kobiecie coś dziwnego, co mnie niepokoi.

— Rzeczywiście nie mogę sobie przypomnieć, przykro mi — odpowiadam niepewnie.

— Czy twoja matka ci nie opowiadała, nie pokazywała ci później domu, w którym to było...?

— Nie.

— Popatrz... nawet tego nie zrobiła, nawet tego. Twoja nieskazitelna matka...

Ta kobieta napawa mnie lękiem — ten syczący szept, te mocno umalowane, świdrujące oczy — chciałabym, żeby sobie poszła, żeby zostawiła mnie w spokoju. Idąc za pierwszym odruchem, chcę jej to powiedzieć, potem jednak uświadamiam sobie, że właśnie ona, groźna i tajemnicza, może wiedzieć o mnie coś równie groźnego.

— A pani? Jak pani się nazywa? Może jednak już o pani słyszałam? — próbuję zadać swoje pytanie uprzejmie i swobodnie.

— Nazywam się Smith — mieszkam daleko stąd, za granicą — niechętnie odpowiada kobieta.

— Smith — to nie jest żydowskie…

— Ale teraz nazywam się Smith — przerywa szorstko.

Przełykam ślinę, zaraz jednak zaczynam od nowa:

— Mówi pani, że znała moją rodzinę. Tuż po wojnie mój ojciec został aresztowany… — Czuję, jak w jednej chwili ziębną mi dłonie i stopy. — Czy pani coś o tym słyszała, wie pani coś na ten temat?

Przypominająca maskę twarz zastyga jeszcze bardziej. Kobieta stoi tuż obok mnie, oparta o moje krzesło, i pochyla się głęboko nade mną, jakby chciała mnie pocałować albo opluć. Prawie zapiera mi dech w piersiach.

— O tak — mówi — wiem co nieco — to była hańba, hańba.

Robi długie pauzy, podczas których tylko mierzy mnie swoimi małymi oczkami.

— Nieprzyjemna historia, nieprawdaż? Zamknęli go. Zły koniec, wstyd i hańba… wszyscy byli-

ście dobrzy. Zawsze uważaliście się za coś lepszego... Twoja Pani Matka... zarozumiała i aroganc-
ka... cała ta wasza rodzinka... zepsute owoce...
zepsute...

Jadowicie syczący głos wwierca się w mój mózg
— nie mogę już oddychać — chciałabym powiedzieć tej kobiecie, żeby przestała, żeby sobie poszła. Nie chcę nic więcej wiedzieć. Siedzę bez ruchu, z opuszczoną głową, nogi mam jak z ołowiu;
pragnę tylko jednego: być niewidzialna. W nagłej
ciszy, która później nastaje, podnoszę wreszcie
głowę i widzę, jak ciemna postać wycofuje się
i znika w drzwiach, w mroku korytarza, gdzie nie
ma już światła.

Kto to był?

Moja krągła sąsiadka, która do tej chwili była
pogrążona w swoim modlitewniku, odwraca do
mnie różową twarz:

— Czego ta osoba chciała od pani?

— Nie wiem. Czy zna pani tę kobietę?

— Nie — odpowiada. — Nigdy jej nie widziałam.

Kiedy wychodzimy i wszyscy się żegnają, ży-
cząc sobie „dobrego postu", miła sąsiadka z ławki
chwyta mnie jeszcze raz za rękę.

— Całkiem pani zbladła, moja droga — mówi
ze współczuciem. A potem zniża głos: — Znam
to, wie pani. Nam to się też zdarzyło w ubiegłym
roku. Mój mąż został aresztowany. Zarzucili mu
uchylanie się od płacenia podatków, wie pani,
jak to jest w interesach, ale okazało się to pomył-
ką. Później, dzięki Bogu, dość szybko go wypuści-

li. Przedtem jednak przychodzili do mnie jacyś dziwni ludzie, których w ogóle nie znałam. Mówili, że zawsze wiedzieli, iż jesteśmy rodziną podłych przestępców. Ludzie już tacy są. Niech pani sobie nic z tego nie robi. Pięknego święta.

W Jom Kipur nie wolno przez cały dzień nic jeść ani pić, nawet wody. Ale wcale nie tak trudno to znieść, ponieważ człowiek długo się do tego przygotowuje. W tym dniu czuje się tylko lekki, czysty i jakby wyniesiony ponad doczesne sprawy. Równocześnie — i prawdopodobnie taki jest sens poszczenia — zauważamy, jak bardzo jesteśmy w życiu codziennym uzależnieni od drobnych przyzwyczajeń. Słodki zapach chleba z piekarni, który łechce nozdrza, kilka kropel wody cieknącej z kranu i przypominającej o tym, że się jeszcze dzisiaj nic nie piło, przyprawia człowieka prawie o omdlenie.

Później, im bardziej dzień chyli się ku wieczorowi, czujemy się znużeni i senni, ale też łagodni — naprawdę pojednani i w harmonii ze światem.

Około południa zawsze odmawia się szczególną modlitwę — za zmarłych. Jest to modlitwa znana nawet tym Żydom, którzy poza tym dniem nigdy nie przekraczają progu synagogi. Również oni nie chcą zaniedbać jej odmówienia. Również oni mają zmarłych, których opłakują, a którzy nie mają grobów ani cmentarzy, mają tylko tych kilka minut raz na rok w synagodze. Uczestnictwo w tej modlitwie jest sprawą honoru.

Wszyscy wstajemy — jedno wielkie łkanie niesie się po synagodze — a ziemia zdaje się lekko drżeć.

Rabin donośnym głosem wywołuje nazwy, jakby je wykuwał w kamieniu: Oświęcim, Treblinka, Bełżec, Bergen-Belsen... powtarzamy je co roku — znamy je na pamięć.

„Niechaj ich dusze połączą się z duszami ojców naszego plemienia: Abrahama, Izaaka i Jakuba. Z duszami matek naszego plemienia: Sary, Rebeki i Racheli, jak również wszystkich pobożnych w raju. Modlimy się za to — amen". Kończymy modlitwę i ocieramy chusteczkami ostatnie łzy...

Słońce powoli zachodzi, o wiele wolniej niż zwykle.

Co roku czekam na ten moment. Kiedy byłam mała, owa wyjątkowa chwila następowała przed zachodem słońca. Mama mówiła: „Teraz" i wtedy podawała kawę i ciasto. Był to w naszej małej rodzinie taki nieszczególnie ortodoksyjny obrzęd, bo właściwie wolno jeść i pić dopiero po zachodzie słońca. Ja jednak kochałam ten ceremoniał i zawsze go z utęsknieniem wyczekiwałam. Kawałek ciasta i filiżanka kawy nigdy nie smakowały tak dobrze jak tego wieczoru. Nie było to może zbyt pobożne zachowanie — wiem, ale moja matka tak właśnie robiła. Było to dla mnie coś świętego — i teraz co roku sama tak się zachowuję. Później ponownie szłyśmy powoli do świątyni, by się ze wszystkimi pożegnać.

Stoimy teraz w grupce przyjaciół przed bóżnicą, po raz tysięczny życzymy sobie wszystkiego dobrego, pomyślnego roku i oczywiście tego, „byśmy w przyszłym roku spotkali się w Jerozolimie".

Potem postanawiamy wybrać się wspólnie na kolację do żydowskiego lokalu, *vis-à-vis* synagogi. Wygłodniali, zamawiamy nieomal całą kartę potraw. Zgodnie z tradycją dostajemy najpierw rosół z makaronem i białą fasolą, a przedtem jeszcze kieliszek wiśniówki na rozgrzewkę: *lehaem* — na zdrowie. Potem jest naturalnie ryba po żydowsku w słodko-kwaśnej galarecie z migdałami i rodzynkami. Do tego biała chałka, która ma przynieść szczęście. Następnie zamawiamy pieczoną kaczkę z jabłkami i mnóstwem rozmaitych dodatków... Pan Adam, przystojny siwowłosy właściciel lokalu, promienieje, przyjmując od nas zamówienie: *lehaem, lehaem* — na zdrowie — życzy nam. Ten wieczór powinniśmy właściwie spędzać w domu, razem z rodziną przy stole. Trzeba jednak mieć rodzinę.

Jem, piję, uśmiecham się, ale nie opuszcza mnie poczucie, że w jakimś sensie jestem rozbitkiem. Pragnę, żeby teraz był ze mną mój syn Jakub. W tym roku znowu się nam obojgu nie udało. No, może w przyszłym, rzeczywiście w Jerozolimie — albo gdziekolwiek indziej.

* * *

Idę z Maliną przez park. Świeci słońce, kilkoro dzieci bawi się i zbiera brązowe lśniące kasztany. Patrzymy na siebie i uśmiechamy się równocześnie, bo obie myślimy o tym, że my także to robiłyśmy, w tym samym parku — ona może przed piętnastu laty, a ja o wiele, wiele wcześniej.

— Zawsze miałam ochotę ugryźć takie małe kasztany, ty też? — pytam.

— Tak, człowiek myśli, że muszą słodko smakować — przytakuje Malina.

W obcisłej długiej spódnicy, w butach na wysokich obcasach i w jasnej kurtce mocno związanej w talii, Malina wygląda jeszcze szczuplej niż ostatnim razem, ale też bardzo pięknie. Na głowie nadal nosi kolorową chustkę, co natychmiast przypomina mi o jej chorobie. Patrzę na Malinę czule.

— W tym jesiennym mieście wyglądasz jak uosobienie wiosny — mówię.

Promienieje, słysząc ten komplement.

Znajdujemy mały hiszpański lokalik, gdzie dają dobre wina. Właściwie chciałyśmy posiedzieć w słońcu, ale już nie grzeje, ochłodziło się.

Siadamy w niszy, aby swobodnie porozmawiać. Dochodzi do nas tylko cichy pomruk głosów, brzęk talerzy, szum ekspresu do kawy. Kelner stawia przed nami czerwone wino w grubych zielonkawych kieliszkach hiszpańskich i talerz z kolorowymi zakąskami.

— Mam właśnie remont w domu — opowiada Malina i pokazuje palce usmarowane farbą — rzemieślnicy instalują mi kuchnię. Chciałabym nauczyć się gotować, i to bardzo dobrze. Czy pani lubi gotować?

— Jeśli jest cokolwiek, co umiem dobrze robić — śmieję się — to właśnie gotować. Miałam w życiu dość czasu i okazji, by się tego nauczyć... Ale czasem jest tak, że gdy rzeczywiście dobrze to umiesz, może się zdarzyć, że przejdzie ci ochota albo już nie masz dla kogo... — nie kończę zdania.

Muszę być bardzo ostrożna z Maliną, nie mogę jej zniechęcać, obciążać, zarażać swoimi nastrojami. Kiedy tak patrzę na nas obie — na tę delikatną dziewczynę z prawie przezroczystymi policzkami, która właśnie uporała się z groźną chorobą, myślę, że ona jest wiosną — a ja? Ja w tych dniach czuję się już dość jesiennie.

Proszę, aby opowiedziała mi o sobie, o swojej pracy, o studiach, o coraz rzadszych — dzięki Bogu — pobytach w szpitalu i o cudownym lekarzu, który jeszcze przez cały czas się nią opiekuje.

— Czy to ten sam, co wtedy dał ci moją książkę?

— Tak — mówi Malina z dumą — to był jeden z jego wielu dobrych uczynków.

— Ale, ale, poznałaś też kogoś — dotykam delikatnie jej ręki — opowiedz o tym.

Widzę, jak policzki Maliny czerwienieją.

— To jeszcze świeża sprawa, wie pani... sama jeszcze nie wiem... może następnym razem opowiem o tym więcej ... on jest o wiele mądrzejszy ode mnie, bardziej wykształcony...

— Nie pozwól sobie tego wmówić — wtrącam.

— Ale często się widujemy — uśmiecha się ciepło, nieomal dziecinnie. — A co z pani książką?

— dopytuje się, zadowolona, że może odejść od jeszcze niepewnego dla niej tematu.

— Ukaże się w najbliższych dniach. Nie jest to jednak jedyny powód mojej wizyty w Krakowie — dodaję. — W ostatnich tygodniach spotkało mnie coś bardzo bolesnego, Malinko, przyjechałam więc tutaj, żeby się przed tym bronić. Boję się tylko, że zanim zdołam się obronić, najpierw będę musiała bardzo intensywnie się tą sprawą zająć — milknę.

Przychodzi mi na myśl, że może nie powinnam jej o tym opowiadać. Zastanawiam się też, jak by to było być Maliną. Mieć jej spokój, jej ufność, młodą, gładką twarz, dwadzieścia trzy lata...

— Bronić się? — powtarza Malina z niedowierzaniem.

Patrzę w jej oczy — spoglądają na mnie czule i pomocnie — nie są dzisiaj zielone, raczej szaroniebieskie, podobne do jasnych, dobrych oczu mojego syna...

Jemu także któregoś dnia będę musiała o wszystkim opowiedzieć. Na myśl o tym czuję skurcz w żołądku.

Potem — nie wiem, czy sprawia to drugi kieliszek wina, czy też napięcie, w jakim żyłam w ostatnim czasie, a może grypa, gorączka, która ciągle jeszcze płonie w moim ciele — wszystko Malinie opowiadam. Po prostu wszystko. Również to, do czego nie chciałam się przed nikim przyznać, a już najmniej przed młodą obcą dziewczyną. Lęk, zwątpienie, upokorzenie.

— Wiesz, co jest najgorsze w całej tej historii? — mówię, mocno mrużąc oczy.

Znowu, po raz drugi w ciągu kilku dni, walczę ze łzami. Co się właściwie ze mną dzieje? Nie będę przecież płakać tutaj, przed tą dziewczyną... Starsza pani, która płacze, to coś niewymownie smutnego... tego Malinie nie zrobię.

— Najgorsze, że już nie jestem pewna, czy do końca wierzę w niewinność mojego ojca... równie mocno i niewzruszenie jak dawniej. Gdybym w to wierzyła, wszystko to może do tego stopnia nie nadszarpnęłoby mi nerwów.

— Ale pani ojciec... on był...

— Prawdopodobnie jednak — przerywam jej — podejrzewam w głębi duszy, iż zrobił coś złego...

Wypowiadam te słowa i nagle uświadamiam sobie, że w tym momencie wyznaję tej dziewczynie coś, do czego sama jeszcze nigdy się przed sobą nie przyznałam, a to oznacza, że już zdradziłam mojego ojca. Ja, jego córka. Ot, tak po prostu.

Malina milczy, patrząc na mnie z zatroskaniem i współczuciem. Ja jednak czuję, że oczekuje ode mnie dalszych wyjaśnień.

— Wiesz, nigdy nie miałam wyrzutów sumienia, że ja przeżyłam Holocaust, a inni nie. Po prostu zostawiłam Bogu to rozstrzygnięcie, nie wnikałam, dlaczego zdecydował tak, a nie inaczej. Teraz jednak czuję, że fakt, iż obwinia się mojego ojca o tak straszne rzeczy, unieważnił nasze prawo do bycia ofiarami. Jakbym już nie miała prawa cierpieć i nosić w sercu żałoby. Nie mogłam pójść na pogrzeb ojca, ale opłakiwałam go całe życie. Teraz odebrano mi jeszcze prawo do żałoby...

Milczymy przez chwilę. Malina wie, że powiedziałam więcej, niż chciałam, daje mi więc czas na dojście do równowagi.

— Co pani zamierza zrobić? Może jednak prawda wygląda całkiem inaczej? — pyta po chwili.

— Jeszcze dokładnie nie wiem. To trudne. Nie ma świadków. Prawdę mówiąc, wszystkich tych ludzi, którzy mogliby coś na ten temat wiedzieć, nie ma już wśród żywych. Za jakiś czas otrzymam akta sądowe ojca. Nie wiem, co się w nich znajduje... może niezbyt wiele. Wiesz, jakie wtedy były czasy.

Myślę, że jedyne, co mi pozostaje, to zrekonstruowanie całej tej historii dla siebie — krok po kroku, dzień po dniu, tak jak ją wtedy przeżywałam z moją matką. Jak to było, gdy go aresztowali. Szukałyśmy przecież jego śladów... szukałyśmy wszystkiego, co mogłoby go oczyścić z zarzutów... oczywiście robiła to moja matka, ale ja ciągle jej towarzyszyłam. Może się przecież okazać, że wiem więcej, niż mi się wydaje...

— Gdybym mogła jakoś pomóc — mówi Malina, a w jej głosie znowu pojawia się odrobina nadziei.

— Muszę przypomnieć sobie tamte czasy, te straszne powojenne czasy, kiedy cała ta sprawa się rozegrała. Wiesz sama, że to były czasy szaleństwa... może w tym tkwi cała tajemnica...

— Niech pani poczeka — woła żarliwie Malina — przecież ja pracuję w archiwum prasowym. Mają tam wszystkie gazety z lat 1945–1946. Jest w nich tyle informacji o procesach, wyrokach, zdrajcach, tych prawdziwych i tych domniemanych. I o rozstrzelaniach. Może znalazłaby pani tam jakąś informację dla siebie? Trochę poszperam w tych gazetach... Wszystko będzie dobrze, zobaczy pani.

— Tak, Malinko — przytakuję sceptycznie — o to zresztą chciałam cię prosić. Jeśli dopisze nam szczęście, być może ten dziennikarz pewnego dnia będzie musiał przeprosić za to, że zabił mojego ojca, odbierając mu dobre imię. Może za rok albo za dwa lata. Ale co mi to wtedy da, co da to mojemu synowi... komukolwiek? Już na zawsze pozostanie niejasne uczucie, że coś tam było...

— Odkryjemy prawdę i tylko ona przetrwa — mówi Malina z przekonaniem.

— Prawda — powtarzam bezbarwnie.

— Będę teraz dla pani pracowała jako wolontariuszka, by tak rzec. Pozbieram artykuły z gazet, luźne fragmenty, które mogłyby panią zainteresować, może ogłoszenia o zaginionych, informacje o aresztowaniach... wszystko, co tylko uda mi się znaleźć.

Zauważam, że Malina chce mi koniecznie ofiarować na pożegnanie coś, co by mi dodało otuchy. Podnosimy się do wyjścia — zrobiło się późno.

— A co z pani miłością? — pyta jeszcze, nie wiedząc naturalnie, że myśli o niej już mnie tak nie uszczęśliwiają. — Co porabia mężczyzna pani marzeń? — mówi to lekko i z uśmiechem, który zdradza, iż ona sama, na przekór wszystkim wątpliwościom, jest bardzo szczęśliwa.

— „Marzenia" to dobre słowo — odpowiadam z westchnieniem. — W tej chwili mogę o nim tylko marzyć. Jest w Izraelu.

— Zobaczy go pani wkrótce?

— Nie wiem...

Obejmujemy się na pożegnanie.

— Bądź zdrowa.

— No jasne.

Malina — młoda dziewczyna w moim życiu.

Nadzieja, przyjaźń, spontaniczne wzajemne zaufanie. Cudowny wynalazek.

Tak, widzę go znowu w październiku w Krakowie.

Uroczysta promocja mojej nowej książki odbywa się w sali muzealnej.

Duże secesyjne okna z kolorowymi witrażami. Różnobarwne szyby sprawiają, że przestrzeń wypełnia ciepłe, wibrujące światło, jak w kościele. Meble — również w stylu secesyjnym — to prawdziwe dzieła sztuki. Prezentowanie tutaj własnej książki jest wyróżnieniem. Przyszli prawie wszyscy moi przyjaciele — także wielu dziennikarzy.

Jest tak, jak wyobrażałam to sobie wówczas, wczesną wiosną, gdy przygotowywaliśmy książkę: uroczyście i zarazem rodzinnie.

Jednakże dzisiaj — zamiast się z tego cieszyć — jestem tylko zdenerwowana. Mam wrażenie, że muszę jeszcze poczekać na kogoś lub na coś — jakby to nie był mój wieczór, jakbym zastępowała tu tylko inną, nie znaną mi osobę.

Dawid znajdował się naturalnie na liście oficjalnie zaproszonych gości. Ale prawie nie wierzyłam, że go tu dziś wieczorem zobaczę. Usiłowałam przepędzić z myśli wszelkie nadzieje. Profesjonalizm, rozwaga i pewność siebie — oto rola, jaką sobie narzuciłam na dzisiejszy dzień.

A jednak Dawid przyszedł.

Stoję obok mojej redaktorki, na półpiętrze, mam na sobie piękną, cieniutką czarną suknię o prostym kroju, wyrafinowaną i skromną zarazem. Otacza mnie niczym mała chmurka.

Odejmuje mi mowę, gdy już z góry dostrzegam smukłą sylwetkę Dawida, jego srebrne włosy.

Wchodzi żwawo, marszowym krokiem, zatrzymuje się tuż przede mną.

Miły jak zawsze, szarmancki jak zawsze, wita się ze wszystkimi, potrząsając ich dłońmi.

Na mój widok otwiera ramiona na powitanie, a później unosi mnie w powietrze.

— Udało mi się to zorganizować — uśmiecha się.

Nie zapomniał nawet o bukiecie kwiatów.

— Masz piękną suknię — mówi z uznaniem.

Przybycie Dawida elektryzuje nie tylko mnie, porusza również innych gości. Nie robiąc nic szczególnego, zawsze, prawie automatycznie, ściąga na siebie uwagę.

Wygłasza krótkie przemówienie — poświęca kilka serdecznych słów mojej książce — obecni klaszczą z zachwytem i pełni oczekiwania — ludzie z wydawnictwa uśmiechają się, zadowoleni i dumni. Ja jedyna zauważam, że Dawid jest roztargniony i mówi nie całkiem na temat. Siada potem na swoim miejscu w pierwszym rzędzie — i znowu tylko ja widzę jego zmęczone oczy, cienie na twarzy, niepokój.

Czytając kilka krótkich opowiadań z książki, raz po raz rzucam niepewne spojrzenia w jego stronę. Mam uczucie, że w każdej chwili może wstać i wyjść z sali. Robi to zresztą podczas trwającej później dyskusji. Jego asystent, oparty z tyłu o ścianę, natychmiast śpieszy za nim. Czy Dawid pójdzie sobie, nie żegnając się ze mną? Drzwi się za nim zamykają, a ja — żałosny pajac — muszę tu zostać i dalej zabawiać ludzi.

Kiedy potem wychodzę odprężona i z chaosem w głowie, natychmiast go dostrzegam.

Siedzi w końcu korytarza na ławce i pali fajkę — kierowca i asystent obok niego.

Na widok Dawida wszystkie książki, które niosę, wypadają mi z rąk. Pomaga mi je podnieść.

Ostatni goście mijają nas, zmierzając w stronę wyjścia i miło kiwając rękami na pożegnanie. Dawid obejmuje mnie ramieniem.

— Co robisz dalej, Roma, wracasz do Niemiec?

— Tak. Zostanę tu jeszcze kilka dni, a potem lecę do Monachium...

— My już za chwilę jedziemy do Warszawy. Jutro rano wracam do Izraela...

Ale potem — coś nagle migocze w jego oczach, coś młodzieńczego — to samo światełko, które miał w nich przez całe lato...

— Nie mogłabyś teraz ze mną pojechać? Kajetan przywiózłby cię jutro z powrotem...?

A dostrzegając moje wahanie:

— Kto wie, kiedy znowu będziemy mogli się zobaczyć...?

Dawid zawsze bardzo lubił podejmować decyzje za nas oboje.

Nie udaje mi się powiedzieć „nie". Zwłaszcza teraz.

— Później wszystko ci opowiem — mówi.

Oprócz nas siedzą w samochodzie jeszcze dwaj inni mężczyźni. Naturalnie kierowca Dawida, który najwyraźniej ucieszył się na mój widok, i jeszcze jeden — tym razem nie Eliasz, tylko ktoś nowy.

Rozmawiamy więc wyłącznie o tym, co jest przeznaczone również dla cudzych uszu.

— Wracam do Izraela — opowiada Dawid — za kilka tygodni przekazuję Instytut mojemu następcy. Nie mogę przez cały czas kursować tam i z powrotem. Jutro muszę być znowu w Tel Awiwie.

Moją odpowiedzią jest tylko bezradne milczenie.

„A jak się czuje twoja żona?" — zadanie pytania w ten sposób wydaje mi się dość niestosowne. Pytam więc tylko:

— Jaka jest sytuacja?

— Och, nic się nie zmieniło. Robią jeszcze badania w szpitalu... To wojna nerwów... — odpowiada po długiej pauzie.

Nie patrzy na mnie, zatapia tylko wzrok w ciemnej nocy:

— ...a ja tkwię w środku tego wszystkiego.

Śmiertelnie znużeni przybywamy późno w noc do Warszawy. Kiedy wreszcie jesteśmy sami w jego pokoju, siadamy na łóżku i obejmujemy się w milczeniu. Dawid opiera głowę na moim ramieniu i natychmiast zasypia.

Ucieka w sen, daleko od wszystkich trosk, od wszystkich nie wyjaśnionych pytań — daleko również ode mnie.

Jeszcze długo leżę bezsennie obok niego. W bladym świetle wpadającym z ulicy przyglądam się jego twarzy, jakbym nigdy dotąd jej nie widziała. Nagle ogarnia mnie wzruszenie, fala rozpaczliwej miłości i tak rzadkie w moim życiu uczucie całkowitej przynależności do kogoś. Dawid jest mi w tej chwili bliższy niż kiedykolwiek wcześniej. Bliski niczym brat i moje własne dziecko.

Gdyby było coś, co mogłabym dla niego zrobić, natychmiast byłabym na to gotowa.

Ale wiem bardzo dobrze, że już nic nie jest możliwe. W jego obecnym życiu nie ma dla mnie miejsca. Nie mogę nic więcej zrobić, nic. Nawet czekanie nie miałoby sensu.

Z szeroko otwartymi oczami nasłuchuję odgłosów nocy. Szmery, które co jakiś czas dobiegają ze znanego mi policyjnego auta, mają teraz w sobie coś groźnego.

Głowa Dawida spoczywa na moim ramieniu, szukając schronienia — słyszę jego niespokojny oddech — od czasu do czasu jego ręka szuka mnie, jakby chciał sprawdzić, czy jeszcze przy nim jestem.

Całkiem samotna w ciemności, z własnymi myślami, nie muszę przed nikim niczego udawać, nie muszę grać optymistki. Mogę wyznać sama przed sobą:

— To już koniec, koniec, koniec...

Poranek. Rzeczywistość nadchodzącego dnia. Czas, który znowu zdaje się wygrywać z naszymi uczuciami.

Nie ma już okazji do rozmowy — śpieszymy się.

Przed odlotem Dawid musi jeszcze iść na przyjęcie, o czym byłby nieomal zapomniał.

Teraz jest już późno — powstaje chaos.

Dawid szybko szuka odpowiedniego krawata. Dzwonią telefony. Stoi boso pośrodku pokoju, w koszuli i spodniach — trzy różne krawaty zwisają mu z szyi — i rozmawia jednocześnie przez dwa telefony.

Siedzę na brzegu łóżka, ubrana i gotowa do podróży, i przyglądam się temu, jakby to wszystko rozgrywało się bardzo daleko ode mnie.

Z poczuciem klęski i ze ściśniętym sercem patrzę, jak Dawid zbiera swoje rzeczy, wrzuca dokumenty do teczki. Wkrótce dwa różne samoloty zaniosą nas w dwie różne strony...

Czy powinnam powiedzieć mu jeszcze coś na pożegnanie? Jest coś takiego? — Nie znajduję słów.

A może pożegnamy się w milczeniu — ot, tak po prostu?

Nie. Dawid przysiada obok mnie na skraju łóżka, bierze moje ręce w swoje dłonie, mówi spokojnie i cierpliwie. Lubię, gdy tak przemawia: jak ojciec do małej córeczki. Zawsze mnie to uspokajało.

— Życie, które teraz wiodę, nie jest życiem dla ciebie... — powtarza moje myśli z dzisiejszej nocy.

— Owszem, jest, jeśli stanowi część twojego życia — odpowiadam poważnie, patrząc mu w oczy.

Znowu mają ten znużony, smutny wyraz, który tak bardzo mnie boli.

— Roma, ty zawsze wszystko rozumiałaś. Po prostu wszystko, bez wielu wyjaśnień... zrozum więc i teraz: to, co muszę przeżyć, muszę przeżyć całkiem sam. Mówiłem ci: to wojna nerwów. Nie wiem tylko, z kim lub z czym muszę ją prowadzić...

— Słuchaj — mówię niepewnie — boję się jechać do Ameryki...

— Na pewno ci się powiedzie.

W drzwiach staje szofer:

— Szefie, musimy...

Dawid obejmuje mnie bardzo czule i długo... a potem znowu dzwoni jego telefon.

W drodze powrotnej mam dziwne uczucie, że sama na siebie czekam w Krakowie — druga część mnie czeka, aby mnie pocieszyć. Nie, nie jestem schizofreniczką, jestem po prostu smutna.

Czasem musisz bardzo mocno zapakować swój ból i obwiązać go sznurkiem, jak paczkę. Po prostu po to, by móc dalej żyć. A więc zakładam gruby opatrunek na moje cierpienie, jak na złamaną rękę. Szeroką warstwę gipsu, bandaż, na to plaster — i odsuwam... jak najdalej od siebie.

Później, gdy minie trochę czasu, będę może mogła tego dotknąć tak, żeby nie sprawiało bólu.

ROZDZIAŁ VI

LISTOPAD

Drzewa ledwo majaczą w mlecznym, jesiennym świetle. Zapadam się po kostki w miękkim dywanie z zeschłych żółtych liści. Te pojedyncze, które jeszcze wiszą na gałęziach, lśnią jak czyste złoto. Idąc alejkami do mojego tymczasowego krakowskiego mieszkania, próbuję popatrzeć na siebie z zewnątrz, jak ktoś obcy.

Kim jest ta kobieta, która teraz w ciemnościach — trochę pochylona, z podbródkiem ukrytym w ciepłym kołnierzu płaszcza, z rękami w kieszeniach — śpieszy do domu?

Moje życie znowu się poplątało.

Jestem kimś, kto właśnie przeżył rozstanie, może tylko z marzeniem — ale już zaczęłam się do tego przyzwyczajać.

Jestem kimś, komu właśnie obcy człowiek, dziennikarz, zadał bolesny cios.

Jestem kimś, kto usiłuje trafić na ślad smutnej tajemnicy rodzinnej, której być może wcale nie uda się rozwikłać.

Jestem też kimś, kogo czeka trudna podróż do Ameryki, której to podróży nie wiem, czy podołam.

Jestem smutna, jestem bezradna, to prawda, ale nadal jestem — wprawdzie niezbyt szczęśliwa, ale jeszcze dość żywotna.

Postanawiam więc, że w najbliższym czasie będę dla siebie bardzo miła i postaram się traktować siebie z uwagą i łagodnie.

Jeszcze zanim dzień się skończy, będę musiała złamać to przyrzeczenie.

W domu parzę herbatę i całkiem bezwiednie włączam telewizor. Gest, którego zabraniałam sobie już tysiące razy. Nie powinno się nigdy niczego robić bezwiednie.

Nie tylko milczenie, czasem również niepatrzenie jest złotem.

To ten dziennikarz. Do tej pory znałam wyłącznie jego nazwisko — teraz poznam także twarz. W telewizji toczy się dyskusja, w której on bierze udział.

Nie patrz na niego, mówię sobie, nie musisz patrzeć na faceta, który cię tak skrzywdził.

Postanawiam tylko rzucić okiem, usłyszeć kilka słów, by poznać jego głos. Potem jednak oglądam cały program.

Nie wiem, dlaczego robię coś, czego właśnie przed chwilą sobie zabroniłam.

Patrzę na tego obcego człowieka i sama sobie wydaję się obca. Ogarnia mnie fala nienawiści, która — czuję to — przeradza się w ból.

Ale pokusa była zbyt duża, również ciekawość, jak dalece nienawiść może zaćmić obiektywne spojrzenie.

Pozostań przynajmniej obiektywna, mówię sobie — „obiektywna" — czy takie słowo w ogóle istnieje?

Czy to by coś zmieniło, gdyby ten mężczyzna był przystojny? Czy łatwiej byłoby mi o obiektywizm?

Niestety, dziennikarz nie jest urodziwy. To niski mężczyzna z opalenizną rodem z solarium i długimi włosami. Chce sprawiać wrażenie pewnego siebie, ale kiedy zaczyna się gorączkować, jego głos staje się wysoki i piskliwy. W oczach ma nerwowe tiki i szybko się denerwuje.

Przy każdym skierowanym do niego pytaniu mruży oczy, jakby oczekiwał, że ktoś wymierzy mu policzek.

Nie mam już wątpliwości, że w głębi swojej istoty jest złośliwy i zdolny zdradzić każdego, po prostu każdego — przyjaciela czy wroga — tylko po to, by wywołać sensację i zapewnić sobie tę porcję uwagi, od której się już prawdopodobnie uzależnił.

Człowiek, który już dawno przestał słyszeć głos własnego sumienia. To ludzie tacy jak on sprawiają, że dziennikarstwo, ten piękny zawód, może mieć taką złą sławę.

Raz po raz spoglądam na tego mężczyznę z mieszaniną obrzydzenia i fascynacji. Jego piskliwy głos, jego twarz coś mi przypominają, kogoś...

Podchodzę do okna, głęboko wdycham powietrze, patrzę na nocny Kraków, na znajome domy, wąskie uliczki z kocimi łbami, po których chodziłam tak często. Nagle wydaje mi się, że odkrywam na nich ślady moich małych dziecięcych stóp...

Wspomnienie własnego dzieciństwa to nie jest mgła ani nagła jasność — wspomnienia to płonące spirale, które zaczynają wirować w mojej głowie. Wirują coraz szybciej i szybciej, unoszą mnie z powrotem w przeszłość. Unoszą mnie w czas, który do tej pory był bardzo odległy, a nagle zbliża się coraz bardziej i bardziej — w czas, gdy miałam siedem lat...

Wkracza w moje życie jako obcy człowiek. Pewnego dnia staje w drzwiach naszego mieszkania. Boso, w podartym ubraniu, zapadła twarz, włosy posiwiałe i w strąkach. Mój ojciec. Ma zmierzwioną brodę, a na sobie grubą kurtkę, która cuchnie, on sam też cuchnie — jest brudny.

Wrócił, „w ostatniej minucie", jak mówi, uciekł z obozu. Wojna jeszcze nie całkiem się skończyła, ale to się stanie, „już wkrótce" — zapewniają dorośli.

Patrzę na niego przerażona, bo zupełnie inaczej wyobrażałam sobie własnego ojca. Przez cały czas, kiedy byłam sama z mamą, kiedy musiałyśmy się ukrywać, ciągle o nim rozmawiałyśmy. Mama opowiadała mi o nim — zawsze z rozmarzonym wzrokiem i ciepłym uśmiechem na ustach. Opowiadała o nim i o sobie. Jak bardzo się kochali, ile się wytańczyli na balach. Jaki był piękny we fraku, w białej marynarce smokingowej. Jakim był wspaniałym sportowcem. Grał w piłkę nożną, jeździł na nartach jak mistrz świata.

I zawsze nosił mnie, swoją małą córeczkę, na rękach...

— Rominka, moje maleństwo, w ogóle mnie nie poznajesz?

Wyciąga ku mnie ramiona i jest zawiedziony i smutny, bo odwracam się od niego z odrazą.

— Dud, ona jest jeszcze malutka — mówi mama — i długo cię nie widziała.

Stoi rozpromieniona obok tego obcego mężczyzny. Jest szczęśliwa, że wrócił, a ja w ogóle nie umiem zrozumieć jej szczęścia.

Ten obcy przybysz napawa mnie lękiem: jego silny głos, energiczne wejście.

Później, umyty i ogolony, nie wygląda aż tak dziko. A mimo to boję się jego bliskości. Wkrótce zaczyna na nowo organizować nasze życie. Idzie do miasta, wraca z paczką, na której widnieje napis UNRRA. Po raz pierwszy mam okazję skosztować czegoś tak cudownego, jak gęste, kremowe i słodkie mleko z puszki, a także jeszcze czegoś z dużego metalowego pojemnika — żółtego płynu, który nazywa się sokiem pomarańczowym, pachnie świeżo i cudownie smakuje. Wprawdzie dostaję tylko odrobinę tych wszystkich smakołyków, gdyż mama bacznie ich strzeże, bo muszą na długo wystarczyć, ale smakują wspaniale i samo ich wąchanie jest cudowne. Podoba mi się nawet trzymanie tych puszek w rękach. Najpierw próbuję je obwąchiwać — czym właściwie pachną? Później czytam tajemnicze, obce słowa: *Ham & eggs, preserved food, condensed milk, cream, juice...*

Mój ojciec ciągle jest w biegu, wychodzi do miasta, wraca. Ogląda, co zostało z jego firmy, szuka krewnych, przyjaciół. I zawsze przynosi ze sobą coś do jedzenia.

Po mieście wałęsa się dużo zagubionych i zaniedbanych dzieci żydowskich, które nie odnalazły rodziców, a także starzy ludzie, Żydzi, nie wiedzący, dokąd iść. Ojciec gromadzi ich wszystkich.

— Trzeba z nimi coś zrobić — mówi.

Odnalazł dwóch, trzech przyjaciół z dawnych czasów, którzy mu w tym pomagają.

— Organizujemy dla nich dom na Długiej — z dumą opowiada wieczorem mojej matce — będą tam na razie mieli jakieś schronienie i coś ciepłego do jedzenia.

Znowu stawia dwie ciemnozielone puszki na stole — jedną od razu otwiera. W środku jest miękka, pachnąca mięsem pasta, która wspaniale smakuje, gdy posmarować nią chleb — smakuje nawet mnie, chociaż zazwyczaj mięso wydaje mi się obrzydliwe.

— Znaleźliśmy w jakiejś piwnicy skrzynki z żywnością — mówi ojciec — które zostawili Niemcy, teraz dostaną je Żydzi z Długiej.

Schodzi się do nas coraz więcej ludzi, krewnych, przyjaciół ojca. Niektórzy przybywają wprost z obozów, mają jeszcze na sobie obozowe pasiaki i niebieskie wytatuowane numery na ramionach, takie jak mój ojciec. Jest wśród nich troje dzieci.

— Oczywiście możecie u nas spać — mówi ojciec i rozkłada materace na podłodze.

Myją się u nas, a mama ich karmi. Tylko te numery na ramionach. — Ich nie da się zmyć — wyjaśnia mi mama.

Na koniec jest nas w naszym małym mieszkaniu czternaścioro. Robi się coraz ciaśniej i mama powoli wariuje, bo musi się o wszystkich troszczyć.

Aby ją odciążyć, ojciec bardzo często bawi się z nami, dziećmi, żebyśmy nie robiły zbyt wiele hałasu.

Pierwszego kwietnia, w prima aprilis, jak mówi, ojciec robi nam różne żarty. Jeszcze nigdy nie słyszałam słowa „żart", nie wiedziałam, że coś takiego w ogóle istnieje.

Rano, gdy wszyscy jeszcze śpimy, wstaje cichutko i związuje nitką wszystkie nasze buty. Kiedy później chcemy je włożyć, uciekają nam, niepostrzeżenie przez niego odciągane. Oczywiście usiłujemy je złapać, odbywa się dzika pogoń za butami. Ponieważ jednak większość ludzi śpi u nas na podłodze, a my, dzieci, po nich depczemy, powstaje straszny bałagan, ale w końcu wszyscy się śmieją, dzieci i dorośli. Po raz pierwszy, jak sięgam pamięcią, słychać w naszym domu śmiech.

Powoli wyzbywam się lęku przed tym obcym mężczyzną i zaczynam wierzyć, że to naprawdę jest mój ojciec. Najbardziej podoba mi się, gdy nosi mnie na barana — wydaję się sobie wtedy duża i ważna i mogę na wszystkich patrzeć z góry.

Siedzę na jego ramionach również tego pięknego majowego dnia, gdy na Rynku w Krakowie świętujemy zakończenie wojny.

— Skończyła się, na zawsze — mówi mama.

Ma na sobie sukienkę w kwiaty i wygląda na szczęśliwą, tak jak wielu innych ludzi wokół nas. Ciągnę ją za rękę, nie rozumiem tego, co się dzieje, chociaż bardzo mi się podoba, że wszyscy są tacy szczęśliwi.

— Co to znaczy?

— To znaczy, że teraz wojna naprawdę się skończyła — wyjaśnia mama — i już nikt nie może nas skrzywdzić.

— Na jak długo? — pytam.

— Na zawsze.

Nie rozumiem, co znaczy „na zawsze", i nikt nie umie mi tego wytłumaczyć.

— W maju jest Dzień Matki — oznajmia ojciec parę dni później.

Tego dnia mama dostaje kilka gałązek bzu, a potem tata zabiera nas, dzieci, na długi spacer, ażeby Tosia, jego żona, mogła trochę odpocząć.

Jest wspaniała pogoda — wszyscy jesteśmy starannie umyci, włosy mamy ładnie uczesane. Na śniadanie każde z nas dostało kromkę chleba posypaną cukrem.

Wchodzimy na zamek na Wawelu i siadamy na otaczającym go murze. Widać stąd połyskującą Wisłę i pod nami w dole całe piękne miasto. Dostajemy wodę sodową z syropem malinowym — najlepsze, co jest do picia dla nas, dzieci. Tata pożyczył od sąsiada aparat fotograficzny. Musimy się ładnie uśmiechnąć, bo chce zrobić nam zdjęcie, które później będzie prezentem dla mamy...

— Oglądajcie to wszystko tutaj — powtarza raz po raz — oglądajcie, jaki piękny jest świat.

Rozumiem, że jemu wszystko wydaje się jeszcze piękniejsze, wygląda bowiem tak, jakby widział to po raz pierwszy w życiu — bo wrócił z obozu koncentracyjnego.

Tam wszystko było wyłącznie czarne, brudne i zimne. Musieli spać w barakach. Ludzi szczuto psami, strzelano do więźniów, chłostano ich. Jeszcze bardzo dobrze to pamiętam, z getta — ale w obozie musiało być o wiele, wiele gorzej.

Dorośli ciągle o tym rozmawiają — co wieczór, co noc.

Mój ojciec opowiada o obozie i płacze przy tym. Od razu przemykają mi przez głowę obrazy, jak w getcie zabrali babcię z mieszkania — jak ją wywlekli. Tata siedział wtedy na brzegu łóżka i z bólu kiwał się w przód i w tył, tak jak dzisiaj, gdy opowiada o obozie.

Nie mogę już tego słuchać, zatykam sobie uszy, wpełzam pod stół, ale nic na to nie mogę poradzić — słyszę wszystko i wszystko mam przed oczyma; słyszę krzyki, widzę krew — zaczynam drżeć...

Teraz, tego jasnego dnia w blasku słońca, mój ojciec cieszy się po prostu, że jest tutaj z nami wszystkimi. Zachowuje się jak mały chłopiec — pogwizduje, śpiewa i bawi się z nami w chowanego.

Potem nadchodzi lato. Jedziemy w góry. Tata, mama i ja.

— Nasze pierwsze wspólne wakacje — mówi uszczęśliwiony ojciec.

Nie wiem, co to są wakacje, nigdy jeszcze żadnych nie przeżyłam, ale wiem, co znaczy „wspólne" — to znaczy, że we troje siedzimy na łące w trawie i trzymamy się za ręce. Albo kiedy przechodzimy wąskim drewnianym mostkiem przez rzekę — tata niesie mnie na barana — mama z tyłu piszczy ze strachu, równocześnie jednak śmieje się z radości.

Wakacje to wysokie góry, które widzę po raz pierwszy — na ich szczytach leży jeszcze śnieg. Wakacje — to gęsta, kwaśna śmietana w metalowym kubku, kupowana od gaździny.

— Pij, Rominka, pij — mówi ojciec — wypij, żebyś urosła i była silna.

Ta miejscowość nazywa się Zakopane. Mieszkamy w domu zbudowanym z bardzo ciemnego drewna. To pensjonat, w którym mamy piękny pokój — tylko dla nas trojga. W nocy śpimy pod grubymi miękkimi i miło pachnącymi pierzynami. Na śniadanie jest jajecznica ze szczypiorkiem, biała pikantna bryndza i konfitura malinowa własnej roboty.

Mama i tata zachowują się jak ludzie w kinie. Ciągle trzymają się za ręce, uśmiechają się, obejmują.

— Popatrz tylko, jaka piękna jest twoja mama — mówi ojciec miękkim głosem, a ona odrzuca głowę do tyłu, zamyka oczy, uśmiecha się. Później robi zdjęcia mamie i mnie, fotografuje kwiaty na łące, góry. Raz nawet pstryka zdjęcie małej, przywiązanej do płotu kozie, którą spotykamy na spacerze. Chodzimy na długie wycieczki, a kiedy jestem zmęczona wędrówką, tata podnosi mnie wysoko i sadza sobie na barana. Tak głośno śpiewamy wesołe dziecięce piosenki, że niektórzy ludzie odwracają się za nami. Niesie mnie przez góry i doliny i wcale mu to nie szkodzi, bo jest duży i silny.

Dokładnie tak samo siedzę na jego ramionach tego dnia, gdy zjawiają się jacyś mężczyźni.

Wybraliśmy się właśnie na wycieczkę; wysoko w górach, na łące, rozpostarliśmy koc, a na nim wypakowaliśmy jedzenie, któreśmy przynieśli ze sobą w małym wiklinowym koszyku. Kanapki, herbatę i ciasto — smakowało wybornie.

Teraz wracamy do domu. Jestem trochę zmęczona, więc żebym nie zasnęła mu na ramionach, tata znowu zaczyna głośno śpiewać, a ja tak dziko wymachuję do taktu nogami, że musi je mocno przytrzymywać swoimi silnymi dłońmi.

Ja pierwsza dostrzegam tych mężczyzn. Z łatwością ich rozpoznaję. Zawsze. Podczas wojny, kiedy musiałyśmy się ukrywać, nauczyłam się ich szybko rozpoznawać, żebym mogła ostrzec mamę i żebyśmy w porę zdążyły uciec. Wiem, jak wyglądają, wiem, jak patrzą.

Noszą długie płaszcze, jeden ma na głowie czapkę, drugi — kapelusz. A każdy aktówkę. Ich twarze są nieporuszone, kamienne i szare, jak u żołnierzy.

— Mamo — wołam ochrypłym głosem — mamo!

Matka odwraca się w moją stronę.

— Ona strasznie zbladła — mówi do ojca — zdejmij ją.

Tata szybko stawia mnie na ziemi, rodzice także zauważają tych mężczyzn.

Czekali przed pensjonatem, teraz podchodzą do nas.

Ucieczka?, myślę, nie uda się. Dać im pieniądze, żeby zostawili nas w spokoju? Nie mamy ze sobą pieniędzy ani biżuterii. Przypominam sobie, jak wówczas, po drugiej stronie muru klęczałam przed policjantem i błagałam go, żeby nie aresztował mamy ani mnie i nie zabrał na Montelupich. Puścił nas dopiero wtedy, gdy upchnął sobie w kieszeniach całą biżuterię mamy. Jej pierścionki z brylantami upadły na ziemię, podniósł je...

— Dawid Liebling? — pyta jeden z mężczyzn i z wewnętrznej kieszeni płaszcza wyciąga jakiś papier.

Ojciec kiwa potakująco głową.

— Pójdzie pan z nami.

Mama trzyma mnie bardzo mocno za rękę, jakby chciała ją zgnieść.

Czuję drżenie, które przenika całe ciało mamy. Jej zimna ręka w mojej. Upał, prażące słońce i jej zimna ręka.

Ojciec milczy, oddycha szybko, spuszcza głowę. Potem odwraca się, jego wzrok pada na mnie:

— Nie bój się, zaraz wrócę — mówi nieswoim głosem.

Później podchodzi do mamy, patrzy jej w oczy:

— To musi być jakaś pomyłka. Nie martw się, ja...

Więcej nie udaje mu się powiedzieć, gdyż jeden z mężczyzn kładzie rękę na jego ramieniu:

— Jest pan aresztowany.

Ojciec odwraca się w naszą stronę — w jego oczach widzę coś, czego jeszcze nigdy nie widziałam w oczach żadnego człowieka. To więcej niż ból, to wygląda tak, jakby jego oczy były głębokimi czarnymi jamami — nie umiem tego opisać.

— Idziemy — mówi mężczyzna.

Ojciec kuli się, chowa głowę w ramionach, widzę, że porusza wargami, chociaż nie wydobywa się z nich żaden dźwięk.

— Bądź dzielna, Rominko — szepczą jego wargi — uważaj na mamę.

Czy rzeczywiście to powiedział? Wydaje mi się, że tak.

Przed domem stoi czarny samochód — wsuwają ojca do środka, potem sami wsiadają i odjeżdżają.

— Nie zostawiaj mnie samej, chcę umrzeć razem z tobą — mówiłam zawsze do mamy w czasie wojny.

— Czy tata teraz umrze?

Stoimy jak wryte pośrodku ścieżki wiodącej do domu. Auto zniknęło. Znowu jesteśmy same, jak podczas wojny. Jak zawsze.

Mama chwieje się, zbladła, jej wargi przybrały kształt wąskiej kreski.

— Kręci mi się w głowie — szepcze.

Ostrożnie prowadzę ją do ławki stojącej przed domem. Siada i wyczerpana odchyla głowę do tyłu, wygląda jak nieżywa, całkiem zapadła się w sobie. Ma zamknięte oczy. W ręce ściska jeszcze pusty wiklinowy koszyk.

„Pomyłka"? Co to wszystko właściwie znaczy? Muszę później mamę o to zapytać, ale nie teraz.

Jeszcze tego samego wieczoru wyjeżdżamy z gór — pomagam mamie spakować rzeczy — nie jest ich wiele. Rzeczy taty wolę spakować sama, żeby znowu nie zaczęła płakać.

Nasze mieszkanie w Krakowie jest puste. Było puste już przed wakacjami, ponieważ nasi lokatorzy zaczęli powoli znajdować sobie inne schronienia.

Wieczorem wszyscy ponownie do nas przychodzą. Już się dowiedzieli, co stało się z ojcem.

To jakaś pomyłka, nieporozumienie, mówi mama każdemu, kto o niego pyta. Potwarz... ostatnio ciągle słyszę to słowo... brzmi jak rozpacz.

Będą tak przychodzić co wieczór — najczęściej ciocia Ela, ciotka Jadwiga, przyjaciółki mamy i wujek Stefan, najmłodszy brat ojca — aby naradzać się z mamą.

Siedzą godzinami przy stole jadalnym i rozmawiają. Ja uważam, że to nic nie zmieni, tyle że mama jeszcze częściej płacze. Bez przerwy piją herbatę, a ja muszę potem pomagać w zmywaniu naczyń. Wszystko to nic nie da. Przecież oni powinni wiedzieć, że w każdej chwili można być aresztowanym. A jak już kogoś zabiorą, to nie wraca, nie uda się to nawet mojemu ojcu, jestem o tym przekonana.

W ciągu dnia mamy prawie nigdy nie ma w domu — widzę ją tylko w kapeluszu i płaszczu. Rozpytuje wszędzie, szuka miejsca pobytu taty. Kiedy wracam ze szkoły, daje mi szybko coś do jedzenia — trochę zjadam, choć nie mam apetytu, a także dlatego, że boję się, że mama wyjdzie beze mnie. Nie mogę zostać całkiem sama w mieszkaniu. Ale ona o tym wie. Pomaga mi szybko włożyć płaszczyk, wiąże wełnianą czapkę pod brodą i wychodzimy do miasta.

Próbujemy się dowiedzieć, gdzie jest ojciec. Wędrujemy do jakichś biur, urzędów, instytucji. Wchodzimy i schodzimy po schodach. Czekamy w korytarzach, w ponurym świetle, na drewnianych ławkach, aż nas ktoś wezwie. Mama musi wszędzie pokazywać dowód osobisty i wypełniać jakieś dokumenty. Albo idziemy na pocztę dzwonić. Trzeba tam stać w długiej kolejce, bo jest tak mało telefonów. Później znowu wychodzimy na ulicę i podążamy gdzie indziej. Przeważnie jest zimno i dżdżyście.

— Przeziębisz się — mówi zatroskana mama.
— Dlaczego nie możesz zostać w domu, w cieple? — wzdycha.

Ale wie bardzo dobrze, że nie mogę, bo się boję, że i ona nie wróci.

Szukamy również przyjaciół ojca z czasów wojny — mama zapisała sobie ich adresy na kartce. Mieszkają daleko, na przedmieściach.

— Może coś o nim słyszeli? — szepcze.
Ale oni także nic nie wiedzą.

Pewnego wieczoru — wszyscy znowu siedzą przy stole i rozmawiają chaotycznie — rozlega się ostry dzwonek do drzwi. Tak nie dzwonią przyjaciele.

Milicja, myślę.

— Milicja? — pyta mama bezbarwnym głosem.

Jestem bardzo spokojna, nie płaczę. Czuję, jak wargi drętwieją mi z zimna, są lodowate i nie mogę nimi poruszać.

Uczepiam się tylko mocno ramienia mamy i wiem jedno: nie pozwolę jej iść samej, pójdę z nią wszędzie, wszystko jedno dokąd.

Dzwonek dzwoni ponownie, wujek otwiera drzwi — to jakiś nieznajomy mężczyzna, nie milicja.

Stoi później pośrodku naszej kuchni, a wszyscy wpatrują się w niego nieruchomo. Nie jest wysoki ani niski, ma coś na głowie — czy to był kapelusz, czy czapka? Potem, gdy już sobie poszedł, nikt nie potrafił powiedzieć, jak wyglądał. Nawet ja, która tak dobrze umiem zapamiętywać ludzi. Wydaje mi się, że miał dość szczupłą twarz, bardzo cienki i długi nos — jak Śmierć w jasełkach — ale również tego nie jestem całkiem pewna. Wiem tylko, że połowę twarzy ukrywał za wysoko podniesionym kołnierzem i że się bał. Zawsze poznaję, kiedy ludzie się boją.

Patrzy na trzy siedzące przy stole kobiety.

— Pani Liebling? — pyta.

Mama wstaje, jedną ręką chwyta się za serce.

Nieznajomy dość długo opróżnia portfel, szuka czegoś, znajduje małą karteczkę — wszystko to trwa całą wieczność. Potem wciska ją mamie do ręki. Mówi coś, ale tak niewyraźnie, że nie jestem w stanie nic zrozumieć — zaledwie jedno słowo: Montelupich.

— Kiedy pan wyszedł z więzienia? — pyta mama.

— Dzisiaj rano...

Po chwili wszyscy zaczynają go o coś wypytywać, mówią jeden przez drugiego — on jednak nie ma ochoty odpowiadać.

— Jest pan pewien, że tam go zabrali? — pyta mama ponownie.

— Do celi, na Montelupich... tak.

— A mój mąż, czy on coś jeszcze powiedział?

— Nie, tylko szybko podał mi to na korytarzu, wie pani, gdyby zauważyli, dostałby bicie.

Mama bez słowa bierze karteczkę, trzyma ją w ręce. Wygląda to tak, jakby bała się przeczytać, podaje ją więc wujkowi.

— Muszę już iść — mówi mężczyzna i wykonuje palcami gest, który przypomina liczenie pieniędzy. — Mąż powiedział, że pani będzie wiedziała, co robić...

Wujek Stefan pośpiesznie szuka pieniędzy, po czym wciska mu banknot do ręki.

Nieznajomy składa go starannie.

— Muszę znikać — mówi jeszcze. — Jakby co, to się nie znamy, nigdy mnie państwo nie widzieli...

I wychodzi.

Dopiero teraz wszyscy dorośli pochylają się nad tą małą karteczką i oglądają ją dokładnie. Wygląda tak, jakby oderwano ją z pudełka papierosów.

Widnieje na niej tekst napisany małymi drukowanymi literami:

JESTEM NA MONTELUPICH, ZDROWY, NIE MARTW SIĘ, JEŚLI TO MOŻLIWE, PRZYŚLIJ CUKIER I MYDŁO, KOCHAM WAS. DUD.

185

Mama zawsze nazywała go Dudek albo Dud — takie pieszczotliwe imiona.

— To jego charakter pisma — stwierdza stanowczo wujek Stefan.

Mama nie jest w stanie powiedzieć ani słowa, a kiedy wszyscy wychodzą, od razu posyła mnie do łóżka. Śpimy wspólnie w jednym pokoju. Jej łóżko stoi z lewej, moje z prawej strony. Wskakuję szybko pod kołdrę, zamykam oczy i staram się myśleć o czymś pięknym. Jakiś czas później wyrywa mnie ze snu dziwny odgłos. Mama stoi przed swoim łóżkiem — plecami do mnie. Szlocha rozpaczliwie... a potem pada na kolana, jakby nogi ugięły się pod nią niczym dwie gałęzie, chowa twarz w poduszkach — widzę tylko jej rozedrgane plecy. Przez cały czas trzyma w ręce karteczkę od taty.

Tak jak teraz — klęczącą przed łóżkiem i płaczącą — będę widywała ją częściej, z oczami zakrytymi dłońmi w typowy dla niej sposób... będę musiała ją pocieszać, choć sama nie wiem jak, bo powoli kończą mi się wszystkie myśli niosące pociechę. Wtedy, podczas wojny, nie płakała tyle co teraz, myślę. Mam wrażenie, że podczas wojny płacz był zabroniony.

Rano budzę się z tą samą myślą, z jaką wieczorem zasypiałam: ojciec siedzi w więzieniu na Montelupich. Bardzo dobrze pamiętam tę nazwę z czasów okupacji niemieckiej. Zabierali tam wielu ludzi, których aresztowali na ulicy — także Żydów, jeśli złapali ich gdzieś z fałszywymi dokumentami albo ukrytych u obcych ludzi. Zabijano ich tam albo wysyłano do obozu i mordowano. Wiem to bardzo dokładnie, bo dorośli ciągle o tym mówią. Kiedy wojna się skończyła — opowiadają — Niemcy wrzucili bombę do więzienia, tam gdzie siedziało wielu Żydów, i wszystkich zabili.

Teraz mama chciałaby wydostać ojca z Montelupich, ale nie wie, jak się do tego zabrać.

— Muszę zacząć chodzić od urzędu do urzędu i dowiedzieć się, kto zajmuje się sprawą taty — wyjaśnia mi.

Gdy tego dnia wracam ze szkoły do domu, już na mnie czekają. Mama ubrana do wyjścia i ciocia Ela, która siedzi obok niej. Znalazły: to prokurator — jego nazwisko brzmi Litewka.

— A może to kobieta? — pyta ciocia Ela z powątpiewaniem — brzmi jak nazwisko kobiety…

— Nie wiem — mama wydaje się stropiona — tego mi nie powiedziano…

— W każdym razie będzie dobrze, jeśli weźmiesz ze sobą dziecko — rozstrzyga ciocia Ela, jakby i tak nie było jasne, że pójdę razem z nimi. — Może się ulituje — wzdycha.

— Zjedz coś przedtem — mama stawia przede mną pełny talerz.

Jak zwykle z trudem przełykam kilka kęsów, żeby przez cały czas o tym nie mówiła. Ona i ciocia Ela siedzą naprzeciw mnie i pełne oczekiwania przyglądają się, jak jem — a kiedy tak patrzą, dopiero wtedy naprawdę nie mogę przełknąć ani okruszyny… Dzięki Bogu musimy już wyjść. Do tego prokuratora — jest to, jak przypuszczam, jego zawód.

Siedzimy całą wieczność na drewnianej ławce w korytarzu jakiegoś urzędu i czekamy.

Panuje tu mrok — wysoko na suficie wiszą żarówki, dające słabe i migotliwe światło. Ściany są pomalowane na żółto, ławki brązowe, poza tym nie ma niczego ciekawego, na co można by popatrzeć. W rogu stoi spluwaczka — usiłuję na nią nie patrzeć, bo od razu czuję mdłości. Na końcu korytarza wisi zegar, ale wydaje się, że jego wskazówki w ogóle się nie poruszają.

Ludzie wchodzą i wychodzą, prawie nie zwracają na nas uwagi. Na ich twarzach maluje się zmęczenie lub złość i bardzo im dokądś śpieszno. Albo siadają na jednej z ławek, palą, wzdychają i spluwają do spluwaczki. A później sobie idą.

Mama przez cały czas obserwuje drzwi z podanym nam numerem. Podobno siedzi tam ktoś, do kogo musimy się dostać. Za każdym razem, gdy drzwi się otwierają, mama wstaje i ciągnie mnie za rękę. A potem okazuje się, że tego człowieka wcale tam nie ma, tylko jakiś inny, i trzeba jeszcze raz szukać, biegać tam i z powrotem, schodami w górę, schodami w dół, jeszcze raz przez cały korytarz, tyle że piętro wyżej. Znowu siadamy na ławce — siedzimy i siedzimy. Mama jest jak odrętwiała — patrzy tylko na drzwi. Ma czerwone plamy na twarzy i niestrudzenie obraca obrączkę na palcu.

Opieram głowę na jej ramieniu; jestem tak zmęczona, że powoli zasypiam. Wtedy drzwi się otwierają — możemy wejść…

Prokurator nie jest kobietą, to krępy mężczyzna o wysokim głosie. Siedzi za biurkiem, ma małe różowe ręce o grubych palcach, które ciągle składa i ponownie rozkłada. Zerka na nas przez bardzo grube okulary, wskutek czego wygląda tak, jakby jego oczy były daleko stąd — jakby należały do jakiejś innej twarzy.

Potem długo szuka czegoś w stercie leżących przed nim papierów. Przy biurku stoją dwa krzesła, ale prokurator wcale nie proponuje nam, abyśmy usiadły. Grzebie tylko w tych swoich papierzyskach, podczas gdy mama bardzo szybko i natarczywie mówi do niego. Wcale nie wiem, czy on jej naprawdę słucha. Mnie w ogóle nie zaszczyca spojrzeniem. Mama mówi i mówi — ale mężczyzna potrząsa przecząco głową, rozumiem więc, że mamy wyjść.

Tak długo czekałyśmy, a teraz każe nam sobie iść. Kiedy się ociągamy, wskazuje ręką drzwi.

Mama mówi do niego jeszcze kilka słów, bardzo cicho, a potem rozgląda się po pokoju. Na wieszaku wisi palto prokuratora — mama otwiera torebkę, wyjmuje niebieską kopertę i szybko wsuwa ją do kieszeni palta.

Mężczyzna wstaje, ich spojrzenia się spotykają. Później robi kilka kroków do przodu i dwoma palcami wyjmuje kopertę z kieszeni.

— A o tym — mówi słodziutkim głosem — lepiej od razu zapomnijmy.

Wygląda to tak, jakby chciał oddać mamie kopertę, ale nie, on tylko błyskawicznie wsuwa ją do wewnętrznej kieszonki marynarki.

Wieczorem w domu mama opowiada wujkowi o naszym dzisiejszym niepowodzeniu.

— Niczego nie obiecał, ale też niczego naprawdę nie odmówił — mówi z powątpiewaniem — no i wziął kopertę — dodaje, rzucając wujkowi określone spojrzenie, jakbym nie wiedziała, że w tej kopercie były pieniądze.

Mnie nikt o nic nie pyta, ale nie wydaje mi się, żeby ten człowiek — ten prokurator — chciał wypuścić naszego tatę na wolność.

Milczą długo, zastanawiają się. Usiłują wymyślić, kto jeszcze mógłby nam pomóc. Kto zna kogoś we władzach, kto może coś zrobić, kto ma jakieś „dojście"? Wymieniają nazwiska wielu ludzi, którzy pewnie mogliby pomóc — a może jednak nie? A potem to nazwisko: „Aschenhütter".

— Tak, tak — mówi mama w zamyśleniu — gdyby Aschenhütter mógł zająć się tą sprawą... To był dawniej bardzo ważny człowiek w mieście. Czy ma jeszcze kancelarię na Floriańskiej?

Aschenhütter... Ze skomplikowanej rozmowy dorosłych wyławiam jedno znane mi słowo: Hitler. Czy znowu musimy iść do Hitlera? Przecież on nie żyje.

— „Hütter" — mówi mama — nie „Hitler" — to adwokat. Znał jeszcze twojego dziadka.

Nazajutrz wybieramy się do pana Aschenhüttera. Jak zwykle nie chciałam zostać w domu sama i jak zwykle mama mi uległa. Teraz idzie bardzo szybko — zauważam jej napięcie i to, że wcale nie ma ochoty rozmawiać.

— Czy ten pan wydostanie wreszcie naszego tatusia z więzienia?

— Musisz się ładnie przywitać — mówi mama w odpowiedzi. — Musisz powiedzieć: Dzień dobry, panie mecenasie. Tak się mówi do adwokatów: panie mecenasie.

W mieście jest już szaro i mglisto. Pojedyncze krople deszczu spadają z nieba. Zapalają się właśnie uliczne latarnie. Światło zatacza żółte kręgi w białawym powietrzu.

Skręcamy w ulicę Floriańską, na której jest mnóstwo sklepów. Z chęcią pooglądałabym wystawy, ale mama trzyma mnie mocno — jesteśmy już trochę spóźnione. To bardzo stary dom — z lewej strony przed drzwiami wejściowymi wisi duża, zakurzona tabliczka z metalu, a na niej widnieje napis: dr Fryderyk Aschenhütter — adwokat — drugie piętro.

Ciemny korytarz — cuchnie kwaszoną kapustą i węglem — potem trzeszczące drewniane schody, gdzieś daleko małe światełko. Wspinamy się po nich. Wysoki, ubrany na ciemno mężczyzna stoi już na górze i otwiera drzwi. W głębi mojej duszy czai się dawny lęk.

Mężczyzna ma gęste, białe włosy i głos rozbrzmiewający w całym pomieszczeniu. Jest trochę zdziwiony moją obecnością, ale pozwala mi zostać.

— Ależ naturalnie, łaskawa pani, nic nie szkodzi!

Zajmuje miejsce przy ogromnym biurku, mama naprzeciw niego. Ja siadam na starej skórzanej sofie w rogu pokoju, gapię się na ściany, od podłogi do sufitu pokryte książkami. Czy on je wszystkie przeczytał? Duży zegar ścienny ze złotymi wskazówkami wydaje z siebie donośne dźwięki, a potem bije głośno i metalicznie — brzmi to podobnie do głosu adwokata.

— Dobrze pamiętam pani rodziców — mówi Aschenhütter do mojej mamy i zapala papierosa, którego upycha w srebrnej lufce. — Pani ojciec, wytworny człowiek — pewnie oni oboje...

— Poszli do komory gazowej — wyjaśnia mama bezbarwnie — w Bełżcu.

— To straszne, straszne — mówi mecenas i pociąga papierosa — a teraz jeszcze pani mąż... aresztowany. Proszę o tym opowiedzieć! O co go obwiniają? Co mu zarzucają?

— Zarzucają? Panie mecenasie, byliśmy właśnie w górach, na urlopie, tego lata. — Mama opowiada bardzo pośpiesznie, jej głos drży. — Po raz pierwszy z dzieckiem, po tym wszystkim, po całej tej strasznej wojnie. Dawidowi, wie pan, udało się jeszcze w ostatnim roku uciec z Oświęcimia.

— Urywa. — A potem przyszli i zabrali go. Nie przedstawili mu w ogóle żadnych zarzutów. Długo nie wiedziałam, gdzie jest. Później powiedziano mi, że siedzi na Montelupich...

Mama wyciąga rękę i podsuwa adwokatowi zmięty kawałek papieru, który dostała od taty z więzienia.

— ...wie pan, tam, gdzie dawniej było gestapo...

192

Zaczyna płakać, coraz gwałtowniej, coraz bardziej niepohamowanie. Wstaję. Widziałam już mamę, jak płacze, ale jeszcze nigdy nie widziałam jej tak rozpaczającej. Opiera czoło o lśniący pulpit biurka i zdaje się rozpływać w szlochu.

Wysoki mężczyzna wstaje, pochyla się ku niej, chce dotknąć jej ramienia, ale cofa rękę. Podchodzę bliżej. Przez chwilę stoimy oboje bezradni naprzeciw mojej skulonej, zapłakanej mamy.

— Pani Teofilo, proszę, niech się pani weźmie w garść — mówi wreszcie adwokat, spoglądając na zegarek — mam niewiele czasu.

Twarz mu purpurowieje i jest najwyraźniej zagniewany. Czy nas teraz wyrzuci? Podchodzę jeszcze krok bliżej do mamy, biorę ją za rękę, gładzę po włosach.

— Mamo!

Moje ręce mają jakby magiczną moc. Mama szybko się uspokaja. Wyciągam z kieszeni brudną chusteczkę do nosa i wciskam jej do ręki. Rozmawiają dalej, a ja rozumiem tylko pojedyncze słowa. Donos, oskarżenie, błąd, pomyłka, prokurator...

— Żeby pani tylko nie trafiła na tego prokuratora o kobiecym nazwisku. On jest najgorszy — mówi Aschenhütter.

A potem słowo „widzenie".

— Gdyby przynajmniej było możliwe widzenie, panie mecenasie — błaga mama i składa ręce.

Siwowłosy mężczyzna zapala kolejnego papierosa. Rozmawiają i rozmawiają całą wieczność. Ja wiercę się na skórzanej sofie. Zegar znowu wydaje z siebie głębokie „bumm"...

W końcu mama wstaje i jeszcze raz czyści sobie nos. Mecenas odprowadza nas do drzwi, jego ogromna postać wypełnia całą futrynę, włosy lśnią srebrem w ciemności.

— Zobaczymy, co da się zrobić — mówi.

W ciągu następnych tygodni będziemy jeszcze kilka razy wchodzić i schodzić po tych schodach. On zawsze będzie stał w drzwiach i mówił na pożegnanie: „Zobaczymy, co da się zrobić".

Tymczasem na ulicy zapadł zmrok, mgła miesza się z żółtym światłem gazowych latarń, tworząc nieprzejrzystą maź. Pada ulewny deszcz, brodzimy w ogromnych kałużach. Ludzie idą szybko, chowają głowy w ramiona, wysoko podnoszą kołnierze.

Brnę w małych bucikach po kałużach brudnej wody, która rozpryskuje się na wszystkie strony. Jeszcze dość daleko do domu. Zimno mi.

— Idź szybciej, to będzie ci cieplej — radzi mama bezwiednie — całkiem zatopiona w myślach.

Zaraz zacznie mówić o jedzeniu, myślę.

— Gdybyś więcej jadła, nie marzłabyś tak szybko — dodaje rzeczywiście — ale ty prawie nic nie jesz!

— Mamo! — Przystaję na ulicy i usiłuję spojrzeć jej w oczy. — Czy pan Aschenhütter... mecenas... uwolni tatusia z więzienia?

— Jutro musimy jeszcze raz do niego pójść — odpowiada mama i ciągnie mnie za rękę. — Wiesz dobrze, że tatuś jest niewinny, nikomu nie zrobił nic złego...

Z niedowierzaniem potrząsam w ciemności głową. Ona przecież wie, że trzeba iść do więzienia, gdy jacyś mężczyźni przychodzą po człowieka, nawet jeśli nie zrobiło się nic złego.

Marznę coraz bardziej i coraz bardziej zwalniam kroku. Uda od wewnętrznej strony palą jak ogień. Mama energicznie ciągnie mnie dalej.

— Co z tobą, Roma? Musimy wracać do domu.

Kroczę obok niej na szeroko rozstawionych nogach, staram się iść szybciej, utykam w kałuży. Mama się zatrzymuje.

— Co ty tak dziwnie idziesz — pyta — znowu zrobiłaś w majtki?

Klęka przede mną, unosi mój płaszczyk, spódniczkę. Majtki z wełny, wydziergane na drutach, są całkiem przemoczone i sztywne z zimna, w dotyku przypominają tarkę. Uda mam starte do krwi, mokre buty i pończochy.

— Dlaczego, Roma? Taka duża dziewczynka!

— Bo u mecenasa... nie wiedziałam, gdzie jest toaleta...

— Ale tobie to się częściej zdarza. — Mama bezradnie rozkłada nade mną ręce. — Siusiasz też do łóżka, chyba muszę pójść z tobą do lekarza...

— Z nią jest coś nie w porządku, musisz iść z nią do doktora — powiedział kiedyś wujek Stefan. — Spójrz na to dziecko, całymi dniami przesiaduje w kącie, nie rusza się, tylko czyta — to nie jest normalne...

— Mamo, ale nie opowiadaj tego wujkowi — proszę cicho i błagalnie.

W domu dostaję gorącą herbatę malinową i termofor na brzuch. Nie muszę też iść do lekarza, gdyż następnego dnia lekarz przychodzi do mnie.

Nazajutrz rano budzę się z wysoką gorączką. Całe ciało mam rozpalone. Ale skóra jest zimna i dziwnie obca. Zadowolona wyciągam się w łóżku, bo lubię chorować. Lubię mieć gorączkę. Lubię pogmatwane myśli, które przemykają mi przez głowę i od razu znikają — kolorowe obrazy, które przebiegają przed moimi zamkniętymi oczyma, biegną i biegną, prawie tak jak w tym kinie, do którego zabrała mnie kiedyś moja kuzynka. Lubię chorować, ponieważ wtedy jestem znowu bardzo ważna dla mamy — przestaję być tym komicznym, niezgrabnym dzieckiem, które może nie jest całkiem normalne, z którym ma się tylko same kłopoty i które na dodatek robi jeszcze w majtki. „Ma prawie siedem lat, wyobraź to sobie" — powiedziała mama do swojej przyjaciółki, ciotki Jadwigi. O nie, kiedy zachoruję, od razu jestem dla wszystkich bardzo ważna. Znowu mnie lubią, jak prawdziwą księżniczkę.

Tak, pięknie jest być chorą. Popijam małymi łykami herbatę malinową i znowu pogrążam się w malignie. Mama siedzi z ciotką Jadwigą przy stole i rozmawia. Ciotka jak zwykle wpadła „na chwileczkę", a potem oczywiście została na długo. Rozmawiają o mnie i naturalnie o moim ojcu oraz o wizycie u adwokata. Jadwiga przyniosła mamie piękny różowy kwiat w doniczce. Nazywa się „prymulka", bardzo lubię ten kolor. Doniczka jest owinięta w ciemnozieloną karbowaną bibułę.

— A to dla chorej — mówi Jadwiga i wciska mi do ręki jakąś paczuszkę. — Innemu dziecku przyniosłabym czekoladę, ale ty przecież wcale nie jesz. Jakim cudem chcesz urosnąć? Co ty wyprawiasz? — dodaje z przyganą.

Nie zamierzam jej odpowiadać, nie lubię tej ciotki. Jest ruda, zgryźliwa i stanowczo za głośno mówi. Ale paczuszka jest owinięta w taki piękny papier. Rozwijam ją, są to kredki. Kocham kredki — rozkładam je przed sobą na kołdrze i maluję na papierze różową prymulkę w zielonej doniczce stojącą na parapecie, a z tyłu błękitne niebo. Wszystko jest takie piękne, że nagle zbiera mi się na płacz. Łzy spływają na papier, ale szybko wysychają i nikt tego nie zauważa w moich oczach płonących od gorączki.

— Opowiedz teraz wreszcie, co powiedział Aschenhütter — prosi niecierpliwie Jadwiga moją mamę.

Słowa, które potem następują, są jak refren i kołyszą mnie do snu: prokurator, wyrok, błąd — i jeszcze to piękne słowo: „widzenie". A może tylko „paczka".

Później znowu budzi mnie szmer głosów, uczucie ciasnoty, wrażenie, że ktoś mnie chwyta — strach, jak dawniej w getcie. I rzeczywiście — wszyscy stoją wokół mojego łóżka: ciotka Jadwiga, wujek, sąsiadka.

Mama siedzi obok mnie i zasłania twarz rękoma.

— Już nie mogę — szepcze — ja już dłużej nie mogę. Popatrzcie na to dziecko, ona jest strasznie chora.

Podnoszą kołdrę — widzę swoje nogi, ręce, brzuch — wszystko usiane ciemnoczerwonymi krostami.

— Wyglądam jak muchomor — usiłuję się jeszcze słabo uśmiechać.

Potem jednak dostrzegam przerażone oczy mamy i jej drżące dłonie.

— Wezwij doktora Ferstera — mówi wujek.

Doktor jest niewysoki, ma ciemne włosy i łagodny uśmiech. Siedzi przy moim łóżku, patrzy na swój okrągły złoty zegarek, podczas gdy jego palce obejmują mój nadgarstek.

— Z tym pęcherzem... no, jakoś sobie z nim poradzimy — uspokaja mamę — to się zdarza małym dziewczynkom — mruga do mnie — ...a tej wysypki... dostała chyba na skutek... — wędruje oczami po pokoju, zatrzymuje wzrok na moim rysunku, a potem zawiesza go na kwiatku stojącym na parapecie. — No tak! — mówi to tak głośno, że podrywam się w łóżku ze strachu — ależ naturalnie, prymulka. Dziecko ma uczulenie na prymulkę — obwieszcza niczym jakieś ważne przesłanie.

Kwiat zostaje wciśnięty sąsiadce do ręki.

— Ale gdzie — mówi sąsiadka energicznie — ja go nie wyrzucę, taki piękny kwiat, zaniosę go do kościoła.

Znowu zamykam oczy i wyobrażam sobie piękną figurę Najświętszej Marii Panny z Dzieciątkiem w kościele, całą w czerwonych krostach, podobnie jak ja.

Doktor pozostaje jeszcze przez chwilę, rozmawia z mamą o innych sprawach, o teatrze, o czasach przedwojennych — jakie były dobre. Przysłuchuję się obojgu z zamkniętymi oczami. Opowiadają sobie jeszcze o ostatniej premierze teatralnej. Sztuka nosi tytuł *Penelopa*. Mama zabrała mnie ze sobą i byłam zachwycona. Rozmawiają też o aktorce Zofii Jaroszewskiej.

— Największa, jaką mamy — mówi mama z uznaniem.

— Ja też będę aktorką, gdy dorosnę — wołam naraz głośno i wyraźnie i sama dziwię się sile własnego głosu — chciałabym zostać Zofią Jaroszewską.

Mama uśmiecha się zakłopotana, a potem jeszcze coś przychodzi jej do głowy.

— Dziecko w ostatnim czasie nic nie je, prawie w ogóle. Nie wiem, jak mam ją zmusić...

— No, to chyba jakiś problem z trawieniem, damy jej coś — doktor wypisuje receptę — ...coś z pepsyną.

— A może to nerwy? — pyta matka niepewnie.

— Nerwy? U dziecka? A kto to kiedy słyszał? Wkrótce wyzdrowieje — mówi do mamy i znowu do mnie mruga. — Ale niech pani prześwietli jej płuca... usłyszałem w nich jakieś szmery.

— Gruźlica? — pyta mama szybko i przesuwa ręką po ustach.

Doktor potakuje głową.

— Niewykluczone.

Przy drzwiach mama usiłuje wcisnąć mu zwitek banknotów do ręki, ale on się przed tym wzbrania.

— Przecież wiem, że pani mąż jest w więzieniu — mówi łagodnie — niech pani zachowa to na później.

Znowu minęło wiele dni. Na dworze zrobiło się jeszcze zimniej, kałuże deszczu często zamarzają. Ja już prawie wyzdrowiałam, nie mam gruźlicy i muszę wrócić do szkoły.

Podczas codziennych posiedzeń przy naszym stole kuchennym dorośli nadal niczego nie wymyślili, nie ma widoków na ocalenie ojca.

— Gdyby przynajmniej można było posłać mu jakąś paczkę — mówi ciotka Jadwiga praktycznie. — Cukier, mydło i wszystko, czego może potrzebować.

— Przecież ja bez przerwy próbuję — wyjaśnia mama znużonym głosem — ale oni odmawiają.

Ciotce Jadwidze przychodzi na myśl pewien przelotny znajomy, który mógłby się przydać. Ma na imię Staszek. Był dawniej strażnikiem więziennym czy kimś takim — ale już tam nie pracuje. Może on miałby jakieś „dojście"?

— Taki facet zrobi wszystko za pieniądze — mówi wujek.

Mama kiwa potakująco głową.

— Mam wrażenie, że on jest teraz szpiclem, tajniakiem — ciotka Jadwiga ścisza głos. — I mógłby pomóc, bo „bierze".

Ktoś, kto „bierze" — pamiętam to dobrze jeszcze z czasów wojny — to człowiek, którego za pomocą pieniędzy albo kosztowności można skłonić do tego, żeby komuś pomógł.

Mama znowu pilnie szuka ludzi, którzy „biorą".

Z panem Staszkiem umawiamy się na Plantach, w pobliżu uniwersytetu. W tych czasach ludzie spotykają się często na ławkach w parku. Nie ma wielu kawiarń, a te nieliczne są przepełnione. Nie wiadomo, kto obok kogo siedzi — w parku jest bezpieczniej.

Nieznajomy ma czapkę z daszkiem naciągniętą głęboko na oczy i ciemną kurtkę z grubego samodziału. Pali jednego papierosa za drugim i wygląda dokładnie tak, jak mężczyźni, których zawsze staramy się unikać. Wystają przed dworcem albo przy budkach z piwem. Kiedy mama ich widzi, przechodzi szybko obok i mocniej ściska moją rękę. Boi się takich ludzi.

Teraz siedzi obok tego pana Staszka i uśmiecha się swoim najbardziej uwodzicielskim uśmiechem. Również pan Staszek wita ją bardzo uprzejmie pocałunkiem w rękę. Mnie gładzi kilka razy po głowie:

— Ma pani śliczną córeczkę...

Na jego dużych czerwonych dłoniach widzę mnóstwo piegów — odsuwam się od tych rąk — na sam koniec ławki.

Mama od razu zaczyna opowiadać historię, którą już tak dobrze znam: niewinnie aresztowany, żadnych wieści, Montelupich...

Pan Staszek nawet nie wysłuchuje jej do końca:

— Dobrze, łaskawa pani, zobaczymy...

…„co da się zrobić" — szepczę odruchowo na swoim końcu ławki.

Pan Staszek woli opowiedzieć nam coś o sobie; zadaje sobie trud, by wyrażać się wytwornie.

— Wie pani, łaskawa pani, pracowałem w „resorcie karnym". Znają mnie tam — mówi z pewną dumą.

Brak mu z przodu kilku zębów i mówiąc, pluje.

— Mam dobre kontakty, rozumie pani?

— A czym się pan teraz zajmuje? — pyta mama uprzejmie.

Pan Staszek macha ręką:

— To nie była dość inteligentna praca dla mnie. Rozglądam się teraz trochę. Zawsze są jakieś możliwości… w naszych czasach.

Pan Staszek niczego nie obiecuje. Chce się jeszcze „trochę rozejrzeć".

— Spotkamy się tu znowu na ławce? — pyta mama.

— Nie, lepiej nie tutaj. Nikt nie powinien widywać nas zbyt często razem… lepiej wpadnę do pani.

Na pożegnanie jeszcze raz całuje mamę w rękę i znowu gładzi mnie po włosach. Mama chwyta mocno moją rękę i szybko się oddalamy — prawie tak, jakbyśmy chciały uciec. Ale pan Staszek zostaje, rozsiada się wygodnie na ławce i zapala kolejnego papierosa.

W ciągu następnych dni odwiedza nas kilkakrotnie w domu, wypija kieliszek wódki, czasem dwa, pali, opowiada o swoich kontaktach — znowu wychodzi.

Wreszcie pewnego dnia obiecuje dostarczyć ojcu paczkę do więzienia — albo przynajmniej spróbować.

— To będzie drogo kosztowało — wzdycha.

— Wiem — mówi mama — wiem.

— Niech pani przygotuje paczkę, nie za dużą — mówi — świeże ubrania, lekarstwa. Może cukier? Jutro po nią przyjdę.

Żegna się jak zwykle pocałunkiem w rękę.

Nazajutrz — paczka leży przygotowana na stole — mama wchodzi do pokoju, w kapeluszu i płaszczu. Jest bardzo zdenerwowana.

— Roma, musisz mi pomóc — mówi błagalnie. — Musisz zostać w domu i dać temu panu paczkę. Proszę, ten jeden jedyny raz. Nie ma wyjścia. Bądź dużą dziewczynką! Zadzwonił mecenas, natychmiast muszę iść do niego. Prawdopodobnie ma wiadomość od tatusia. Proszę, zostań w domu, bądź grzeczna. Poprosisz tylko pana Staszka uprzejmie do pokoju i wręczysz mu tę paczkę. To wszystko. Przecież jesteś już duża.

Tak, jestem dużą, grzeczną dziewczynką.

— Możesz się wykąpać, umyć włosy, o tej porze jest zawsze gorąca woda — woła jeszcze od drzwi.

Właśnie wychodzę z wanny i suszę włosy, gdy dzwoni dzwonek.

— Nie ma mamy?

— Nie, ale paczka leży na stole…

Nie muszę wcale zapraszać pana Staszka do pokoju, sam po prostu wchodzi do środka. Rozgląda się.

— Jesteś całkiem sama? Biedne dziecko — nie ma nikogo w domu?

Kiwam przecząco głową.

Gładzi mnie po włosach.

— Kiedy mama wróci?

— Czy może napije się pan czegoś...?

Podchodzi do mnie, coraz bliżej, coraz bliżej.

Nigdy w życiu nie krzyczałam.

Przysuwa się do mnie całkiem blisko. Odchylam się do tyłu. Jeszcze jeden krok i jeszcze jeden... chwyta za poły mojego płaszcza kąpielowego, chce je rozewrzeć. Zrozpaczona przytrzymuję je mocno — z całej siły. Za mną jest już tylko okno, a przed nim łóżko.

Gdybym tylko umiała krzyczeć — niestety nigdy się tego nie nauczyłam. Staram się nie stracić równowagi, ale on spycha mnie na pościel. Jego twarz pochyla się teraz tuż nad moją. Czerwona i spocona. Dysząca. Wiem, że za chwilę stanie się coś strasznego. Najstraszliwszego. Mam wrażenie, że się duszę. Ściany spadają na mnie. Bronię się ostatkiem sił — chciałabym krzyczeć, krzyczeć — ale nie mogę.

Nigdy w życiu nie krzyczałam. W getcie nie wolno było krzyczeć. Mam zasznurowane gardło.

Jego ręce ściągają mi płaszcz z ramion, zaplątują się w pasku, rozrywają go. Moje dłonie są bezsilne...

Krzyk, który się wtedy rozlega, nie jest moim krzykiem. To nie mój głos.

— Ratunku! — woła ktoś. — Ty bandyto, ty zbrodniarzu! Ratunku! Milicja! Niech ktoś wezwie milicję!

Ten krzyk dobiega z klatki schodowej, z dołu.

— Ty pijanico, nie wpuszczę cię! Ratunku!

To sąsiedzi z drugiego piętra, którzy zawsze się kłócą, gdy mąż wraca pijany do domu.

— On mnie zabije — krzyczy histerycznie kobieta — ludzie, wezwijcie milicję!

Mężczyzna trzyma mnie z całej siły i nasłuchuje. Wreszcie jego ręce puszczają moje ramiona. To zaledwie krótka chwila, ale wystarcza, żebym się wyrwała. Okrywam się płaszczem kąpielowym, podbiegam do drzwi.

Mężczyzna dyszy, kaszle, odsuwa mnie na bok, chce wyjść, ale potem odwraca się jeszcze, zabiera paczkę ze stołu i znika.

Gdy mama wraca, leżę już w łóżku i udaję, że śpię. Mama rozbiera się po cichutku i wsuwa się do swojego łóżka, które stoi obok mojego. Wzdycha. A potem lekko dotyka mojego ramienia.

— Dziecko, może zdjęłabyś ten płaszcz?

— Nie, mamo. Jest mi zimno, marznę.

Mama już się nie odzywa. Słyszę tylko w ciemnościach, że płacze. Jak co noc.

— Mamo — szepczę. — Ten pan był tu dzisiaj…

— Tak? — pyta zmęczona — dałaś mu paczkę?

— Tak, mamo, zabrał ją.

Kiedy budzę się rano, dostaję naraz mdłości i muszę zwymiotować. Skulona kucam przed toaletą.

— Znowu jesteś chora?

Mama przykłada mi rękę do czoła. Ale nie mam gorączki.

Później spotykamy ciotkę Jadwigę, w domu staram się zostać z nią przez moment sam na sam. Muszę z kimś porozmawiać. Idzie do kuchni, ja za nią. Ukryta między kuchenką a zlewozmywakiem, usiłuję jej wszystko opowiedzieć. Ale mam dopiero siedem lat i brakuje mi właściwych słów, by wyjaśnić, co się wydarzyło.

Ciotka Jadwiga słucha dość nieuważnie, świdruje mnie jednak tymi swoimi przenikliwymi oczami.

— Co ty opowiadasz za historie? — Jest oburzona. — To wszystko kłamstwo, to nie może być prawda, sama to sobie wymyśliłaś. Ciągle wymyślasz jakieś dziwne rzeczy... Tylko nie opowiadaj o tym swojej matce. Ona ma teraz dość zmartwień.

Obiecuję jej to. Zresztą nie chcę już o tym w ogóle opowiadać. Później też nie. Nigdy.

Moja mama nigdy się o niczym nie dowiedziała.

W ciągu kolejnych miesięcy jem jeszcze mniej niż zwykle. Po prostu nie mogę. Mama usiłuje mnie karmić, ale to tylko pogarsza sytuację.

— Połykaj — mówi monotonnie jak automat — połykaj, połykaj...

Najbardziej lubię siedzieć w kącie i gapić się na ścianę przed sobą.

A kiedy dorośli płaczą, odwracam wzrok. Nie chcę płakać razem z nimi. W ogóle nie chcę już płakać — zachowuję się tak, jakby to wszystko wcale mnie nie obchodziło.

Czasem, kiedy nie wiem, co robić, biorę ołówek, wyrywam kartkę z zeszytu i rysuję.

Rysuję ciągle to samo: dom, przed domem rodzinę — tatę, mamę, dziecko.

Ludzie, których rysuję, wyglądają smutno, tak samo jak ja.

— Spójrz na siebie — mówi z przyganą wujek Stefan. — Przejrzyj się w lustrze. Jak ty wyglądasz? Blada, chuda i zawsze przeziębiona. Weź no się w garść. Czy twoja matka musi się o ciebie bez przerwy martwić...?

Wujek czeka chyba na odpowiedź, ale ja nie mam mu nic do powiedzenia.

— Czy nie rozumiesz, jak jej ciężko? — kończy zwykle nieco łagodniejszym tonem — bądź grzeczną dziewczynką. Teraz musisz być szczególnie grzeczna i dzielna. Rozumiesz?

O tak, muszę, wiem o tym. Grzeczna, miła i dzielna.

Tylko czasem — czasem chciałabym się po prostu rozpłynąć, aby w ogóle przestać istnieć.

ROZDZIAŁ VII

GRUDZIEŃ

Nie lubię chodzić do szkoły. Zwłaszcza teraz, gdy rano jest tak zimno. Najpierw trzeba napalić w piecu, a potem długo czekać, zanim kafle oddadzą trochę ciepła.

Również ubieranie ciągnie się w nieskończoność — muszę nosić wełniane majtki i wełniane rajtuzy, a także wełnianą czapkę. Czuję się w tym nieforemnym ubraniu gruba i sztywna, wszystko mnie uciska, gryzie i szczypie.

W naszej szkole jedno wielkie wariactwo. Ciągle słychać płacz — płaczą zarówno uczniowie, jak i czasem też, zupełnie niespodziewanie, nauczyciele. To żydowska szkoła, do której chodzą dzieci, które przeżyły. Ciągle powtarzane jest słowo „przeżyły". Wszystkich nas gdzieś ukrywano albo siedzieliśmy w obozach koncentracyjnych, czy też Bóg wie gdzie.

— Dzieci, przeżyliśmy takie straszne rzeczy, teraz weźcie się w garść... bądźcie grzeczne — upominają nauczyciele.

Dzieci nie są jednak grzeczne. Krzyczą, płaczą i chowają się przy każdym głośniejszym dźwięku. Noszą w sobie jeszcze tyle lęków z czasów wojny. Wszystkie wiele doświadczyły i wiele widziały, mają swoje tajemnice, ale o nich nie opowiadają. Są sprawy, o których się nie rozmawia. Każdy jest zamknięty w sobie.

Nie lubię większości dzieci. Wydają mi się zbyt dzikie i zwariowane.

Niektóre siedzą tylko w jednym miejscu, kiwając się w tył i w przód. Chłopcy biją się albo wykrzykują brzydkie słowa.

Jednego chłopca lubiłam. Był łagodny, cichy i sprawiał wrażenie delikatnego, jak dziewczynka. Podczas wojny ukrywał się w dziewczęcym przebraniu na wsi i teraz zachowywał się tak, jakby wcale nie był chłopcem.

— Po dziewczynce nie od razu można poznać, że jest Żydówką — wyjaśniał mi — ale nie całkiem to rozumiałam.

Lubiłam go, bo był bardzo miły i często się ze mną bawił. Myślę, że wolałby pozostać dziewczynką.

Ale już go z nami nie ma.

— Wyemigrował do Izraela — wyjaśniała zwięźle nasza nauczycielka, gdy ktoś o niego pytał.

Była tam też Janina z długimi gęstymi warkoczami, ją także lubiłam. Przeżyła wojnę u pewnej katolickiej rodziny, a kiedy zjawiła się jej żydowska matka, żeby zabrać ją do siebie, Janina wzbraniała się przed powrotem do własnego domu. W końcu nie miała innego wyjścia, musiała zostać ze swoją mamą Żydówką, nie chciała jednak chodzić do naszej szkoły.

— To żydowska szkoła — mówiła — a ja jestem katoliczką, wierzę w naszego Zbawiciela Jezusa Chrystusa, którego Żydzi ukrzyżowali.

Wiele rozmyślałam o tym, czy Janina ma rację, czy nie, ale nie mogłam spytać o to mamy, która teraz nie miała cierpliwości do takich rozmów.

Janina wygrała ze swoją mamą i chodzi do katolickiej szkoły.

W ostatnim czasie bawię się często z Łezką. Ta dziewczynka ma właściwie na imię Tereska, ale wszyscy ją tak nazywają, bo ciągle ma łzy w oczach. U nas w szkole dużo dzieci płacze, najczęściej jednak Łezka. Jej trochę wyłupiaste oczy są zawsze zaczerwienione, zapłakane, zaczyna łkać z byle powodu. W ogóle nie jest ładna — chuda, blada i ma mało włosów na głowie. Mimo to bawię się z nią, ponieważ ona również jest łagodna i cicha. Lubię łagodnych ludzi. Kiedy Łezka płacze, mogę ją pocieszać, dzięki czemu wydaję się sobie większa, silniejsza i zapominam, że jestem najmniejsza w klasie. Na dużej przerwie dzielimy się drugim śniadaniem. Ona dostaje ode mnie ciasto albo gotowane jajko — ja od niej jabłko. Świetna zabawa, to tak, jakby bawić się w „mamę, tatę i dziecko" — wtedy czujemy się jak w domu — daleko od szalejących, zdziczałych dzieci.

Jednakże pewnego dnia, gdy z drugim śniadaniem zawiniętym w serwetkę podchodzę do Łezki, ona odwraca się do mnie plecami, jakby mnie wcale nie zauważyła, i po prostu odchodzi. Zagubiona i bezradna biegnę za nią — czy mnie nie poznaje?

— Zostaw mnie w spokoju — mówi, sycząc, gdy próbuję złapać ją za rękę. — Idź sobie — wyrywa się — nie wolno mi się z tobą bawić.

— Dlaczego? — pytam zdumiona.

— Bo... — zaczyna, a w jej oczach już szklą się łzy.

Chwilę później mówi mi w twarz:

— ...twój tata siedzi w więzieniu, pewnie jest mordercą, moja mama powiedziała, że mam się trzymać od ciebie z daleka. Tak.

Chowa ręce w kieszeniach, żebym nie mogła jej ponownie złapać, odwraca się do mnie plecami i ucieka. Stoję jak wryta i długo za nią patrzę, aż jej głowa z rzadkimi włosami znika w tłumie dzieci.

Z pochylonymi plecami zaszywam się w jakimś kącie, gdzie nikt mnie nie widzi, i w samotności wypakowuję drugie śniadanie. Zaczynam jeść bez apetytu, suchymi wargami. Wpycham duże kęsy do ust i w pośpiechu połykam, nie zważając na to, z czym są kanapki. Ze złości zjadam po prostu wszystko za nas dwie — aż do ostatniego okruszka.

Wracając do domu, idę tak wolno i do tego stopnia jestem pogrążona w myślach, że potykam się o własne nogi. Mój tornister waży chyba całe tony. Zastanawiam się, czy opowiedzieć mamie o Łezce? Wydaje mi się, że nie powinnam tego robić, bo nie jest to coś, czego dorośli lubią słuchać, nikt zresztą nie ma teraz do tego głowy. Już to sobie wyobrażam. Mama długo by na mnie patrzyła swoimi wielkimi smutnymi oczyma, a potem zasłoniłaby twarz rękami i może by się nawet popłakała — nie mogę już na to patrzeć. Albo jeszcze gorzej. Włożyłaby płaszcz i pobiegłaby do mamy Łezki, aby z nią porozmawiać. To byłoby straszne.

Może wszystko to tylko moja wina, chyba Łezka i tak nigdy mnie nie lubiła...

Dzisiaj jednak mama zaskakuje mnie radosnym uśmiechem, pomaga mi się rozebrać i szybko czesze moje włosy.

Później prowadzi mnie do kuchni, gdzie siedzi jakiś nieznajomy w skórzanej kurtce. Nie jest wysoki, ale krępy, ma szerokie plecy i wesołą pobrużdżoną twarz z grubym czerwonym nosem, który wygląda jak truskawka. Chciałoby się za niego złapać. Mężczyzna nazywa się Wiktor Traubman.

— Kolega tatusia — wyjaśnia mama.

— Czy to Roma, Rominka? — woła pan Traubman i podnosi mnie wysoko.

Próbuję ukradkiem dotknąć palcem jego nosa; jest prawdziwy — to nie truskawka.

— Już jako chłopak grałem z twoim tatą w nogę — opowiada, stawiając mnie z powrotem na ziemi.

Pachnie papierosami i raz po raz zapala sobie nowego.

— Wtedy, gdy przyszłaś na świat, był z ciebie niesamowicie dumny, zabierał cię wszędzie ze sobą, w wózku, i pokazywał wszystkim dokoła.

— Ale to nie trwało długo — uzupełnia mama — miała dziewięć miesięcy, kiedy zaczęła się wojna...

— I masz takie same czarne, nieumyte oczy jak on — mówi Wiktor swoim głębokim, chrapliwym głosem. — Później, w obozie, kiedy byliśmy razem, dużo o tobie opowiadał.

Wiktor Traubman natychmiast deklaruje gotowość napisania oświadczenia, które potwierdziłoby niewinność mojego ojca. Wie również, że także inni ludzie je podpiszą.

— Wiktor, Wiktor, dlaczego ja cię nie odnalazłam wcześniej? Po prostu nie wiedziałam, gdzie mieszkasz — wzdycha mama.

— Za to ja was odnalazłem — uśmiecha się Wiktor i zapala kolejnego papierosa.

— Powiedz, Tosiu — mówi potem cicho, rzucając na mnie ukradkowe spojrzenie. — *Das Kind*? — pyta po niemiecku, abym nie zrozumiała, ale ja wiem, że chce zapytać o coś, czego nie powinnam usłyszeć.

Jednakże mama tylko macha znużona ręką.

— Ona wszystko wie, to już mała dorosła — mówi z rezygnacją.

— Co dokładnie powiedział ci prokurator? Co zarzucają Dudkowi?

Mama znowu opowiada długo o tym, co już tak dobrze znam: o zdradzie i współpracy z wrogiem, potem o pomyłce, a także o tym, że było kilku mężczyzn o nazwisku Liebling...

Przestaję słuchać, kładę głowę na stole i obserwuję duże, spracowane ręce Wiktora, które poruszają się niecierpliwie tam i z powrotem.

— To niemożliwe — potrząsa głową — niemożliwe — a potem mówi jeszcze coś o grupie.

— Był przecież w naszej grupie... bez niego nie zrobilibyśmy tych bomb...

Wspomina też o jakiejś bardzo ważnej decyzji...

Nie powinien opowiadać tak głośno o bombach, myślę, bo i on może zaraz trafić do więzienia. Siedzą bardzo długo, do późna w noc, piją herbatę i sporządzają listę ludzi, którzy powinni podpisać prośbę o zwolnienie mojego ojca. Jest już późno, a mama zupełnie zapomniała zmusić mnie do jedzenia. Bardzo dobrze. Słucham jednym uchem, o czym rozmawiają, ale już prawie zasypiam. Chcą znaleźć jeszcze jednego mężczyznę, któremu ojciec uratował życie.

— Niósł go na własnych rękach... sam widziałem — mówi Wiktor.

Tyle że nikt nie wie, gdzie szukać tego człowieka.

Wiktor odwiedza nas teraz bardzo często. Prawie co wieczór siedzi w kuchni. Bierze mnie na kolana, kołysze, jakbym była małym dzieckiem, i śpiewa kołysanki. Chciałabym mu powiedzieć, że już z tego wyrosłam, ale nie chcę go urazić, bo jest taki miły, silny i ciepły. I tak dobrze się w niego wtulić.

Sporządzili już długą listę ludzi, którzy mogą powiedzieć o ojcu same dobre rzeczy. Trzeba się tylko dowiedzieć, gdzie te osoby mieszkają. Mama i Wiktor raz po raz odczytują ich nazwiska, niektóre skreślają, bo wielu już nie żyje, dopisują nowe — nie mogę tego wszystkiego spamiętać. Tylko jedno nazwisko zapada mi w pamięć: Stefan Nędza. Brzmi to bardzo śmiesznie: jak mężczyzna może nazywać się „Nędza"?

Nadal też szukają człowieka, którego ojciec wyniósł na rękach — z baraku czy z jakiejś strzelaniny — już dokładnie nie pamiętam.

— Mogli Dudka za to rozstrzelać, to jasne — mówi Wiktor.

Gdyby tylko było wiadomo, czy ten człowiek jeszcze żyje i gdzie mieszka.

Nie zawsze nadążam za tym, o czym dorośli w ostatnim czasie rozmawiają. Na przykład o „ruchu oporu". Czy dobrze jest o tym mówić, czy lepiej nie?

— Rozstrzeliwują teraz ludzi z ruchu oporu, takie czasy nastały — mówi Wiktor do mamy bardzo cicho, żebym nie usłyszała.

A potem rozmawiają o „obciążeniu" i „odciążeniu". O tym, co mogłoby ojca „obciążać", a co „odciążyć". Ja już nie mogę tyle o tym myśleć, i tak coraz częściej boli mnie głowa.

Moim najmilszym zajęciem jest jak zwykle czytanie. Siedzę razem ze wszystkimi przy stole albo na swoim łóżku, jednym uchem słucham rozmów, bo może jednak pojawi się coś ważnego, a potem zagłębiam się w jakiejś książce lub gazecie. Często dostaję w prezencie książki dla dzieci, ale większość z nich wydaje mi się trochę nudna. Nowość, która dopiero co się ukazała, to *Porwanie w Tiutiurlistanie* — piękna książka dla dzieci z wieloma wesołymi ilustracjami. Ale dorośli śmieją się z niej bardziej niż ja.

Wolę czytać gazety. Robiłam to już w czasie wojny, u państwa Kierników, rodziny, która nas ukrywała. Tam zawsze leżała na stole gazeta — często ją oglądałam, kiedy całymi godzinami musiałam siedzieć cicho jak myszka pod miotłą. Obie — mama i ja — musiałyśmy milczeć i jak najmniej się poruszać, żeby nie usłyszeli nas sąsiedzi. Przeglądałam więc gazety i w taki sposób nauczyłam się czytać.

Teraz jest więcej gazet. Na przykład „Dziennik Polski" albo „Przekrój". „Przekrój" to tygodnik, w którym także znajduje się wiele obrazków, dowcipy i wiersze.

W gazetach można znaleźć o wiele ciekawsze rzeczy niż w książkach dla dzieci. Na przykład informacje o kartkach żywnościowych. Teraz dostaje się miesięcznie przydział:

chleba — 8 kg
mąki — 1,5 kg
kaszy perłowej — 1 kg
cukru — 0,5 kg

Dodatkowo dla każdego dziecka do dwunastu lat:

7 puszek mleka skondensowanego.

— Mamo — wołam — mamy jeszcze mleko w puszkach?

— A dlaczego pytasz? — odkrzykuje mama z nadzieją. — Jesteś głodna?

— Nie... tylko dostaniemy jeszcze siedem puszek...

Mój wzrok zatrzymuje się długo na pewnym rysunku — jest to twarz pięknej kobiety z długimi czarnymi rzęsami.

Piękne rzęsy zapewnia jedynie nowy tusz do rzęs „Krystyna"

— czytam tekst pod obrazkiem.

Zastanawiam się, jak mama wyglądałaby z takimi długimi rzęsami pomalowanymi tuszem?

Gdybym miała pieniądze, podarowałabym jej go.
W ostatnim czasie nie wygląda już wcale tak ładnie.

Fotografia innej pięknej kobiety, która przytrzymuje swoją długą białą suknię rozpostartą niczym wachlarz.

Żydowska pieśniarka Diana Blumenfeld daje koncert w teatrze Scala.

Wróciłam z obozu koncentracyjnego — szukam moich córek Broni i Róży. Hernig Olga, Lublin, ul. Piotra 5.

Dokarmianie dzieci. W szkołach będą rozdawane ciepłe obiady.

Czy ja też będę musiała je jeść?

Kto wie coś o losie mojej żony Blanki i córki Romy? Proszę o wiadomość, Łódź, ul. Józefa 99.

Roma — jak ja. Dziwne. Jak ona mogła wyglądać?

W Oświęcimiu znaleziono górę kobiecych włosów. Obliczono, że musiały pochodzić od około 140 tys. osób.

Szukam czternastoletniego chłopca — Henryka Gotesmanna, który zaginął w roku 1944. Wiadomość...

Nie czytam dalej, takich ogłoszeń jest bardzo wiele.

Protezy rąk i nóg — wykonuje tanio ortopeda...

Przypominam sobie tych wszystkich inwalidów, których widać teraz na ulicach, i groby poległych pochowanych na Plantach — trzeba bardzo uważać, bo na tych grobach nie wolno się bawić.

Na miejskich Błoniach odbył się wielki festyn ludowy...

Tysiące polskich dzieci nie może spać po nocach, ponieważ tysiące żołnierzy bez powodu strzela w powietrze. Czy wojna co noc na nowo się kończy...

* * *

Nie mamy już pieniędzy. To przecież jasne — musimy kupować jedzenie, węgiel, opłacać adwokata i wiele innych rzeczy. Mama znowu naradza się z ciocią Elą i wujkiem Stefanem. A potem wychodzi do miasta — przed południem sama, po południu ze mną. I od nowa dzwonimy do obcych drzwi, do obcych ludzi. Jak podczas wojny, kiedy szukałyśmy dla siebie schronienia — kryjówki. Teraz szukamy rzeczy. Swoich rzeczy, które zostawiłyśmy na przechowanie w różnych mieszkaniach.

Po drodze mijamy wiele kościołów, a ja nie wiem, czy wolno mi się przed nimi przeżegnać, czy nie. W czasie wojny miałam to robić. Teraz znowu nie. Ale robię — potajemnie — bardzo maleńki znak krzyża. Może i dzisiaj pomoże.

Jednakże ludzie, których odwiedzamy, potrząsają tylko przecząco głowami. Większość w ogóle nie wpuszcza nas do środka, uchylają zaledwie drzwi. Tego, co mówi mama, słuchają z nieuprzejmym wyrazem twarzy, a potem zatrzaskują nam drzwi przed nosem.

— O niczym nie mamy pojęcia — mówią.

Albo:

— Nie pamiętam.

Albo:

— Może moi rodzice coś by wiedzieli, ale oni już nie żyją.

Mama, całkiem wykończona, opowiada wieczorem cioci Eli:

— Wyobraź sobie, że moi rodzice zostawili na przechowanie u sąsiadów i znajomych prawie cały nasz dobytek. Srebra, dywany, obrazy i futra. Nawet fortepian. A teraz ludzie w ogóle tego nie pamiętają. Gdybym coś odzyskała i mogła to sprzedać...

— Co ty mówisz? — Ciocia Ela nie może tego pojąć. — Nie pamiętają nawet fortepianu? Przecież to nie jest tekturowe pudełko. Byłaś u właściwych ludzi?

— No oczywiście, przecież znam ich nazwiska. Pytałam — wzdycha mama. — A oni się tylko dziwili: Jaki fortepian?

— Za fortepian dostałabyś mnóstwo pieniędzy — oburza się ciocia Ela — to bandyci, złodzieje!

Mama tylko wzdycha. Smaruje kromkę chleba marmoladą, kroi ją na małe kawałki i zaczyna mnie karmić. Ale ja, jak to się często zdarza, odwracam głowę w bok.

— Ach, wiesz — mówi zmęczona do cioci Eli — oni po prostu nie spodziewali się, że wrócimy. Większość zresztą nie wróciła. Może powyprzedawali te rzeczy podczas wojny, bo sami nie mieli pieniędzy...

— Ale żeby fortepian... co to za ludzie? — prycha ciocia Ela.

— Nie wiem, nie wiem.

Mama w zamyśleniu wędruje wzrokiem gdzieś w dal, zapominając na chwilę o wsuwaniu mi do ust kęsów chleba.

— Inni ocalili przecież życie mnie i mojemu dziecku. Tobie też — chłopi na wsi. A Stefana ukrywała u siebie nawet Polka, żona niemieckiego oficera. Nie wolno nam o tym zapominać. Co w porównaniu z tym znaczy jakiś fortepian?

— Ale teraz mogłabyś go sprzedać i żyć za to przez jakiś czas.

— Kto wie, czy ktoś by go w ogóle kupił — broni się mama — w tych ciężkich czasach. A w moim ciasnym mieszkaniu tak czy owak nie wystarczyłoby dla niego miejsca.

— Chciałabym się nauczyć grać na pianinie, mamo! — wtrącam się. — Naprawdę.

Widziałam w teatrze, jak ktoś gra na pianinie, i zrobiło to na mnie ogromne wrażenie. Z wielką chęcią sama bym spróbowała...

Mimo wszystkich trudności chodzimy czasem do teatru.

— Trzeba się pokazywać wśród ludzi — mówi mama.

Ja jednak wiem, że ona kocha teatr, lubi aktorów, uwielbia siedzieć w pierwszym rzędzie na widowni, w białej bluzce z koronkowym kołnierzem, spiętym starą broszką. Chętnie zabiera mnie ze sobą.

— Mamo, proszę, gra na pianinie — czy mogłabym spróbować?

— Dobrze, dziecko, kiedyś, później.

Mama kiwa głową z roztargnieniem i wraca do swoich zwykłych myśli:

— Będę musiała znaleźć jakąś pracę, Elu.

Ze wszystkich wypraw do miasta w celu odnalezienia naszych rzeczy mama przyniosła jedynie dwa małe kilimy i pięć starych srebrnych łyżeczek do kawy. Kilimy od razu zawiesiła nad moim łóżkiem. Z zainteresowaniem oglądam łyżeczki — są na nich wygrawerowane nazwy miast: Wiedeń, Budapeszt, Strand Schloss Kolberg... Mój dziadek przywoził je z podróży. Nie używamy tych łyżeczek. Mama długo i czule poleruje je miękką szmatką. A później wkłada do serwantki — aby można było na nie popatrzeć.

Mama pracuje teraz w biurze, które kiedyś należało do mojego ojca. Otworzył je ponownie zaraz po wojnie, razem z przyjacielem — Dolkiem Horowitzem. Teraz wujek Horowitz prowadzi tę firmę sam. Mieści się ona na ulicy Tomasza, w samym środku miasta.

Wracając ze szkoły, od razu tam idę. Po południu szybko zapada zmrok, a ja brodzę z trudem po brudnym śniegu leżącym na ulicach. W biurze wolno mi usiąść z tyłu w kątku i czekać na mamę. Wujek Dolek jest dla mnie bardzo miły, zawsze daje mi w prezencie jakąś zabawkę. Często zagląda tu Wiktor Traubman, a także wielu innych znajomych ojca; ściskają rękę mamy, próbują pocieszać, wypalają papierosa i wychodzą. Kiedy mi się nudzi, dostaję papier i ołówek do rysowania. Rysuję zawsze ludzi — kobiety i mężczyzn. Nadaję im piękne imiona: Róża, Liliana, Alfred. Potem zakochują się w sobie, żenią i mają dzieci. Od razu je domalowuję.

— Dlaczego twoje ludziki zawsze tak smutno wyglądają? — pyta z powagą wujek Dolek.

Rozmawia ze mną poważnie, jak z dorosłą osobą.

— Nie wiem — wzruszam ramionami.

A potem staram się dorysować twarzom szerokie usta, wykrzywione w uśmiechu. Wygląda to jednak bardzo głupio, więc szybko drę papier.

— Wyjdź trochę na świeże powietrze — mama patrzy na mnie z troską — z dnia na dzień robisz się bledsza, ale wróć niedługo.

Chodzę ulicą Tomasza, Szpitalną i Szewską, oglądam witryny sklepów. Wkrótce poznaję wielu ich właścicieli — oni również znają moich rodziców. Jest tu sklep, w którym można naprawić wieczne pióro, sklep spożywczy z lepiącymi się landrynkami w słoju stojącym na wystawie, zegarmistrz, który nazywa się PŁONKA i potrafi naprawić wszystkie zegary, jakie tylko istnieją na świecie.

Później odkrywam sklep tuż obok nas, na rogu, i jest to coś najciekawszego, co do tej pory widziałam. Nazywa się ANTYKWARIAT, a stary mężczyzna — Żyd w okularach i z brodą — ma na nazwisko Taffet. Wewnątrz panuje mrok, więc za pierwszym razem nie za bardzo śmiem wejść do środka. Starzec, który siedzi w kącie i mamrocze do siebie coś pod nosem, wydaje mi się niesamowity. Ale słyszałam już, jak uprzejmie rozmawiał z mamą; mówili w jidysz, więc nic nie zrozumiałam, ale wiem, że dobrze się znają. Wchodzę jednak do tego sklepu i ostrożnie kroczę między książkami, których jest pełno dookoła. Są na półkach, od podłogi do sufitu, w stertach na podłodze, na ladzie, na parapecie — po prostu wszędzie. Są stare i cuchną tą starzyzną — mdły, słodkawy zapach. W kącie na podłodze piętrzą się dawne czasopisma. Książki nie interesują mnie aż tak bardzo, są zakurzone i mają śmieszne litery, których w ogóle nie umiem przeczytać. Właściciel natychmiast wyjmuje mi niektóre tomy z ręki, żebym ich nie zniszczyła, takie są kruche. Ale mój zachwyt budzi ta sterta starych ilustrowanych czasopism. Zagłębiam się w nich i zanurzam w całkiem inny świat.

Jest to świat pełen pięknych ludzi, którzy — odświętnie ubrani — wyglądają na szczęśliwych, wsiadają do samochodów, wybierają się na polowanie, tańczą albo po prostu tylko patrzą marzycielsko przed siebie. Panowie, ubrani często we fraki, mają kwiat w butonierce i gładko zaczesane włosy z przedziałkiem. Palą cygara, noszą zegarki z dewizką, lśniąco białe mankiety i wyglądają tak, jakby pachnieli bardzo dobrymi perfumami. A cóż dopiero kobiety — w długich błyszczących sukniach — ich blask widać nawet na pożółkłych fotografiach. Kunsztownie skręcone loki, kwiaty we włosach, wargi w kształcie serca. Dzieci — małe dziewczynki — są ubrane w sukieneczki z mnóstwem falbanek, związane w talii paskiem z kokardą, białe rękawiczki, lakierki. Otacza je zawsze dużo zabawek — lalki w wózeczkach albo małe pieski na smyczach.

Zafascynowana czytam o balach, przyjęciach, konkursach piękności. Oglądam mieszkania — stoły z białymi obrusami, srebrami i piętrzącymi się na nich stosami jedzenia. Czytam, że pani hrabina Syberg-Plater wygrała konkurs na najpiękniejszy stół ze śniadaniem wielkanocnym...

Oglądam szczęśliwe rodziny, ojców, matki i dzieci, na nartach w Davos, na plaży w Nicei albo pijących wodę leczniczą w Karlsbadzie. Dokładnie taką samą fotografię zrobiono mojemu ojcu, gdy miał dwadzieścia trzy lata: w białym garniturze i słomkowym kapeluszu, z kubkiem w ręce. Mój ojciec...

— Roma, szukam cię cały czas. Przeszkadzasz tu panu Taffetowi — mama stoi w drzwiach, ubrana do wyjścia — musimy iść do domu.

Z trudem i niechętnie wracam do swojego świata. Do zimna, wystawania w długich kolejkach, wiecznie takiego samego chleba z marmoladą i poszukiwań ojca, które co wieczór od nowa odbywają się przy naszym stole kuchennym...

— Śpij, Roma, śpij, dziecko — mówi mama.
— Odwróć się na bok i zamknij oczy.

Ona i ciocia Ela siedzą na łóżku mamy, pali się mała lampka nocna. Tym razem wyjątkowo nie płaczą, lecz szepczą coś do siebie i chichoczą. Ciotka Jadwiga przyniosła mamie wczoraj nową książkę. „Właśnie świeżo wyszła" — jak powiedziała — „żebyś się oderwała od swoich myśli" — dodała. Przez chwilę udaje mi się zerknąć na stronę tytułową. „Dr Th. Van der Velde — *Małżeństwo doskonałe — Co każdy mężczyzna i każda kobieta powinni wiedzieć o erotyce"*. Coś takiego też mnie bardzo interesuje.

— Mamo, co to jest erotyka? — pytam jeszcze szybko, ale nie uzyskuję odpowiedzi.

— Idź do łóżka — słyszę tylko.

Mama szybko kładzie książkę na gzymsie pieca kaflowego, żebym jej nie przeczytała. Tak wysoko nie dosięgnę, nawet stojąc na krześle.

Teraz, w nocy, mama czyta tę książkę z ciocią Elą, poszeptują między sobą i chichoczą. Widząc, że się poruszam, przestają czytać. Zmęczona, zamykam oczy.

Śni mi się, że znowu wybuchła wojna. Stoimy przy oknie w mieszkaniu państwa Kierników, ostrożnie uchylamy koronkową firankę i wyglądamy na mroźną ulicę. Wszystko zamarzło na kość, jest szaro i zimno. Grupa więźniów maszeruje do pracy, tuż pod naszym oknem, po pustej ulicy, eskortowana przez mężczyzn w mundurach i butach z cholewami. Są również psy. Więźniowie niosą łopaty, wiadra i inne żelazne przedmioty. Idą dość powoli, bo nie mają mocnych butów. Umundurowani mężczyźni popychają ich raz po raz, ale wszystko to dzieje się bezgłośnie, bez jakichkolwiek krzyków — bezszelestnie. Tylko buty klapią na oblodzonych kocich łbach. Klap... klap... klap...

— Popatrz — krzyczy nagle przeraźliwie moja mama, tak głośno, że ciarki mnie przechodzą — popatrz,

tam przecież idzie nasz tatuś. Popatrz! Widzisz... jest tam... tam idzie...

Wychyla się i naraz okno się otwiera. Kto je otworzył? Pod żadnym pozorem nie wolno nam tego robić. Ludzie mogliby nas zobaczyć... chcę je z powrotem zamknąć, ale mama trzyma futrynę ręką, wychylona aż po pas, a drugą ręką pokazuje na dół.

— Zobacz — woła znowu — widzisz, to on, ma swój sygnet na palcu...

Ale ja widzę tylko jej rękę, która w szarym świetle porusza się tam i z powrotem jak mała różowa lalka szmaciana. Potem ja też się wychylam i również dostrzegam tatusia — jego czarne włosy. Odwraca do nas głowę:

— Rominka — mówi — uważaj...

— Chcę umrzeć razem z tobą! — krzyczę.

Krzyczę i krzyczę, aż budzę się od tego krzyku. Na pół senna, przypominam sobie, że kiedyś podczas wojny naprawdę tak było. Stałyśmy przy oknie, a mamie zdawało się, że rozpoznaje ojca w grupie więźniów.

Widzę teraz jej zatroskaną twarz pochyloną nad moim łóżkiem. Szybko zamykam oczy. Mama czeka chwilę.

— Nie, wszystko w porządku — mówi uspokajająco do cioci Eli — zasnęła znowu.

Później wraca do niej na palcach.

Udaję, że śpię, aby się nie złościły. A także dlatego, że odkryłam, iż kiedy tak udaję, zamykam oczy i oddycham bardzo równomiernie, to rzeczywiście w pewnym momencie zasypiam. Przedtem zaś udaje mi się jeszcze co nieco usłyszeć, czego dorośli nigdy nie opowiedzieliby dziecku. Na przykład o erotyce w miłości.

* * *

— Pani Teofilo, niech pani pisze, niech pani szybko pisze! — mówi do mamy mecenas Aschenhütter — mam mało czasu...

Znowu, jak to ostatnio często bywa, siedzimy w jego kancelarii. Mama z pochylonymi plecami przy dużym biurku wygląda na jeszcze mniejszą niż zwykle. Nie zdjęła palta, bo adwokat bardzo się śpieszy. Resztki śniegu spadają z jej kołnierza na podłogę. Ja dostałam papier i ołówek do rysowania. Chciałabym narysować duży stojący zegar, który swoim dziwnym „bum-bum" zawsze napędza mi trochę strachu. Ale potem wyobrażam sobie, że w środku zegara siedzi małe złośliwe zwierzę, i rezygnuję z tego pomysłu.

— A więc proszę pisać. To musi być napisane przez panią osobiście.

Mecenas staje wyprostowany przed mamą, olbrzymi w tym swoim czarnym garniturze, i potrząsa srebrną grzywą.

— ...co następuje... — niecierpliwie stuka palcem w blat biurka.

— Wielce Szanowny Pan Dyrektor Więzienia przy ulicy Montelupich... i tak dalej... Podanie Teofili Liebling, dotyczące męża, więźnia Dawida Lieblinga, urodzonego 28.08.1908 roku, o dodatkową rację pokarmową ze względu na jego zły stan zdrowia. W załączeniu świadectwo lekarza więziennego z 1 grudnia 1945 roku. Załatwiła pani to zaświadczenie?

— Tak, panie mecenasie — mama trwożliwie wygrzebuje kawałek papieru z torebki — jest tutaj...

— A więc... Proszę o pozytywne załatwienie mojej prośby. Z poważaniem... niech pani się podpisze...

Mama podpisuje się, a potem wstaje, zapina palto i jak zwykle wylewnie dziękuje Aschenhütterowi.

— Wysłała pani paczkę mężowi? — pyta jeszcze adwokat.

— Tak, panie doktorze, ale nadal jej nie dostał, nie przyjmują jej...

— Zajmę się tym — obiecuje Aschenhütter.

Mówi to już po raz trzeci, myślę w cichości ducha...

— A zeznania świadków... zdobyłam nowe nazwiska — dodaje mama, stojąc już w drzwiach.

— Co, ma pani nowych świadków? — woła mecenas na poły uradowany, a na poły rozeźlony — dlaczego nie powiedziała pani tego od razu? Więc jak się nazywają, gdzie mieszkają...?

Siadają z powrotem, mama wreszcie zdejmuje palto. Wymienia nazwiska: Stefan Nędza, Wiktor Traubman, Leopold Rosner, Leonard Kornhauser, Karolina Roth...

Ja przyglądam się płatkom śniegu, które za oknami padają zawsze ukosem w jednym kierunku, rysując w powietrzu białe zygzakowate linie.

Wyobrażam sobie, jak ci wszyscy ludzie, których mama wymieniła, Karolina Roth i Stefan Nędza, i wszyscy inni wraz z Wiktorem Traubmanem i wujkiem Horowitzem idą do więzienia przy Montelupich, opowiadają wszystko Wielce Szanownemu Panu Dyrektorowi Więzienia i podpisują prośbę o zwolnienie mojego taty. Dyrektor bierze wielki klucz, który na pewno jest większy niż klucz od naszej bramy, otwiera celę więzienną, i tatuś może wyjść. Czekamy na niego obie, mama i ja, przed więzieniem. Tatuś cieszy się i całuje nas, a potem jedziemy fiakrem do domu, z zasuniętym dachem, żeby tatuś się nie przeziębił. Nie wziął przecież do więzienia ciepłego palta.

Byłam tak pogrążona w myślach, że prawie nie zauważyłam, kiedy znowu wyszłyśmy na ulicę. Przypomniało mi o tym dopiero zimno, palące moje policzki.

Śnieg tatrzański — krem do twarzy — widnieje dużymi kolorowymi literami na tabliczce w witrynie sklepu, który mijamy. Zza liter przezierają góry — błękitne z białymi czapami śniegu na szczytach.

Tatry — to tam znaleźli nas ci mężczyźni i zabrali tatusia...

Idziemy dalej, mijamy Grand Hotel z dużymi, trochę zakurzonymi szybami. Dawniej rodzice tańczyli tu na balach, opowiadała mama. A teraz w oknie wisi duży plakat. Clown w czapce w kropki, z tekturowym nosem i białą twarzą.

— Mamo, poczekaj, chcę to przeczytać.

Mama się niecierpliwi, ale przystaje.

— Bal kostiumowy dla dzieci odbędzie się 16 grudnia 1945 roku... Mamo, co to jest bal kostiumowy?

— Ach, chodź już, opowiem ci po drodze. A więc bal kostiumowy jest wtedy, gdy ludzie się przebierają i idą na tańce. Za clowna, kominiarza albo za księżniczkę...

— A skąd biorą te ubrania?

— Kupują lub sami sobie szyją.

— Mamo, proszę, ja też chciałabym iść na bal kostiumowy! Mogłabym się przebrać za motyla — z dużymi kolorowymi skrzydłami, albo za poziomkę...

— Za poziomkę?

Mama wzdycha; poziomka przypomina jej wojnę, kiedy nazywano mnie, ubraną w czerwony płaszczyk, „poziomeczką". Pewnie mama nie chce przywoływać w sobie tych wspomnień. Nie mam też już tego czerwonego płaszczyka.

— To może lepiej za motyla...

— Mamo, a więc naprawdę mogę?

— Co takiego?

Wydaje się, jakby mama dopiero co się obudziła.

— Iść na ten bal kostiumowy... mogę?... Mamo, proszę!

Mama potrząsa głową, patrzy na mnie udręczona.

— Zastanów się, dziecko — mówi cicho i niepewnie — to w ogóle niemożliwe, teraz kiedy twój ojciec... W ogóle nie mam czasu na takie...

— Ale mamo... jako motyl... potrzebuję tylko...

— Przestań już, proszę cię — mówi mama o wiele bardziej stanowczym głosem. — Może w przyszłym roku.

A jednak się przebiorę. Wprawdzie nie za motyla, nie za poziomkę ani nie za kominiarza. Nie, za kogoś o wiele piękniejszego.

W szkole obchodzimy święto Purymowe.

Na pamiątkę wyratowania Żydów od złego Hamana. Wszystkie dzieci mogą się przebrać, hałasować drewnianymi kołatkami, a potem dostaną w prezencie słodycze. Wystawimy także niewielką sztukę teatralną, którą napisała nasza nauczycielka. Sztuka opowiada o złym Hamanie i królu Ahaswerze, który chciał wytracić naród żydowski. A także o królowej Esterze, która ocaliła Żydów. Pościła i poślubiła króla, dokonała wielu dobrych uczynków, aż wreszcie Haman został powieszony. Najpiękniejsze jednak, prawie niewiarygodne, jest to, że ja mam zagrać królową Esterę. Ponieważ jestem najmniejsza i — nauczycielka dodała to jakby mimochodem — ponieważ mam ładną buzię. Nie do wiary! Będę królową!

Od razu zaczynam uczyć się swoich kwestii. Nie jest tego dużo, ale uczę się, uczę i uczę, wciąż od nowa. Powtarzam całą rolę dzień i noc i coraz bardziej się boję, że wszystko zapomnę, gdy tylu ludzi naraz będzie na mnie patrzyło. Tymczasem ciocia Ela i mama szyją już mój kostium. A jednak znalazły na to czas. Przychodzi im pomagać ciocia Marysia, młoda żona wujka Stefana. Muszę mieć biały płaszcz, ale to żaden kłopot, bo zostanie uszyty z naszego starego obrusa. Tylko z suknią są trudności. Nauczycielka powiedziała, że ma być błękitna, a nie można nigdzie kupić niebieskiego materiału — prawie w ogóle nie ma ma-

teriałów. W ostatniej chwili przybiega jednak ciotka Jadwiga z kawałkiem cienkiej tkaniny w ręce.

— Poświęciłam moją najlepszą firankę — mówi jeszcze całkiem zdyszana i z wyczekiwaniem
patrzy na mnie tym swoim słodko-kwaśnym
uśmieszkiem, czy aby grzecznie podziękuję.

W wigilię święta Purymowego wszystko jest
gotowe — kilka razy przymierzałam kostium —
sama odgrywałam swoją rolę w domu. Tylko tatuś
nie będzie mógł mnie takiej zobaczyć, przemyka
mi przez głowę, ale nie chcę o tym teraz myśleć.
Również w szkole, podczas próby, moja gra bardzo się nauczycielce spodobała, martwi ją tylko
moja twarz.

— Poszukaj jeszcze jakiejś innej dziewczynki
— słyszę, jak inna pani szepcze do naszej na-
uczycielki — ta mała Liebling wygląda bardzo
chorobliwie.

Jutro jest wielki dzień — przedstawienie. Przez
pół nocy powtarzam tekst, bo po prostu czuję, że
czegoś zapomnę. Od tego wiecznego powtarza-
nia pęka mi głowa i mam mdłości. A potem dzieje się to najgorsze — dostaję wysokiej gorączki.
Nie pójdę na uroczystość, nie włożę błękitnej sukni, nie będę nosić korony ani długiego płaszcza.
W ogóle nie będę królową, już nigdy. Moją błękit-
ną suknię założy pulchna Helcia, a ja będę musiała zostać w łóżku, z zamkniętymi oczami i wilgot-
nym okładem na czole. I „mam nie płakać, bo od
płaczu gorączka jeszcze rośnie, a poza tym dorośli
mają teraz większe zmartwienia" — muszę to zrozumieć. Już i tak było wystarczająco źle, że mama

z samego rana musiała biec do szkoły, aby poinformować o moim nieszczęściu.

Nagle czuję w całym ciele ukłucia smutku; wydaję się sobie najsamotniejsza na świecie. Nikt nie wie, co dzieje się w głębi mojej duszy, nikt nie potrafi tego zrozumieć. Nie mogę o tym z nikim porozmawiać. W ogóle nie chcę już mówić, zostanę niema — na całe życie.

Mogę tak leżeć, całkiem sztywna, nieruchoma, wyciągnięta w łóżku — jak drewniana marionetka.

Kiedy człowiek leży cichutko, z zamkniętymi oczami, i przez długi czas w ogóle się nie porusza, ma wrażenie, że już nie istnieje — zaczyna płynąć w powietrzu. I wtedy jest mu wszystko obojętne — nawet błękitna suknia i korona.

Przez kilka dni mogę zostać w łóżku i nie chodzić do szkoły. Leżę wysoko na kilku poduszkach, jem sucharki i znowu piję herbatę z sokiem malinowym. Lubię jeść suchary, dokładnie tak samo, jak twardą skórkę chleba posypaną solą.

— Nie wolałabyś grysiku? — mama wciąż podejmuje próby, ale ja tylko wzruszam ramionami. Wokół mnie leżą moje ulubione książki. *Porwanie w Tiutiurlistanie*, *Tajemniczy ogród* i *Pchła szachrajka*. „Czy to prawda, czy to bajka, była sobie pchła szachrajka..."

Pewnego wieczoru mama wraca do domu, zmęczona jak zawsze i całkiem sztywna z zimna. W rękach trzyma dużą paczkę.

— Mam coś dla ciebie, bo ostatnio tak dzielnie zostajesz sama w domu — mówi — ale to nie ode mnie, zgadnij, od kogo?

— Od wujka Horowitza? — pytam z nadzieją.

— Także nie.

Ostrożnie rozpakowuję prezent. To ilustrowane czasopisma, cała sterta, oprawione jak książka.

— Stare czasopisma od pana Taffeta?

— Tak — mówi mama, która cieszy się z mojego zachwytu. — Możesz je zatrzymać, jak długo zechcesz, ale nie zniszcz ich, bo kiedyś musimy wszystkie odnieść z powrotem.

Natychmiast otwieram tę wielką księgę i zagłębiam się w piękny papierowy świat. Po prostu wchodzę spacerkiem do środka i gram dziewczynkę, którą bym była, gdybym żyła w tamtych czasach. Są tam piękne suknie. Popołudniowe i wieczorowe. Suknie, które nosi się nad morzem...

„Koronkowe cudeńka dla młodych dam..."

„Już od godziny tak stoję
przed tą szafą pełną strojów.
Którą suknię dziś włożyć mam?
Z każdą kojarzy mi się... inny pan".

Zamykam oczy, wzdycham z zachwytu i oczekiwania.

Wiem, że takie rzeczy stanowią część świata dorosłych, i czuję, jak moja dusza otwiera się na coś tajemniczego, czego niepodobna wyrazić słowami.

Młoda kobieta w kapelusiku i płaszczu z dużym futrzanym kołnierzem stoi przed białym autem i stawia na stopniu jedną nogę w pięknym buciku: *O radości jazdy samochodem,* taki napis widnieje pod zdjęciem.

Na innej dużej fotografii widzę dwie słodkie dziewczynki z kręconymi włosami, w krótkich spódniczkach w kratkę, bawiące się z kilkoma wesołymi pieskami. Za dziewczynkami siedzą uśmiechnięci rodzice.

Para królewska z córkami. Elżbieta, następczyni tronu, i Małgorzata Róża w parku w Windsorze bawią się przed domkiem dla lalek ze swoimi psami corgi...

Mama przysiada obok mnie na łóżku — przyniosła mi coś do picia.

— Patrz, mamo, jakie wesołe pieski...

Rzuca na nie przelotne spojrzenie, ale potem również zaczyna z zainteresowaniem przeglądać czasopisma.

— Spójrz, ja także miałam taką suknię... o, i taką też. A te fryzury — śmieje się. — „Nowe fryzury" — czyta głośno. — „Fryzurę *à la garçon* obcina się teraz bardzo krótko i zaczesuje z loczkami na skroniach gładko do tyłu. Z boku duża fala..." Ja też kiedyś nosiłam taką fryzurę, ach, ależ mój ojciec się rozzłościł... gdy wróciłam od fryzjera, i zobaczył mnie naraz z obciętymi włosami...

Mama śmieje się rozbawiona, a pogodny uśmiech nie znika z jej twarzy nawet później, gdy kładzie się spać. Leży z książką w ręce. Ja jednak wiem, że nie czyta, jej wzrok wędruje w stronę białego sufitu, jakby szukała tam czegoś pięknego.

— Mamo? — to pytanie chciałam jej zadać już od dłuższego czasu, ale dopiero teraz nadeszła właściwa chwila. — Mamo, wkrótce Boże Narodzenie, czy będziemy miały choinkę z zabawkami, jak u państwa Kierników, i prezenty?

— Jeszcze nie wiem — mówi i wcale się nie złości — zobaczymy... jeśli będziesz grzeczna... tylko nie opowiadaj o tym w szkole.

— Nie, oczywiście że nie, rozumiem. W szkole obchodzi się Chanukę.

Docierają do nas złe wieści o ojcu. Mecenas Aschenhütter przynosi je nam osobiście. Jestem bardzo zdziwiona, gdy pewnego dnia dzwoni dzwonek, a ja otwieram drzwi i widzę stojącego w progu adwokata. Ma na sobie długi czarny płaszcz z futrzanym kołnierzem i kapelusz z szerokim rondem.

— Pani mąż został przeniesiony z podejrzeniem gruźlicy nerek do szpitala więziennego — mówi do mojej mamy. — Wolałem powiedzieć to pani osobiście. Akurat tędy przechodziłem.

Wszystko we mnie sztywnieje, podejrzewam, że teraz mama się na pewno załamie. Co wtedy zrobię? Ale ona przyjmuje tę wiadomość ze spokojem:

— Może pan wejdzie, panie mecenasie? Napije się pan herbaty albo czegoś innego?

Aschenhütter nie chce jednak wchodzić, śpieszy mu się, żegna się od razu.

— Złożymy natychmiast wniosek, żeby przeniesiono go do innego szpitala — mówi — niech pani jutro przyjdzie do mojej kancelarii.

Mama już wcześniej wiedziała, że ojciec jest chory. Powiedział jej o tym lekarz więzienny.

A wiadomość o szpitalu najwyraźniej nie wydaje się złą wiadomością.

— Tam przynajmniej będzie miał jakąś opiekę — mówi.

Nie płacze. W ostatnim czasie już prawie w ogóle nie płacze. Tyle że po nocach właściwie nie śpi. Mała lampka nocna pali się całymi godzinami. Obok lampki stoi szklanka wody — mama często połyka tabletki, które przepisał jej lekarz.

W jakiś czas później otrzymujemy lepszą wiadomość. Przychodzi list napisany na maszynie od dyrektora więzienia. Mama czyta ten list wujkowi Stefanowi, który akurat znowu wpadł, by zapytać o ojca. Ojciec zostanie przeniesiony do „normalnego" szpitala...

— Co to znaczy, mamo? — pytam później, gdy już zostajemy same.

— Co to znaczy? To znaczy, że będziemy mogły go odwiedzać. Będziemy widywać tatusia.

Otrzymujemy pozwolenie na odwiedziny. Nazajutrz mama natychmiast gotuje zupę, kupuje piękne drogie jabłka, robi kompot i wsypuje do niego cukru. Wystarała się nawet o cytrynę. Jest taki plac, gdzie ludzie sprzedają rzeczy, które otrzymują w paczkach z zagranicy. Zawsze żądają za nie mnóstwo pieniędzy.

Bierzemy jeszcze ze sobą przybory do golenia: starą brzytwę ojca, do której dokupujemy piękny nowy pędzel. Zabieramy też jego ranne pantofle.

Idziemy ulicą Kopernika, gdzie mieszczą się wszystkie szpitale. Rośnie tu wiele pięknych drzew. Przed szpitalami widać pacjentów, którzy narzuciwszy palta na piżamy, przechadzają się albo rozmawiają.

Kiedy wreszcie odnajdujemy właściwy budynek i stajemy przed wejściem, tęga pielęgniarka donośnym głosem odprawia nas stamtąd.

— Odwiedziny są tylko w niedzielę po południu.

— Proszę, proszę, proszę — błaga mama bezsilnie. — Proszę, siostro, wyjątkowo...

— Musi pani zapytać ordynatora — siostra wzrusza ramionami. — Proszę poczekać, zdaje mi się, że właśnie schodzi...

Mężczyzna, przed którym stoimy, jest starszym panem, ma na sobie biały kitel i nosi złote okulary.

— Dzień dobry, panie profesorze — pozdrawia go mama grzecznie.

Dzięki Bogu, ordynator należy do ludzi, którzy znali naszą rodzinę jeszcze przed wojną.

— Liebling — mówi — z domu Anhammer?

— Tak — mama oddycha z ulgą.

— Pani ojciec miał te piekarnie w mieście? Co to były za wyborne bułeczki! Tak, i co niedziela grywał w karty w kawiarni „Noworolski" na Rynku.

Lekarz patrzy na nas z sympatią.

— A pani dwie młodsze siostry... były kiedyś moimi pacjentkami. One chyba...

Mama kręci przecząco głową. Znam ten gest. Nie może mówić o siostrach, bo od razu głos więźnie jej w gardle i wstrząsa nią spazmatyczny płacz.

Wszyscy krewni mojej mamy zginęli podczas wojny — matka, ojciec, brat Jakub, ciotki i kuzynki.

Ale najboleśniejsze jest dla niej wspomnienie o siostrach. Nie może tego znieść. Irena była młoda i jasnowłosa — wyglądała bardzo „aryjsko". Dobrowolnie poszła z rodzicami do komory gazowej, bo nie chciała się z nimi rozstawać.

— Miała dopiero szesnaście lat — mówi mama — i nawet nie zdążyła poznać życia.

Zaledwie o rok młodsza od mamy ciocia Sabina, do której ponoć jestem podobna, przeżyła Oświęcim, ale kilka dni po wyzwoleniu zmarła na tyfus. Mama właśnie pojechała po nią, by przywieźć ją z obozu do domu.

— A więc proszę, wejdźcie w drodze wyjątku — mówi szybko lekarz — ale nie zostawajcie długo...

Idziemy ponurym korytarzem, podobnym do korytarzy we wszystkich urzędach, tyle że podłoga jest tu wyłożona żółtymi kafelkami, a ściany są pomalowane na biało. I nieprzyjemnie pachnie, odór wchodzi człowiekowi do nosa — bardzo gorzki, jak u dentysty. Naprzeciw nas jedzie wózek z wielkim parującym garnkiem, a pcha go siostra zakonna w bieli. Białe skrzydła jej welonu poruszają się tam i z powrotem, wygląda jak jeden z tych ptaków, których tak się boję.

Drzwi do sal są otwarte, widać długie rzędy łóżek stojących po obu stronach. Dziesięć lub więcej przy każdej ze ścian. Nie mam czasu ich policzyć, bo mama znowu ciągnie mnie za rękę. Na łóżkach siedzą lub leżą pacjenci. Niektórzy mają zamknięte oczy i wyglądają jak nieżywi.

Wreszcie już z daleka dostrzegam mojego ojca. Siedzi na łóżku. Twarz mu wychudła, włosy jeszcze bardziej posiwiały. Jest bosy i ma piżamę w paski, która wygląda jak więzienne ubranie. Najpierw zatrzymujemy się trwożliwie w drzwiach. Ale po chwili siedzimy już razem — wszyscy troje — i w milczeniu trzymamy się za ręce.

W następną niedzielę znowu wolno nam ojca odwiedzić. Mama gotuje dla niego jedzenie. Kupiła specjalne menażki, które można postawić jedną na drugiej i mocno spiąć metalowym uchwytem. Zdobyła też skądś mięso z kury, o co wcale nie jest łatwo, bo można kupić tylko żywą. Ale mama nigdy w życiu nie zabiłaby żywej kury. Teraz gotuje rosół i znowu robi kompot i naleśniki.

W niedzielę jest piękna pogoda — tatuś nawet wychodzi z nami na dwór. Wkłada marynarkę. Ale nie może długo ustać na nogach, prawie od razu siada na ławce i opiera głowę o mur. Dopiero teraz spostrzegam, jak krótko ma ostrzyżone włosy. Wygląda bardzo blado, jest prawie szary — szary jak jego marynarka i włosy. Niewiele mówi i sprawia wrażenie nieobecnego, jakby nie wiedział dokładnie, gdzie się znajduje. Jego oczy są jakieś wygasłe. Mimo to się do mnie uśmiecha — on i mama także — raz po raz, jakby wszystko było w porządku.

— Usiądź przy mnie, Rominko — prosi cicho.

Mama wyciąga z torebki aparat fotograficzny i robi nam zdjęcie. A potem wracamy do sali szpitalnej. Ojciec siada na łóżku, bierze garnek i je rosół z makaronem — powoli i ostrożnie.

ROZDZIAŁ VIII

STYCZEŃ

Nadszedł znowu ten czas, kiedy wieczna emigrantka musi wyruszyć w podróż. Czeka na nią jakaś kolejna Ziemia Obiecana. Musi zabrać ze sobą swoją duszę i spróbować ponieść ją między ludzi z możliwie największą dla wszystkich korzyścią.

Bo wszyscy zdają się wierzyć, że to mi się uda — tylko ja sama jestem pełna zwątpienia. Oczekują, że pojadę do Ameryki z książką, a wrócę z sukcesem. Po prostu tego oczekują: wydawnictwo, przyjaciele. Wszyscy. Oczekiwałby tego nawet wujek Stefan, gdyby jeszcze żył. Zawsze mawiał: „Pamiętaj, że musisz być dzielną dziewczynką".

— Jestem podstarzałą, zmęczoną dziewczynką — wyznaję mojemu synowi.

Żegnamy się telefonicznie.

— Wiesz, że jestem kiepska, jeśli chodzi o sprzedawanie. Nie umiałabym niczego sprzedać nawet na Rynku w Krakowie, a co dopiero w Ameryce...

— Ale twoje książki utorowały sobie drogę w Europie, dlaczego w Ameryce ma być inaczej? — mój syn usiłuje dodać mi odwagi. — Byliśmy już razem w Nowym Jorku, przecież ci się tam podobało?

Istotnie, kiedyś już tam byliśmy. Raz polecieliśmy na wesołe zakupy przed Bożym Narodzeniem — wariacko i spontanicznie, jak to czasem robimy. A potem byliśmy tam jeszcze raz u naszych przyjaciół na uroczystości *bar micwy*. Za każdym razem przeżywaliśmy piękne, ale chaotyczne dni, z których pozostało jedynie uczucie krótkiej radości i kilka fotografii.

— Dlaczego tak się boisz lecieć do Ameryki?

Jakub siedzi w swoim biurze w Berlinie. Mój nastrój wcale mu się nie podoba.

— Nie mógłbyś polecieć ze mną? — pytam bez nadziei w głosie.

— Wiesz, że zrobiłbym to z ochotą, ale w tej chwili to zupełnie niemożliwe. Może później, zobaczymy. Nie martw się, wszystko będzie dobrze.

— A nie powinnam raczej poczekać, aż ludzie przeczytają moją książkę, a potem zechcą zobaczyć mnie samą?

— W Ameryce czytelnicy na pewno polubią twoją książkę, ale musisz im w tym pomóc.

Louis jako redaktor ważnego wydawnictwa amerykańskiego jest odpowiedzialny za moją książkę. Poznaliśmy się we Frankfurcie na targach książki. Wysoki, przystojny Amerykanin. Mówi dobrze po niemiecku i w tym języku czytał też moją powieść. Poznano nas ze sobą, a potem siedzieliśmy razem w hotelowym *lobby*. Louis był zachwycony książką i pragnął przeforsować jak najszybszą jej publikację w swoim wydawnictwie.

— Amerykanie pokochają twoją książkę — mówił powoli i z namysłem, był jednak pełen optymizmu i dużo się uśmiechał. — A kiedy wyjdzie pierwsza, później wydamy też drugą... *step by step*. Musisz przyjechać do Ameryki, na razie przynajmniej do Nowego Jorku. Musisz rozmawiać z ludźmi. Amerykanie nie mają cierpliwości, musisz ich szybko przekonać.

— Pieniądze, popularność, szczęście, wszystko zależne tylko od tego, czy będę umiała rozmawiać z ludźmi?

— To jest u nas ważne i wcale nie takie proste. Ale to tylko twoja decyzja.

„Najlepiej żebyś sama wynajęła sobie apartament — pisze teraz Louis z Nowego Jorku — aby odpowiadał twojemu gustowi i żebyś się dobrze w nim czuła. Później porozmawiamy o kosztach. Z pewnością są u was biura podróży, które wyspecjalizowały się w znajdowaniu takich apartamentów dla ludzi podróżujących w interesach... na dłuższy czas to lepsze niż hotel. A więc niedługo do nas zawitasz. Przyślemy na lotnisko samochód z szoferem. Cieszymy się już na spotkanie z tobą, a ja szczególnie. Wiesz: ja kocham twoją powieść. Do zobaczenia. Louis".

Właściwie jestem małą maskotką, swego rodzaju talizmanem z Europy, który ludzie otrzymają gratis do każdego egzemplarza książki. Gdyby tylko można było mnie po prostu wkleić do środka jak małe próbki różnych kosmetyków w kolorowych czasopismach dla kobiet!

Parka w biurze podróży: mężczyzna jest niski i przysadzisty, ma rzadkie włosy, związane z tyłu w kucyk. Wygląda jak mały mafioso. Dziewczyna, jego pomocnica, ma ogromny biust, prawie rozsadzający jej bluzkę, i małe usteczka w kształcie serca. Mówi z wiedeńskim akcentem, który w jej wykonaniu sprawia wrażenie czegoś lepkiego.

— Ach, jesteśmy bardzo zachwyceni, że możemy gościć u siebie tak znaną pisarkę — przewraca oczami — znajdziemy dla pani najpiękniejszy apartament...

Coś mi mówi, że powinnam wstać i wyjść — wyjść z tego dziwnego biura podróży, którego adres po prostu wycięłam z gazety. „Mieszkania do wynajęcia w Nowym Jorku. Piękne i po korzystnych cenach..." Tym razem jednak postanawiam całkowicie zignorować swój wewnętrzny głos. Już w ogóle nie mam czasu na coś innego. Muszę to załatwić, i to szybko. Do tej pory myślałam, że wydawnictwo samo zatroszczy się o wynajęcie mi mieszkania — a teraz jest już za późno.

A więc siadam z powrotem. Nie wiem, czym tu pachnie, ale ten zapach mi się nie podoba.

Kiedy przyjdę tu kilka tygodni później, tego biura już nie będzie, a parka oszustów rozpłynie się w powietrzu.

Tymczasem jednak wszystko jest „zachwycające", jak uważa panienka o ustach w serduszko.

Oboje szukają gorliwie adresów, wypytują mnie o oczekiwania.

— Macie państwo jakieś zdjęcia tych mieszkań? — pytam.

— Ależ skąd — wzdycha młoda dama protekcjonalnie — w dzisiejszych czasach wszystko można obejrzeć sobie na ekranie.

Sadzają mnie przed monitorem. Oglądam pomieszczenia, pomieszczenia, pomieszczenia — meble, wszystko duże, wszystko nowoczesne. Jasno oświetlone — wszystko w tym samym świetle.

Zachęcona przez gorliwą parkę decyduję się na apartament położony najkorzystniej dla kogoś, kto nie zna dobrze miasta. Jest nieprzyzwoicie drogi.

— Ale za to w samym środku Manhattanu — ćwierka dziewczyna słodziutko, gdy tymczasem jej ręka z paznokciami polakierowanymi na czerwono błyskawicznie sięga po moją kartę kredytową. — Tam wszystko ma niestety swoją cenę — dodaje jeszcze filozoficznie.

— Dokonała pani dobrego wyboru — mruczy od swojego biurka jej szef, mafioso.

I już kilka tysięcy dolarów z mojej karty kredytowej udaje się w podróż. Kilka dni później i ja wyruszę za nimi.

Tymczasem parka żegna mnie mnóstwem życzeń pomyślności i raz po raz słowami „słodko" i „wspaniale". Dziewczyna stula przy tym usta tak, jakby chciała mi jeszcze przesłać na drogę całusa.

Noce przed podróżą — zupełnie bezsenne. Leżę z otwartymi oczami i znowu prowadzę żydowski pojedynek — walkę z własnymi myślami.

„Jedziesz do Ameryki. Na pewno będzie tam ciekawie — ciesz się chociaż trochę..."

„Ale nie jedziesz tam jako turystka — musisz uwieść tę Amerykę, to jest twoja szansa" — te słowa łomoczą w mojej głowie. Powiedział je Louis — redaktor.

„Osiągniesz w Ameryce sukces" — powiedział Dawid.

Dawid. Nasze pożegnanie. Jego oczy były bardzo zatroskane — a na koniec unikały mojego spojrzenia...

Teraz Dawid jest w Izraelu, a prażące słońce jeszcze bardziej rozjaśnia jego srebrne włosy. Usiłuję go sobie wyobrazić... ale widzę go tylko śmiertelnie znużonego przy szpitalnym łóżku żony... Czym są w porównaniu z tym moje troski? Nawet gdybym chciała do niego zadzwonić, nie mogłabym spodziewać się po nim żadnej pociechy.

Na lotnisku wszystko się opóźnia. Alarm? Jakieś zakłócenie? Nikt nic dokładnie nie wie. Lot jest raz po raz przesuwany na później, aż wreszcie nagle i bardzo szybko pakują nas do samolotu. Dzięki amerykańskiemu wydawnictwu otrzymałam luksusowe miejsce, ale znowu nie mam co marzyć o śnie... zamiast tego obserwuję towarzyszy podróży. Mówią po angielsku, po japońsku... Wkrótce będę w obcym kraju, którego język znam dość powierzchownie. Jak długo można pozostawać na powierzchni języka? — boję się, że utonę.

Ponad trzydzieści lat temu przeżywałam już to wszystko. Leciałam wtedy ze Wschodu na Zachód. Przybyłam do obcego kraju, którego reguł gry musiałam się dopiero nauczyć. Wówczas Zachód przyjął mnie z otwartymi ramionami — były to ramiona mojej matki, która tam na mnie czekała. Teraz będę całkiem sama.

Kiedy śmiertelnie zmęczona, z ponadczterogodzinnym opóźnieniem, ląduję w Nowym Jorku, samochodu z wydawnictwa już nie ma. Nikt na mnie nie czeka — tylko olbrzymia krzycząca masa ludzi, którzy mnie osaczają, popychają, przyglądają mi się poirytowani i wszyscy chcą się dokądś dostać.

Mój telefon komórkowy nie działa. Ile się wrzuca do automatu telefonicznego? *Quarter*? Czy mam ćwierćdolarówkę?

Zrozpaczona dzwonię do przyjaciela, który tutaj mieszka, a któremu właściwie wcale nie chciałam na razie przeszkadzać. Miałam zamiar zadzwonić do niego dopiero za kilka dni. Mój przyjaciel jest naprawdę miłym człowiekiem — i artystą. Wiem, że odrywam go od pracy, ale nie mam odwagi jechać sama do miasta. Wiem też, że to głupie.

— Poczekaj w *coffee-shop*, zaraz po ciebie przyjadę — decyduje szybko ten wspaniały człowiek — wkrótce tam będę.

— Powinni byli po ciebie przyjechać limuzyną, z szoferem i kwiatami — dziwi się mój przyjaciel po drodze.

Siedzimy w jeepie i czekamy w nie kończącym się korku.

— Pewnie byli, przynajmniej tak zapowiadali, może już nie mogli czekać, po czterech godzinach opóźnienia — mówię zmęczona i pełna poczucia winy, jakbym musiała przepraszać go nie tylko za siebie, ale także za wydawnictwo.

Mieszkanie znajduje się rzeczywiście w samym środku Manhattanu. W centrum samego centrum, jeśli w Nowym Jorku można się tak wyrazić. Mój przyjaciel wysadza mnie przed domem — jest wieczór, o tej porze można tylko pomarzyć o wolnym miejscu do zaparkowania. Poza tym musi jeszcze wrócić do swojego studia.

— Pracujesz tak późno?

— W Nowym Jorku nie ma „późno" i nie ma „wcześnie". Pracujesz, kiedy masz coś do zrobienia, a jesz, kiedy jesteś głodna... jeszcze się tego wszystkiego nauczysz... no, głowa do góry... — poklepuje mnie przyjacielsko po plecach. — Wyjeżdżam teraz na kilka dni z rodziną do Kalifornii, ale się odezwę...

Wysoki czarnoskóry portier wnosi moje bagaże do windy i wręcza mi klucze — wszystko bez słowa.

A potem pozostawia mnie swojemu losowi.

Mieszkam na ósmym piętrze — nade mną jest jeszcze przynajmniej tyle samo pięter. Długi korytarz. Ściany ciemnozielone, wytarty dywan, zimne światło. Drzwi ciemnobrązowe. Jedne z nich mają numer 8E — moje.

Jest ciemno. Włączam światło. Zapala się neonówka na suficie. Mimo to nadal panuje mrok.

Niepewnie wchodzę do środka.

Średniej wielkości pokój, meble ze szkła i metalu — właściwie sprzęty biurowe i sofa.

Automatycznie wyglądam przez okno, jak to zwykle robię, kiedy jestem w obcym pomieszczeniu. Nie widzę światła, tylko wysoką ścianę, która wypełnia całą ramę okienną — samą ścianę domu z oknami. Jedne są rozświetlone, inne ciemne. Staję na czubkach palców i usiłuję spojrzeć w górę — nic, ani skrawka nieba, wyłącznie ta bezkresna szara ściana.

Gdzie jest sypialnia? W sąsiednim pokoju — za otwartymi drzwiami nie ma właściwie żadnego pokoju. Są tam tylko ściany ustawione wokół dużego łóżka, a między nimi akurat tyle miejsca, że stawiając stopę za stopą, można je obejść dookoła. Poza tym nic tam nie ma — tylko to duże dwuosobowe łóżko i kilka drewnianych półek na ścianie. Jest też małe czarne okienko — odsuwam na bok zasłonę z ceraty.

Widzę mur, czarny mur tuż za oknem, w odległości zaledwie kilku centymetrów — mogłabym dotknąć go ręką.

Czarny mur — ciągnie się bez końca w górę i w dół — gdzieś całkiem w dole czarna dziura — jak jakiś szyb w kopalni węgla — i jak tam, jest równie czarno.

Jestem zamurowana.

Okno się nie otwiera — jest to coś na kształt atrapy. Siadam na łóżku nakrytym przezroczystą folią. Czuję mdłości.

Wpatruję się bez ruchu w te mury — w tę czarną dziurę — to chyba zsyp na śmieci — gdzie zrzuca się odpadki z góry na dół. Wstaję, otwieram drzwi od mieszkania i ostrożnie wyglądam na zewnątrz.

Rzeczywiście — obok moich drzwi są jeszcze jedne, jak wszystkie tutaj z odpadającym brązo-

wym lakierem, a w środku zsyp na śmieci. Dookoła leżą odpadki. Cuchnie. Szybko zamykam
drzwi. Coś przemyka pod moimi stopami — coś
żywego... kot albo szczur... i w mgnieniu oka znika na końcu korytarza...

Przestaję myśleć. Jestem śmiertelnie zmęczona.
Pościel? W maleńkim korytarzyku jest w ścianie
szafa. Znajduję w niej dość wytarty wełniany koc
— nic poza tym — i jeszcze tylko deskę do praso-
wania z ułamaną nogą. Łazienka też nie wygląda
zachęcająco. Na sofie w pokoju leży kolorowa po-
duszka. To wszystko.

Napić się teraz czegoś ciepłego — to byłoby
piękne. Herbaty... we wnęce kuchennej stoi kilka
naczyń i nieprawdopodobnie brudny czajnik. Nie
ma herbaty, tylko odrobina cukru w szklance i zakurzona puszka neski. Kilka karaluchów spaceru-
je po ścianie. Przynajmniej wydaje mi się, że to są
karaluchy — jeszcze nigdy nie widziałam karaluchów. W getcie były tylko pluskwy.

Wargi mam całkiem suche — chce mi się pić.
W torbie podróżnej znajduję pół butelki wody mi-
neralnej, wypijam ją teraz.

Spać.

Wyciągam się na łóżku, okrywam płaszczem,
bo wełniany koc budzi we mnie zbyt duże obrzy-
dzenie — zamykam oczy.

Zapadam w swego rodzaju stan drzemki, który bardziej przypomina utratę przytomności niż
sen, ale wkrótce się z niego budzę.

Jest ciemno, gorąco — pocę się, nie mam czym
oddychać.

Panika.

Od dzieciństwa mieszkałam w obcych domach. Żadnego nie mogłam nazwać swoim własnym. Pierwsze mieszkanie, jakie pamiętam, było pełne ludzi — ciasne i duszne.

A potem ta dziura, w której mieszkałyśmy. Kryjówka. Ciemność. Ciasnota. Ten słodkawy zapach... i później mur... kto zanadto zbliżył się do muru — był rozstrzeliwany.

Teraz jestem tuż obok muru...

Przestań. Obudź się. To zły sen... jesteś w Nowym Jorku, na ulicy jest pełno ludzi... Nie mogę wyjść... mur...

Spokojnie. Głęboko oddychać. Łyk wody. Nie mogę zostać w tym pomieszczeniu.

Kładę się w większym pokoju na sofie, okrywam znowu płaszczem, zamykam oczy. — I tak mija pierwsza noc.

Budzę się w pewnym momencie — czy to jeszcze noc, czy już dzień — nie wiem. Światło jest niezmiennie ciemnoszare. Patrzę na zegarek i prawie ogarnia mnie śmiech. Stanął chyba jeszcze w samolocie. Nie wiem, która godzina. Mój telefon komórkowy nie działa. Czy jest tu telefon? Tak.

Próbuję zadzwonić do przyjaciela artysty. Jest człowiekiem, do którego w wyjątkowych sytuacjach mogę zadzwonić nawet w środku nocy.

„The number you have dialed is not available... not available, not available..." — mówi głos z automatu.

Próbuję zadzwonić do Jakuba, do Niemiec...
„not available".

Znowu pogrążam się w swego rodzaju drzemce — znowu mija czas... godziny? Nie wiem.

Zaczynam rozumieć, czym jest czas — jeśli nie można go zmierzyć, jest ciemnością. Zaczynam rozumieć, czym jestem bez czegoś ciepłego do picia, bez czystej łazienki i telefonu. Czym jestem? Kupką strachu. A za drzwiami czeka może szczur... gdybym teraz miała tabletki...

Gdybym teraz miała tabletki nasenne, zażyłabym je. Nie, nie wszystkie naraz — powoli, co godzina jedną, aż fiolka byłaby całkiem pusta, a szum w głowie tak głośny, że nie znalazłoby się w niej więcej miejsca na żadne myśli, i zaczęłabym się rozpływać...

Dwadzieścia pięć lat temu byłam uzależniona od tabletek. Niedługo, ale boleśnie. Później nie spojrzałam już na żadną tabletkę. Do teraz. Teraz znowu czuję całą swoją słabość — a nie nauczyłam się być słaba. „Jeśli już kiedyś byłaś uzależniona — opowiadałam często różnym osobom — nigdy nie możesz być siebie pewna — pewność nie istnieje". Teraz wiem, o czym mówiłam.

Dzwoni telefon! Nie do wiary! Naprawdę! Dzwoni.

— No i jak się czujesz w nowym miejscu? — miły głos mojego przyjaciela. — Roma? Jesteś tam jeszcze? Dlaczego nic nie mówisz?

— Ja tu nie wytrzymam — wyrzucam z siebie szybko ochrypłym głosem i walczę ze łzami — słuchaj, ja muszę się stąd wydostać...

— No to bardzo mi przykro... jak mogę ci pomóc... wyjeżdżamy... właśnie się pakujemy... Co mogę zrobić?

Ma tak zmartwiony głos, że robi mi się go żal, podobnie jak jest mi żal samej siebie. Próbuję się uspokoić, ale nie mogę mówić — wiem, że za chwilę wybuchnę płaczem.

— Czy mógłbyś powiadomić Jakuba w Niemczech, żeby tu do mnie zadzwonił? Telefon też nie działa — prawdopodobnie ktoś czegoś nie zapłacił, ale może on się do mnie dodzwoni.

— Dobrze. Chętnie, zaraz to zrobię.

— Mamo? — kochany głos mojego syna. — Co z tobą?

— Kuba... ja... — nie mogę powiedzieć nic więcej. Czuję się tak, jakby jego głos rozwiązał jakiś supeł w mojej krtani, ale nie wydobywam z siebie słów, tylko płacz. Łzy kapią chyba ze słuchawki jego telefonu w Berlinie.

— Mamo, co się dzieje?

— Ja... myślę, że przeżywam prawdziwe, porządne załamanie nerwowe — próbuję żartować, mimo iż łzy nadal spływają mi po policzkach.

Mój syn jest młodym przedsiębiorcą — umie sobie radzić z kryzysami — przede wszystkim jednak potrafi obchodzić się z ludźmi, a co dopiero z własną matką.

— To nic — mówi łagodnie, ale zdecydowanie — każdemu się to zdarza. Posłuchaj, zejdziesz teraz na dół, wypijesz dużą kawę, zjesz coś... gdzie jesteś? Na siódmej? Tam jest cała masa sklepów... Znajdziesz potem sklep, który nazywa się *phone-shop*. Pamiętam, że takich sklepików jest dużo na tej ulicy. Kupisz sobie tam telefon, z którego będziesz mogła dzwonić do Europy. Ale zanim zapłacisz, upewnij się, czy działa. Tak. A potem do mnie zadzwoń. Tymczasem spróbuję coś zorganizować... wszystko będzie dobrze. No to na razie.

Jeszcze dość otępiała wychodzę z mieszkania. Szczur? Nie widać. Dobrze. Znajduję się na ulicy, gdzie napiera na mnie płynący niepowstrzymanie strumień ludzi. Najpierw się cofam, później jednak mobilizuję się i po prostu się w nim zanurzam.

Po pierwsze, kupuję u ulicznego sprzedawcy nowy zegarek — za dwanaście dolarów, prawie prawdziwy Cartier. Od razu czuję się lepiej.

Godzinę później dzwonię do Jakuba.

— Siedzę w kawiarni i mam przed sobą ogromnego ciepłego sandwicza z pastrami — zazdrość mi, synu — mówię z pełnymi ustami. — Ty też to lubisz... no i, jak słyszysz, mam też już telefon komórkowy.

— To świetnie — cieszy się Jakub. — A ja tymczasem dodzwoniłem się do wydawnictwa. Chcieli dać ci dzień czy dwa na wypoczynek i sen i dopiero wtedy zamierzali się do ciebie zgłosić. O niepowodzeniu na lotnisku w ogóle jeszcze nie wiedzieli, to duża firma...

— Ale to mieszkanie... ja się boję tam wrócić.

— O tym również rozmawialiśmy. Przeprowadzisz się oczywiście do innego apartamentu. Wytrzymaj jeszcze troszkę... a żeby przeprowadzka nie była dla ciebie zbyt ciężka, przylecę i pomogę ci... pojutrze będę.

— Myślisz, że to możliwe? — pytam głosem drżącym z radości. — A twoja praca? Urządzisz to jakoś?

— Ach, co tam, po prostu musi być możliwe. To *family business* — mówi niefrasobliwie.

Ale ja wiem, że to jest coś więcej. O wiele więcej.

Czas do przyjazdu Jakuba spędzam, chodząc po ulicach Manhattanu. Byleby tylko nie siedzieć w tym mieszkaniu. W Nowym Jorku większość ludzi zdaje się w ogóle nie potrzebować mieszkania — jedzą na ulicy, robią zakupy i chodzą — chodzą, chodzą.

Całkiem mechanicznie dostosowuję się do rytmu, wyznaczanego przez sygnalizację świetlną: *stop* i *walk, walk* i *stop...*

Chodzę w górę i w dół Broadwayu, jakby to była rzeka, którą trzeba przepłynąć. Oglądam okna wystawowe, na niczym dłużej nie zatrzymując wzroku. Tysiące przedmiotów, które można kupić we wszystkich tych sklepach w tysiącach różnych modeli — ten nieprawdopodobny nadmiar szybko mnie męczy. Tracę zainteresowanie. Zachowuję się nieomal jak lunatyczka. Potem budzę się znowu, wypijam kawę, jem coś, ogrzewam się i idę dalej. Nie jest zbyt zimno jak na tę porę roku, ale wietrznie.

W jakimś indyjskim sklepie kupuję kolorowy koc. Noce spędzam na dość twardej sofie w pokoju i staram się w ogóle nie wyglądać przez okno.

Zawinięta w indyjską chustę w kolorach tęczy, wyglądam jak przeżytek z epoki hippisów.

Po Jakuba wyjeżdża długa biała limuzyna, która mnie się nie dostała. Razem z Louisem odbieramy go z lotniska.

Mój syn jest rześki i w dobrym humorze — zdaje się, że noc w samolocie wcale go nie zmęczyła.

— Wiesz, że ja mogę spać wszędzie — uśmiecha się.

Siedzimy na tarasie restauracji, znajdującej się na dachu dużego hotelu. Louis zaprosił nas na lunch. W pomieszczeniu jest jasno, a przez szklany dach prześwieca słońce. Można by pomyśleć, że jest lato.

— Mamy łagodną zimę tego roku — mówi Louis — jak na razie.

— Prowadzimy kuchnię we włoskim stylu — obwieszcza z dumą kelner, podając nam kartę dań.

— Wspaaaniale — mówi Jakub — proszę mi w takim razie przynieść dużego amerykańskiego hamburgera, o którym marzyłem przez cały czas w samolocie.

Później odbywamy coś w rodzaju narady wojennej. Louis przyniósł całą teczkę kartek, na których zapisane są nasze plany na najbliższy czas. On i Jakub czytają je głośno, zmieniają, dyskutują. Mój syn lubi być organizatorem — jest wtedy w swoim żywiole. Ja słucham trochę nieuważnie i zadowalam się uspokajającym uczuciem, że teraz już wszystko będzie dobrze. Powiedzą mi na pewno we właściwym czasie, co muszę zrobić, myślę naiwnie. Jeszcze nie znam Ameryki.

Najpierw jednak mieszkanie. Znaleziono mi nowe, odpowiednie.

— Możesz je obejrzeć dzisiaj po południu i już wieczorem się przeprowadzić...

Jestem ciekawa.

— A tą parką z biura podróży już ja się zajmę — mówi Jakub. — Ja to ureguluję, tysiąc dolarów tygodniowo za taką dziurę, jeszcze tego by brakowało...

— Twoja książka to na pewno będzie sukces — Louis uśmiecha się pogodnie — musisz tylko trochę poczekać — mówi na pożegnanie. — Niektóre książki potrzebują tutaj kilku tygodni, zanim zostaną zaakceptowane, inne nawet dziewięciu miesięcy, jak dziecko. To jest bardzo różnie, ale nie martw się, poradzimy sobie. Zadzwonię. Życzę ci miłych dni.

Oczywiście. Póki jest ze mną mój syn, dni będą miłe. On jednak nie może niestety zostać zbyt długo, tylko trochę ponad weekend.

Wprowadzamy się do nowego apartamentu.

Greenwich Village — dzielnica artystów, którą ja też niezwykle lubię. Najbardziej ludzka dzielnica w Nowym Jorku i najbardziej europejska. Domy mają tu wysokość na miarę człowieka, mieszkańcy chodzą po ulicach w normalnym tempie, wyprowadzają psy na spacer, rozmawiają ze sobą.

Dwa duże czyste pokoje, mała kuchnia. W salonie miękkie fotele, palma w donicy i imponujący telewizor.

— Będę go włączała tylko po to, by doskonalić swój angielski — przyrzekam obłudnie.

Dom stoi przy pięknej zadrzewionej ulicy —
tuż nad Hudson River. Trzy domy dalej jest już
bulwar nadbrzeżny. Z okna widać rzekę. Można
tu oddychać. Schody przeciwpożarowe na murze
domu kończą się tuż za moim oknem swego rodzaju małym balkonikiem.

— Mogę na nim usiąść?

Lubię balkony, potrzebuję dużo światła i świe-
żego powietrza, przede wszystkim jednak potrzebuję zawsze dróg ucieczki...

— Mamo, jesteś w Ameryce... tutaj wolno ci
robić wszystko, co nie jest wyraźnie zabronione.
A to chyba nie jest zabronione. Ale jest zima, długo tam nie wytrzymasz — śmieje się Jakub.

Rano w lokalu na rogu Jakub pochłania praw-
dziwie amerykańskie śniadanie składające się z sa-
dzonych jaj, bekonu, frytek, kiełbasek i mnóstwa
innych rzeczy — wszystko spiętrzone na dużym
talerzu i kolorowo ugarnirowane sałatką.

— Po czymś takim naprawdę można drzewo
rąbać — wzdycha zadowolony.

— Oprowadzanie twojej matki po Nowym Jorku będzie chyba równie wyczerpującym zajęciem
— uśmiecham się do niego.

Zwiedzamy wspólnie „naszą dzielnicę" — każdy porządny emigrant musi najpierw odnaleźć
w mieście swoją dzielnicę — wiemy to oboje.

Wzdłuż Hudson River biega masa wysporto-
wanych, grubo opatulonych osób. Po prawej stronie mają metalową kratę, która oddziela je od
brzegu, po lewej zaś lawinę aut. Lodowaty wiatr
dmie w twarze biegnących.

— Ty też możesz sobie tutaj pobiegać — mówi mój syn.

Jeszcze się nad tym zastanowię, ale myślę, że raczej zrezygnuję z tego pomysłu.

Duża tablica przytwierdzona do kraty oznajmia, że wiosną powstanie tu park i nowa ścieżka do biegania. No więc dobrze, następnym razem, kiedy przyjadę tu znowu, może latem...

Oglądamy zwariowane małe sklepiki, które oferują najdziwniejsze rzeczy — czarodziejskie kamienie, plastikowe trupie czaszki, najrozmaitsze ozdoby — po prostu wszystko. Znajdujemy dla mnie najbliższe *Deli* — sklep spożywczy, otwarty dzień i noc. Jest ich tu tyle, że można wybrać sobie najbardziej sympatyczny. Decyduję się na ten z uśmiechniętym starym Chińczykiem za ladą.

Po drugiej stronie mojej ulicy jest ogromny Sushi Bar z jaskrawopomarańczowym dachem. Obiecujemy sobie, że dziś wieczorem zjemy tam mnóstwo *sushi*.

— Zawsze, kiedy z daleka zobaczysz ten jaskrawopomarańczowy dach, będziesz wiedziała, że jesteś niedaleko od swojego mieszkania — mówi Jakub. — Nie zabłądzisz tutaj.

Naturalnie nie pozostajemy tylko w Village. W ciągu najbliższych dwóch dni mój syn niestrudzenie oprowadza mnie po całym mieście.

— Musisz nauczyć się poruszać tutaj swobodnie — mówi.

Po pierwsze, zaglądamy wszędzie do księgarń. Przeważnie — nawet o nią nie pytając — szybko znajdujemy wśród nowości moją książkę. Ale największe wrażenie robi na nas dopiero jej widok w witrynie dużej księgarni.

— No, to już wygląda bardzo obiecująco — mówi zadowolony Jakub.

Wieczorem w domu Jakub tłumaczy mi Nowy Jork; na dużej kartce papieru rysuje coś na kształt ogromnego drzewa.

— Popatrz, tu jest Central Park, na drugim końcu Village, Soho, Little Italy. Na początek weźmy tylko Manhattan — tu masz *avenues*, a tu ulice. Są ponumerowane...

— Czy nie jest ładniej, kiedy ulice mają nazwy? — wtrącam.

— Mamo, nie jesteś w Krakowie — wzdycha mój młody nauczyciel.

Bardziej niż to ćwiczenie „na sucho" podoba mi się, gdy w mieście znajdujemy miejsca, które oboje znamy z licznych filmów. Nie musimy sobie nawet tych filmów opisywać.

— Pamiętasz? — mówimy tylko — pamiętasz?

Ale tych filmowych wspomnień jest stanowczo za dużo, więc wkrótce porzucamy tę zabawę. Tutaj trzeba po prostu wymyślić sobie nowy film, w którym samemu gra się główną rolę.

Dni są jeszcze ciągle słoneczne, chociaż naraz bardzo się ochłodziło. Znad rzeki dochodzi jasne, przejrzyste światło, i zdaje się, że przynosi nową energię i rozjaśnia cały świat. Po dwu dniach znamy już twarze kilku sąsiadów, którzy pozdrawiają nas uprzejmie. Jedynie hiszpański odźwierny zawsze patrzy na mnie ponuro.

— Czyżby nie lubił mnie, wschodnioeuropejsko-żydowsko-niemiecko-polskiej autorki książek?

— Wszyscy odźwierni są tacy — uspokaja mnie Jakub.

W ciągu krótkiego czasu mój syn przywrócił mi pogodę ducha i pewność siebie, którą, zdawało się, całkiem już utraciłam.

Ale musi już wracać do swojego Berlina, do swojego życia.

— Zobaczysz, za kilka tygodni w ogóle nie będziesz chciała stąd wyjeżdżać — mówi na pożegnanie.

Wydawnictwo się nie odzywa. Louis milczy. No tak, pewnie wszyscy mają pełne ręce roboty ze zorganizowaniem promocji, to wymaga czasu — a firma jest duża i jej pracownicy zajmują się nie tylko mną...

Dzwonię do Goldberga. Zapomniał przysłać mi swoją książkę, ale może ucieszy się na mój widok. Samotny stary Żyd...

— Pamięta pan, panie Goldberg, poznaliśmy się w ubiegłym roku w Amsterdamie, nazywam się Roma Ligocka...

— Roma Ligocka...

— Zadzwonił pan wtedy do mnie. Przeczytał pan książkę, którą napisałam... i...

— Roma Ligocka...

Milczy.

— Rozmawialiśmy też o moim ojcu. Nie pamięta mnie pan?

— Owszem. Pamiętam... — odpowiada niepewnie.

Prawdopodobnie już nie wie, kim jestem, myślę nieco zakłopotana. Biedny człowiek — w jego wieku to nie takie dziwne...

— Jest pani w Nowym Jorku? — pyta powoli.
— Długo jeszcze tu pani zostanie?
— Tak, trochę. A dlaczego pan pyta?
— Bo... — zdaje się zastanawiać — zostanie pani do przyszłego czwartku?
— Ależ oczywiście.
— Bo wie pani, w czwartek biorę ślub w dużej synagodze, w dolnym Manhattanie. Chciałbym panią zaprosić na wesele.
— Ale ja...
— Niech pani przyjdzie w czwartek. Tak, niech pani przyjdzie — nie wdaje się w bliższe wyjaśnienia — teraz muszę już niestety kończyć, mam jeszcze dużo zajęć. Proszę nie zapomnieć, w czwartek o dwunastej.

Synagoga czy też bóżnica, jak się to pięknie nazywa u nas w Krakowie, powinna być — jeśli chodzi o mnie — mała, stara i ukryta. Powinna otaczać ją aura konspiracji. Ta tutaj jest ogromna, jak hala dworcowa. Przed drzwiami nie ma też policjantów, do których widoku przyzwyczaiłam się już w Europie. Czy to w ogóle jest synagoga?

Nową panią Goldberg trudno opisać. Może łatwiej byłoby ją przy użyciu wielkiej ilości farb — namalować.
Jest trochę wyższa ode mnie i korpulentna. Jej wysoko upięte, utapirowane włosy przetrwały już wiele farbowań, po których pozostały liczne ślady. Są teraz czarne z wieloma odcieniami, dalej rude, a na samym czubku jasne. Na skroniach mimo wszystkich wysiłków widać siwiznę. Mocno

umalowane oczy, szerokie usta, trochę przypominające żabę. Kolczyki. Sznur pereł. Jej wiek także trudno ocenić, ale pasuje do Goldberga. Ma na sobie suknię z liliowej lśniącej satyny, zmarszczoną w talii. Dzięki temu jej obfity biust wydaje się jeszcze obfitszy, a biodra jeszcze szersze.

Po ceremonii zaślubin pan Goldberg poznaje nas ze sobą. Jego żona wita mnie głośno. Ma silny głos — w przeciwieństwie do cichej mamrotaniny Goldberga.

Ma na imię Charlotte. Niemiecka Żydówka. To ogromnie ułatwia konwersację.

Później stoimy z kieliszkami wina w ręce, w sali eleganckiej restauracji, i czekamy na mające nastąpić uroczyste przyjęcie. Duże towarzystwo — Goldbergowie muszą mieć szeroki krąg przyjaciół. Przeciętna wieku wynosi mniej więcej około osiemdziesięciu lat — pomijając kilkoro młodych ludzi, prawdopodobnie dzieci lub wnuków obecnych tu osób. W każdym razie spośród starszych ja wydaję się z pewnością najmłodsza. Rozglądam się. Muszę przyznać, że ludzie, którzy mnie otaczają, nie są ładni. Zamaszyście gestykulujący mężczyźni z opasłymi brzuchami, kobiety również pełne, w drogich strojach, jaskrawo umalowane. Wiele biżuterii, duże pierścionki, złote bransolety, jak na wiek pań zbyt dużo nagiej skóry. Ale na przedramionach niektórych z nich widać wytatuowany niebieski numer obozowy...

Czy żydowski Bóg naprawdę potrafi kochać tych ludzi? Prawdopodobnie tak. Musi ich po prostu kochać — z tego pokolenia nie zostało mu już wielu.

Młodożeńcy od razu biorą mnie w środek i głośno przedstawiają swoim gościom.

— Prawie pochłonęłam tę książkę, pochłonęłam, mówię pani — oznajmia Charlotte. — A ile się spłakałam... może pani zapytać Goldberga... nieprawda, Goldberg?

Nazywa swojego męża Goldberg — ma to brzmieć jowialnie, ale słychać w tym odrobinę pogardy.

W trakcie rozmowy okazuje się szybko, że przeczytała pewnie tylko kilka stron książki — no, zawsze to lepiej niż nic. Niestrudzenie i dość bezładnie przedstawia mnie dochodzącym nowym gościom. Za każdym razem opowiada moją historię w kilku zdaniach, które brzmią jak nagłówki z dzienników bulwarowych.

— Życie ocalone przez czerwony płaszczyk... Spielberg... getto krakowskie... film... znana malarka... znana książka.

Ten potok słów powoduje taki zamęt w mojej głowie, że po chwili już sama nie wiem, czy to Spielberg nosił czerwony płaszczyk, podczas gdy ja w getcie krakowskim kręciłam jego film...

Damom wokół mnie zdaje się to nie przeszkadzać. Ściskają mi rękę, obejmują, chcą się ze mną fotografować.

I chcą przeczytać moją książkę — natychmiast.

— Nie ma pani przypadkiem jakichś egzemplarzy przy sobie? — pytają.

— Niestety nie.

Nic nie szkodzi, jutro ją oczywiście kupią.

— Ach, a to jest Teresa — woła nagle pani Goldberg, szeroko otwierając ramiona. Gdy owa dama staje obok nas, Charlotte informuje mnie szybko i głośno o wszystkim, co muszę wiedzieć.

— Znam Teresę jeszcze z moich początków tutaj... nie jest Żydówką, ale mimo to jest dobrą kobietą i jedną z moich najlepszych przyjaciółek — opowiada jednym tchem. — Jest teraz piekielnie bogata i może wiele dla pani zrobić — mówi.

Ciemnowłosa kobieta, o którą chodzi, słucha tego z łagodnym uśmiechem. Nie ma więcej niż pięćdziesiąt lat, a więc już we wczesnej młodości musiała poznać obecną panią Goldberg. Jest szczupła, ma bardzo delikatne rysy twarzy i czujne szare oczy, jest piękna i dyskretnie elegancka. Ubrana w kostium od Chanel, w uszach nosi kolczyki z brylantami, a na palcu duży pojedynczy brylant — wszystko proste i wytworne — ale dla kogoś, kto się na tym trochę zna, jest jasne, że za to, co Teresa ma na sobie, można by beztrosko przeżyć w Nowym Jorku kilka miesięcy, a może nawet lat.

Teresa uśmiecha się do mnie miło — jej uśmiech ma w sobie coś konfidencjonalnego. Tej kobiecie nie trzeba niczego wyjaśniać, ona rzeczywiście przeczytała moją książkę. Mówi po polsku i dowiedziała się o mnie z polskich gazet.

— Czy to prawda, że Spielberg panią pocałował? — pyta z uśmiechem — tak napisali w gazecie. On ma swoją willę w Kalifornii, niedaleko nas — dodaje jeszcze mimochodem.

— Więc może go pani o to zapytać — odpowiadam również z uśmiechem — może sobie przypomni.

Jest miła, naprawdę miła. Polubiłam ją od pierwszego spojrzenia. Ona mnie chyba także.

— W przyszłym tygodniu wydaję przyjęcie... proszę przyjść... pozna pani u mnie kilkoro ludzi. Goldbergowie wytłumaczą pani, gdzie to jest... a zatem do zobaczenia — rzuca i już znika, otoczona obłokiem drogich perfum.

— Wyobraź sobie, Goldberg — woła jego żona z zachwytem — wyobraź sobie, Teresa zaprosiła miss Ligocką na przyjęcie...

— No, jeśli tak... — mówi jej mąż wieloznacznie.

I znowu otaczają nas nowi goście, którzy już usłyszeli, że trzeba mnie tu koniecznie „obejrzeć".

Na szczęście zainteresowanie moją osobą opada równie szybko, jak rozgorzało. Wszyscy czekają na jedzenie i najwyraźniej są już głodni.

Do Goldberga podchodzi śpiesznie jakaś kobieta w szarym kostiumie. Wcześniej stała przy wejściu i jest tu prawdopodobnie szefem obsługi.

— Mamy problem, panie Goldberg — szepcze, ale tak, że słyszę to ja i jeszcze kilka innych osób — zamówił pan sześćdziesiąt dwie porcje, a gości jest sześćdziesięcioro ośmioro...

— *A broch* — mówi Goldberg w jidysz i bezradnie rozkłada ręce. — Co ja mam zrobić, mam może wyrzucić gości? Jeśli o mnie chodzi, niech doleją wody do zupy — wzdycha — ja tu jestem tylko panem młodym...

Późno w nocy, po skończonej kolacji, Goldberg siada jeszcze obok mnie. Jest szczęśliwy i odprężony.

— Roma, pani też powinna wyjść za mąż...
dlaczego pani jest sama? — pyta i krytycznie mierzy mnie wzrokiem. — Taka jeszcze... — nie może się zdecydować, czy powiedzieć „młoda", czy „ładna" — taka jeszcze... żywotna kobieta — mówi wreszcie.

— Każda Żydówka powinna mieć męża — popiera go jego żona siedząca naprzeciw nas — a pani jeszcze tak dobrze wygląda.

Zważywszy, że każde z nich liczy sobie około osiemdziesiątki, jest to prawdziwy komplement.

— Powinna pani wyjść za mąż — powtarza Goldberg, którego w dzień ślubu najwyraźniej interesuje ten temat.

Ma już za sobą kilka kieliszków wina i tupecik niebezpiecznie balansuje na jego głowie.

— Mógłbym rozejrzeć się tu za kimś dla pani?

— Ja już mam narzeczonego — odpowiadam szybko ku własnemu zaskoczeniu.

A kiedy to mówię, znowu uśmiecha się we mnie clown.

— Tyle że mój narzeczony jest chwilowo zajęty... w Izraelu...

— No to wszystko w porządku — Goldberg zadowala się moją odpowiedzią i uspokojony zwraca się ku innym gościom.

Gdy wychodzimy, na stoliku przy drzwiach wyjściowych dostrzegam stos książek Goldberga. Dostaję od niego jedną w prezencie.

Po południu w dzień przyjęcia u Teresy zaczyna lekko padać śnieg. Dzwoni Louis — właściwie tylko po to, by spytać, co u mnie słychać, i powiedzieć, że robi wszystko, co należy...

— Interesuje się tobą kilku dziennikarzy, wkrótce znowu zadzwonię — żegna się.

Przyjęcie zaczyna się o siódmej. Jako „doświadczona mieszkanka Nowego Jorku" wychodzę z domu przed szóstą. Godzina powinna wystarczyć, aby dostać się taksówką na Park Avenue... myślę. Z ładnym makijażem, z zakręconymi włosami, w nowej ciemnoczerwonej sukni koktajlowej, z płaszczem narzuconym na ramiona i w butach na wysokich obcasach wychodzę na ulicę. Od dobrej chwili pada bardzo intensywnie i bez przerwy — pada po amerykańsku — chciałoby się powiedzieć. Tony białego puchu opadają na ulice, w Europie wystarczyłoby go na kilka tygodni — prószy nieustannie i coraz gęściej. Komunikacja się załamuje — nie ma co myśleć o taksówce. Stoję na rogu, nogi w lekkich bucikach zapadają się prawie po kolana w śniegu. Piękna jedwabna chustka, którą kokieteryjnie udrapowałam sobie wokół szyi, spada na ziemię. W ciągu sekundy zmienia się w ohydną szmatkę.

Raz po raz spoglądam na zegarek. Wpadam w panikę. Jeśli przyjadę do Teresy z dwugodzinnym opóźnieniem, przyjęcie pewnie już się skończy. Kto to wie, jak długo trwają takie party u milionerów. Głupio i nieprzyjemnie byłoby przyjść, gdy jest już po wszystkim. Śnieg pada mi na twarz, makijaż się rozmazuje. Stoję pośrodku ulicy, w głębokim śniegu, marznę. Płacz, jeśli chcesz, nawet krzycz, to jest tutaj zupełnie obojętne, ludziom, pogodzie, a także kierowcom taksówek, którzy nie chcą się zatrzymać. I to jest może również powód, by nie płakać.

Od lat mam wciąż powracający sen.

Śni mi się, że gdzieś w obcym mieście wsiadam zmęczona do taksówki, mówię taksówkarzowi po prostu „do domu" — a on wie, gdzie to jest. Zna adres i zawozi mnie tam — mimo iż ja sama nigdy go nie odnalazłam — do domu.

Zatrzymuje się przede mną taksówka i ciemnoskóry młody mężczyzna patrzy pytająco. Z westchnieniem ulgi pospiesznie wsiadam.

— Do domu — mówię bezwiednie.

— *What?* — pyta niecierpliwie, wcale się nie odwracając. — Dokąd?

— Ach, naturalnie na Park Avenue — *sorry.*

Wejście do domu jest osłonięte markizą — portier w generalskim uniformie otwiera drzwi. Winda zatrzymuje się prosto w przedpokoju moich gospodarzy. Mieszkanie zajmuje całe górne piętro luksusowego budynku. Salon składa się z kilku połączonych pokojów. Z kieliszkiem szampana w ręce wchodzę na salony i obserwuję otoczenie. Skromny luksus. Obrazy. Cenne dywany, pastelowe sofy. Goście rozmawiają w małych grupkach. Panienki w fartuszkach roznoszą na tacach maleńkie tartinki. Tu i ówdzie słychać głośny śmiech, nienaturalną wesołość, wymuszone dowcipne dialogi.

Pokazuje się gospodyni, wita mnie i znowu znika w innych pomieszczeniach. Jest ubrana w krótką czarną suknię bez rękawów, bardzo obcisłą — widać, że na jej ciele nie ma zbędnego grama. Nie nosi wiele biżuterii, tylko długie, iskrzące się kolczyki ze szmaragdami.

Pół godziny później stoję pośrodku grupki dam, które już słyszały o mojej książce. Również kilku towarzyszących im panów miło się do mnie uśmiecha. Wszyscy chcą mieć moje wizytówki i wręczają mi swoje.

— Zadzwonimy — mówią — zorganizujemy coś, trzeba jakoś pomóc... taka interesująca kobieta...

Panowie kiwają potakująco głowami. Z rozmów wnioskuję, że wszystko to są bardzo wpływowi ludzie. Ich nazwiska oczywiście nic mi nie mówią. Pod koniec przyjęcia moja torebka jest pełna wizytówek.

W rogu przy oknie stoi jakiś mężczyzna — tęgawy, jeszcze młody blondyn. Stoi sam, z kieliszkiem w ręce, obserwuje padający nadal śnieg i zdaje się, że nieszczególnie dobrze się bawi.

Raz po raz spoglądam w jego stronę — wygląda tak, jakby był zatroskany, i to natychmiast budzi moją sympatię. Często wyczuwam, gdy ludzie mają zmartwienia. Wtedy od razu stają mi się bliscy.

Próbuję właśnie podejść do tego młodego mężczyzny, by powiedzieć mu coś miłego, ale kilka rozgadanych pań staje na mojej drodze. Chcą się dowiedzieć, czy naprawdę jestem autorką książki i co mam wspólnego ze Spielbergiem.

— Ma pani może tę książkę ze sobą? — pytają, a ich biżuteria skrzy się w jaskrawym świetle lamp.

— Nie, niestety nie, ale jest już w księgarniach.

— Ach, tak, w księgarniach — mówią rozczarowane.

Powoli czuję się zmęczona ich ćwierkaniem i egzaltowanymi zachwytami, szukam więc toalety, by przynajmniej przez kilka minut odpocząć. Toaleta jest wielkości małego salonu. W wysokich wazonach stoją świeże kwiaty, ściany są wyłożone lustrami.

Nagle otaczają mnie całe rzędy ciemnoczerwonych postaci. Patrzy na mnie znajoma zwielokrotniona twarz — to przecież ja. Czy wyglądam tak, jak ludzie tego tutaj oczekują? Czy jestem tą śmiałą osobą z Manhattanu, czy też niepewną z Krakowa? No tak... przypudruj nos, wejdź do salonu i uśmiechnij się...

Przy wyjściu z toalety zderzam się z Teresą, która trzyma na rękach hałaśliwie ujadającego małego pieska.

— Roma, już cię szukałam — mówi. — Chciałam z tobą porozmawiać, ale teraz muszę szybko zejść z psem na dół, strasznie się denerwuje na widok tylu ludzi i ma słaby pęcherz... wyjdziesz ze mną? Na dworze nikt nam nie będzie przeszkadzał.

Teresa narzuca na ramiona kosztowne cudo z czarnego futerka, ja wkładam płaszcz, piesek zostaje ubrany w pelerynkę ze złotym napisem Fendi i kołnierzykiem z norek — wychodzimy.

— Podoba mi się twoja książka i ty mi się spodobałaś — zaczyna Teresa bez ogródek. — Kogo znasz w Nowym Jorku?

— Mam tu kilku przyjaciół, ale właśnie wyjechali — i mam naturalnie wydawcę...

— A więc nie znasz tu nikogo — stwierdza Teresa rzeczowo. — No, dobrze. Jutro zadzwonię do kilku osób... Nie było ich dzisiaj ze względu na tę pogodę... do osób, które naprawdę mogą coś zdziałać...

— Rzeczywiście to zrobisz? — brodzę obok niej w śnieżnym błocie i czuję, jak moje buciki przemakają...

— No pewnie, skoro ci mówię — uśmiecha się do mnie, a jej uśmiech ma w sobie znowu coś konfidencjonalnie kumplowskiego.

— Wiesz, właściwie ja też jestem z branży artystycznej, studiowałam w Polsce architekturę i trochę na Akademii Sztuk Pięknych, jak ty. Czasami jeszcze maluję... ale jeśli możesz kupić obrazy, które podobają ci się bardziej niż twoje własne... Nadal bardzo lubię czytać książki... O, mój słodziutki skarbie... — mówi nagle i bierze psa na ręce — cały drżysz, musimy wracać na górę.

— Widzisz tego faceta tam przy oknie? — pyta Teresa, gdy jesteśmy z powrotem na górze, pokazując na blondyna, którego przez cały czas obserwowałam. — To jest redaktor działu kulturalnego jednej z największych gazet w Nowym Jorku, nazywa się Alan. Na początek on wystarczy. Miły gość, poznam was ze sobą. Być może nie będzie dzisiaj zbyt rozmowny... niedawno zmarła mu matka. Pochodziła z Polski albo z Ukrainy... w każdym razie gdzieś z tamtych stron.

Jasnowłosy mężczyzna rozmawia właśnie z jakąś drobną starszą panią. Teresa przedstawia nas sobie i odchodzi, zabierając chudą panią ze sobą.

— To ty jesteś Roma — mówi Alan, gdy zostajemy sami. — Mam twoją książkę na biurku... ale przeczytałem dopiero połowę... bo...

— A ty jesteś Alan i masz zmartwienia — uśmiecham się do niego.

— Miesiąc temu zmarła moja matka — mówi natychmiast Alan, jakby tylko czekał na te słowa — pochodziła z Ukrainy, była jednak Polką, możemy rozmawiać po polsku...

Jego polszczyzna zdradza silny akcent amerykański, Alanowi brak czasem słów, lecz miło się go słucha. W ciągu następnej godziny dowiaduję się sporo o jego matce, która przed wielu laty niezwykłymi drogami dotarła do Ameryki.

— Również w czasie wojny przeżyła bardzo wiele — opowiada Alan. — Była bardzo podobna do ciebie, wprawdzie nie Żydówka... Zawsze jej powtarzałem, że powinna spisać swoje wspomnienia, ale...

— Teraz ty je napisz.

— Myślisz, że powinienem? Może to dobry pomysł.

Tak bardzo pogrążyliśmy się w rozmowie, że zapomnieliśmy o całym świecie. A teraz już czas iść.

— Powierzam Romę twojej opiece — mówi nasza gospodyni na pożegnanie do Alana — nie zrób jej nic złego.

— Z całą pewnością nie zrobię.

Alan obejmuje mnie ramieniem.

Na dworze nadal szaleje burza śnieżna, ale z pomocą portiera w liberii udaje się nam złapać taksówkę.

— Odwiozę cię do domu — mówi Alan.

— Co przedsięwziął już twój wydawca? — pyta w samochodzie.

— Nie wiem dokładnie, mówią tylko, że muszę uzbroić się w cierpliwość...

— Zwariowałaś? Tutaj nikt nie ma cierpliwości — mówi Alan.

Nagle przypominam sobie, że również Louis twierdził tak na samym początku, teraz zaś żąda ode mnie, abym spokojnie czekała.

— Spróbuję... — Alan pociera czoło w zamyśleniu — spróbuję coś zrobić, żeby to wszystko trochę przyśpieszyć, pozwól mi pomyśleć...

— Posłuchaj — mówi po chwili — jutro jest ważna premiera filmowa, będą na niej wszyscy... niech wydawca wystara ci się o zaproszenie... a ja już zajmę się resztą.

Kino. Premiera. Nowy Jork rzeczywiście nie rozczarowuje. Jest właśnie tak, jak to widać na filmach.

Czerwony dywan, limuzyny, panie w długich sukniach, eleganccy panowie — kamery.

Mam na sobie piękną suknię wieczorową z różowo połyskującej tafty. Zaproponowała mi ją jedna z moich przyjaciółek, monachijska projektantka mody.

— Weź ją... zapłacisz mi później — powiedziała.

No, mam nadzieję...

Tak usilnie staram się odszukać Alana w tym tłumie, że całkiem zapominam pooglądać wszystkie gwiazdy filmowe, które są prowadzone do pierwszych rzędów.

Później okazuje się, że Alan siedzi tuż za mną. Obok niego młoda kobieta w okularach o mocnych szkłach.

— To Rosemarie — mówi Alan podczas przerwy, gdy z nieodzownymi kieliszkami szampana w rękach stoimy w foyer — redaguje w naszej gazecie kolumnę towarzyską. Zostawiam was same…

W ciągu kilku następnych minut Rosemarie zadaje mi mnóstwo pytań i pstryka też kilka fotografii.

— Kup jutro gazetę — uśmiecha się na koniec tajemniczo i znika…

To dziwne uczucie znaleźć nagle swoje własne nazwisko pośród tylu innych znanych nazwisk. Wygląda tak obco, jakby w ogóle nie należało do mnie. Ale jest też moje zdjęcie.

„Roma Ligocka, która napisała poruszającą książkę o swoim życiu, opublikowaną właśnie w Ameryce, była dawniej aktorką…" — Dlaczego akurat aktorką? Wszystko jedno.

Po południu dzwoni Alan. Słyszę, że jest podekscytowany, a polszczyzna sprawia mu dziś pewne trudności. Spieszy się.

— Mój szef chciałby cię koniecznie poznać. Mogłabyś odwiedzić nas w redakcji? Najlepiej jeszcze dzisiaj.

Alan oprowadza mnie po redakcji. Duży budynek, mnóstwo marmuru, rozległe pomieszczenia. Wszędzie za szklanymi szybami siedzą piszący coś ludzie. Nie — nie łomoczą w klawisze maszyn do pisania, jak na starych czarno-białych filmach. Siedzą cicho, pochyleni nad komputerami. Wszystkie wątpliwości, jakie miałam w drodze do redakcji z powodu niewystarczającej znajomości angielskiego, okazują się nieuzasadnione. Koledzy Alana mówią wieloma językami — jeden pochodzi z Czech, a pewna starsza, bardzo miła redaktorka, studiowała w Heidelbergu.

Szef Alana, uprzejmy, rzeczowy mężczyzna, zadaje mi kilka pytań. Wydaje się, że moje odpowiedzi przypadają mu do gustu. Słyszał już o książce, trzyma ją w ręce...

— Dałem mu ją dzisiaj rano — mruga do mnie Alan.

A potem obaj rozmawiają szybko i bardzo „po nowojorsku".

Okazuje się, że Alan ma natychmiast napisać o mnie — teraz, od razu.

— Zrobimy całą stronę — mówi. — Jutro prześlemy ci do domu fotografa.

Szukamy z Alanem wolnego pokoju, w którym bez przeszkód mógłby nagrać rozmowę ze mną.

Ukaże się w wydaniu sobotnio-niedzielnym...

— *You are famous* — mówi zdumiony i zazwyczaj mrukliwy portier, który, gdy tego ranka schodzę na dół, jest nagle bardzo miły.

Na jego stole leży gazeta — tekst i moje duże zdjęcie — cała strona.

— *You are famous* — wita mnie barman w moim ulubionym barze Cipriani w Soho, gdzie również zimą jest ogrzewany taras.

Podają mnie sobie dalej i dalej.

Ciągle teraz dzwoni telefon.

— Jesteś sławna — mówi Louis.

Jednakże nie brzmi to jeszcze zbyt przekonywająco.

Przychodzi teraz do mnie codziennie i pomaga mi zgrać ze sobą wszystkie terminy.

Dzwonią z pewnej dużej gazety — chcieliby ze mną porozmawiać, potem z żydowskiej, też dużej. Inna, bardzo szanowana gazeta nowojorska, dobrze mi znana, zamieszcza omówienie książki i wywiad ze mną...

Lecę na dzień do Toronto, gdzie mam spotkanie z tamtejszymi księgarzami. Tymczasem zostaje pośpiesznie zorganizowane kilka wieczorów autorskich. Później spotkanie z jakimiś menedżerami na jednym z górnych pięter Empire State Building. Po raz pierwszy wkraczam do tego budynku i jadąc windą na któreś tam piętro, po prostu mam uczucie ściskania w dołku.

Louis przynosi mi codziennie wiele listów, które przychodzą do mnie na adres redakcji. Przeważnie są to e-maile. Pełne pochwał. Szczególnie wzrusza mnie list pewnego Chińczyka.

Pisze, że otrzymał moją książkę od swojej przyjaciółki i że zamknął się na dwa dni w pokoju, aby ją przeczytać — po raz pierwszy dowiedział się z niej o Holocauście...

Wieczór autorski w Instytucie Goethego — cieszę się, że znowu mogę mówić po niemiecku. Widzę, jak mi tego brakowało — języka, w którym mogę czuć się dobrze i swobodnie. Języka, który jest mi posłuszny.

Przyszli Goldbergowie — dumni i zachwyceni — a także Teresa.

Po wieczorze odczuwam ulgę i radość, że ludzie zareagowali tak jak gdzie indziej i że trafiłam również do nich.

Później Louis przedstawia mi jakąś rosłą kobietę.

— Reprezentuje duże wydawnictwo zajmujące się wydaniami kieszonkowymi — mówi mi do ucha. — Dokonanie tego, żeby w ogóle tu przyszła, graniczyło z cudem.

Ku memu zaskoczeniu jednak dama wykazuje wiele entuzjazmu i jeszcze tego lata chce opublikować moją książkę.

— Co to znaczy dla nas? — pytam potem Louisa.

— Co to znaczy? — patrzy na mnie, oburzony moją niewiedzą. — To znaczy, że twoją książkę będzie można kupić w całej Ameryce, w najmniejszych sklepikach, kioskach, wszędzie... A jeśli będzie się sprzedawała... twoja agentka w Monachium już ci wyjaśni, co to znaczy.

Postanawiamy, że niebawem, pod koniec miesiąca, wrócę do domu. W tej chwili nie mam tu już właściwie nic do roboty.

— Miss Ligocka, jeśli książka będzie się dobrze sprzedawała, zaprosimy panią ponownie we wrześniu — powiedziała przedstawicielka wydawnictwa publikującego książki w wersji kieszonkowej — i wtedy zrobimy prawdziwe tournée po całej Ameryce.

Tak, jeśli będzie się sprzedawała…

Dni znowu szybko mijają.

— W końcu w ogóle nie będziesz chciała stąd wyjechać — obiecywał mi Jakub.

Trochę żałuję, że nie zdążyłam dokładniej poznać swojej pięknej dzielnicy, tak jak tego chciałam. Żałuję, że nie udało mi się zobaczyć wiejskiego domu Alana położonego w lesie, gdzieś niedaleko Woodstock, do którego mnie zaprosił. Ani że nie poznałam jego małego synka, Mickiego.

— Nadrobimy wszystko jesienią — mówi Alan.

Teraz trzeba pakować walizki. Znowu nazbierało się o wiele za dużo rzeczy, które nigdzie się nie mieszczą. Suknie. Prezenty.

Biorę do ręki książkę Goldberga. Miałam trudności z jej nieco skomplikowaną angielszczyzną. Ale oczywiście natychmiast znalazłam stronę o moim ojcu. Czytam ją teraz ponownie…

„Jestem strasznie głodny. Nie myślę o niczym innym, jak tylko o jedzeniu. Otrzymujemy zaledwie dwadzieścia gramów chleba dziennie i wodnistą zupę. Ludzie padają jak muchy. Walczą ze sobą o kawałek chleba. Zachowują się coraz brutalniej. Zaprzyjaźniłem się z pewnym Żydem z Krakowa — nazywa się Dawid Liebling. Jest starszy ode mnie, ma około trzydziestki, a ja dopiero szesnaście lat. Liebling często odstępuje mi swoją porcję chleba. Charakter jego pracy pozwala mu nieraz wychodzić poza obóz, dlatego też może czasem zorganizować coś do jedzenia. Wieczorami, po 10–12 godzinach pracy, opowiadamy sobie różne historie.

Liebling przebywa już długo w obozie i wyjaśnia mi wiele rzeczy. Ostrzega mnie przed komendantem Göthem, który strzela ludziom w tył głowy albo na balkonie swojej willi urządza ćwiczenia strzeleckie, podczas których na chybił trafił odpala do więźniów. Żydzi muszą nazywać jego psa «panem Rolfem».

Liebling opowiada mi poza tym o wieszaniu ludzi w obozie. Wieszają ich za nogi.

Wziął mnie kiedyś na miejsce straceń.

Groźnie stoją tam szubienice.

Przyjaciele Lieblinga pracują w zakładzie naprawczym, gdzie reperują Niemcom radia i dzięki temu mają możność słuchać zakazanych wiadomości aliantów. Generał Eisenhower powiedział, że Niemcy, którzy zabijali więźniów, będą po zakończeniu wojny sądzeni jako zbrodniarze wojenni. Tylko czy my tak długo przetrzymamy... czy dożyjemy...?"

— Naprawdę nie chcesz limuzyny? — pyta Louis.

— Nie, wystarczy zwyczajna taksówka.

On i Alan przychodzą rano, by się ze mną pożegnać.

— Pojadę z tobą na lotnisko — postanawia szybko Alan.

Serdeczny uścisk dłoni Louisa:

— Zobaczymy się jeszcze.

— Koniecznie napisz książkę o swojej matce — mówię do Alana.

Zobaczymy się jesienią.

W samolocie wyjmuję lusterko i dokładnie przyglądam się swojej twarzy. Wygląda na zmęczoną. Spokojnie mogę spojrzeć w lustro — nie całkiem zawiodłam.

— Miałaś dużo szczęścia — odzywa się Rozsądna.

— Tak, a gdzie ty byłaś, gdy przeżywałam załamanie nerwowe?

— Kiedy przeżywa się załamanie nerwowe, to już i Rozsądna na nic się nie zda — mówi kąśliwie. — Poza tym, gdybym ci nie pomogła, nadal siedziałabyś w tej obskurnej dziurze, gapiła się na ściany i może połykała tabletki.

— Ale przecież to Jakub...

— Niekiedy właśnie Jakub mnie zastępuje — wzdycha. — Są takie okresy, że potrzebujesz wielu rozsądnych ludzi u swojego boku.

Zamykam oczy. Nowy Jork — usiłuję uświadomić sobie, jakie uczucia żywię do tego miasta, ale nie jest to łatwe.

Możesz je kochać lub nienawidzić — możesz pozostać albo odejść — to nie ma znaczenia. Kiedy jednak jesteś w Nowym Jorku, natychmiast do niego należysz, nieważne, czy odczuwasz miłość, czy nienawiść. Należysz do tej rzeki ludzkiej, która przetacza się przez miasto — do tych kochających, nienawidzących, zrozpaczonych albo roześmianych ludzi — twoje odczucia nie są ważne — rzeka niesie cię ze sobą.

A kiedy odchodzisz — niezależnie od tego, jak ważnym bądź nieważnym człowiekiem jesteś — to też jest obojętne. Przyjdzie ktoś inny, ważniejszy.

Co do mnie — los znowu nie mógł się zdecydować: wybrać katastrofę czy *happy end*.

Załóżmy, że to był *happy end*.

Przychodzi mi na myśl pewne zdanie, które gdzieś przeczytałam: to miasto przyjmuje cię, gdy przybywasz, i pozwala ci odejść, gdy tego chcesz — bez smutku i bez pamięci.

ROZDZIAŁ IX

LUTY

Co po długiej nieobecności w domu czeka samotnie mieszkającego człowieka? Tylko poczta.

Duża żółta koperta, listy, które do mnie przyszły, gromadzone przez uczynnego sąsiada, przechowywane, a teraz położone pod drzwiami.

Rozkładam listy na biurku jak ogromny wachlarz i najpierw na nie patrzę, żadnego nie otwierając. Dużo kolorowych kopert zaadresowanych nieznajomymi charakterami pisma. W przypadku większości z nich podejrzewam, że kryją miłe, uprzejme listy od czytelników, jakie często otrzymuję. Ale przed otwarciem napawają mnie lękiem. Przypomina to lęk, który odczuwam, gdy ktoś niespodziewanie dzwoni do drzwi. Czy stoi za nimi jakiś obcy człowiek? Jakie ma zamiary? Takie lęki rodzą się samoistnie, niepodobna się ich pozbyć. W każdym razie, ja tego nie umiem.

Lekko marznę. Mieszkanie nagrzewa się powoli, mimo że odkręciłam ogrzewanie na maksimum. Mieszkanie, w którym człowiek dawno nie był, wymaga czasu, aby się porządnie nagrzać — wydaje mi się, że potrzebuje ludzkiego ciepła. Tak jakby czekało na mój oddech, aby znowu odżyć.

Powroty do domu są dla mnie za każdym razem osobliwym, mocnym przeżyciem, ponieważ ten mój dom nigdy nie jest tak zupełnie własnym, tylko przelotnym, wynajętym miejscem pobytu. Tym bardziej głęboko przeżywam zawsze powrót do niego.

Poczucie możliwości utraty w każdej chwili wszystkiego, co się ma, budzi potrzebę, by się jeszcze intensywniej tego trzymać.

Mój wzrok wędruje po cicho stojących białych meblach, wita zwykłe przedmioty, oparte o ściany kolorowe obrazy, dawno namalowane moją ręką, wybiega na zewnątrz. Lekkie przejrzyste śnieżynki spadają na balkon. Nie leżą długo — od razu znikają. Nie jest zimno ani ciepło, tylko cicho i szaro. Jakby przyroda zamarła i na coś czekała.

Przez jakiś czas będę musiała się tu aklimatyzować. Czeka mnie kilka bezsennych nocy. Będę teraz siedziała wyprostowana na łóżku, całkowicie bezsennie. A kiedy już to przetrwam, zacznę rozmyślać o swoich zwycięstwach i porażkach w Ameryce. Pooddzielam je od siebie i spróbuję posegregować — wykonam te wszystkie drobne prace porządkowe, których taka samotna mrówka jak ja raz po raz musi podejmować się w swoim życiu.

Tymczasem jednak jestem tylko zadowolona, że żywa i bez szczególnego uszczerbku wróciłam do swojego starego świata. Nie było mnie zaledwie przez miesiąc, a wydaje mi się, jakby to trwało o wiele dłużej. Jakbym w jakimś nieznanym filmie grała rolę napisaną nie dla mnie.

Oddaję się teraz zwykłemu rytuałowi otwierania listów. Moje realne życie musi się przecież od czegoś rozpocząć. Rachunki, całe stosy, jak zwykle. Zaproszenia.

Będę musiała na nie odpowiedzieć: „Niestety, nie mogłam przyjść — byłam w innym świecie".

Najpierw wyławiam ze sterty różową kopertę. Tylko jedną? Zdaje się, że Malina nie miała zbyt wiele czasu na pisanie. A może znowu jest chora?

Nie. Wszystko w porządku, czuje się dobrze. Dlaczego muszę zawsze podejrzewać najgorsze rzeczy? Do Krakowa zawitała sroga zima. „Wszystko skrzypi, a ludzie trzęsą się z zimna", pisze Malina. Tylko jej „przyjazne uczucia nie zamarzły", dodaje, „niezmiennie myśli o mnie ciepło i z sympatią". Jakbym słyszała jej młody życzliwy głos. List emanuje radosną pewnością, że w każdej chwili może zdarzyć się coś dobrego, nawet w środku najmroźniejszej zimy.

„Mam nadzieję, że wkrótce wróci Pani do domu i zamieszka znowu w swoim mieszkaniu. Może to z mojej strony naiwne, ale cieszę się, gdy jest Pani oddalona tylko o kilka godzin jazdy samochodem, a nie siedzi w Ameryce, jak teraz, kiedy dzieli nas cały ocean. Spędziłam bardzo dużo czasu w archiwum, aby znaleźć jakieś ciekawe materiały do Pani historii, która tymczasem stała się poniekąd również moją. I muszę Panią (niestety) rozczarować — sama zresztą byłam bardzo zawiedziona. Prawie nic nie znalazłam. Z dzisiejszego punktu widzenia to wręcz nie do wiary, ale jednak prawdziwe: w ciągu pierwszych dwu lat po wojnie prawie wcale nie pisano o Żydach. Jakby w ogóle nie istnieli. Wydaje się, że po tej straszliwej wojnie nikt nie zauważył ich braku, chociaż przecież w samym naszym mieście wymordowano tysiące Żydów. A może ludzie byli tylko tak strasznie oniemiali? Nawet słowo „Żydzi" rzadko kiedy się pojawia. Początkowo nie mogłam w to uwierzyć, ale tak wygląda prawda. Oczywiście skupiłam się przede wszystkim na gazetach ukazujących się w Krakowie, bo przecież głównie o nie nam chodzi. Przypuszczam jednak, że w innych miastach ten problem wyglądał podobnie.

Obecność Żydów w ówczesnym życiu można poznać jedynie po niezliczonych ogłoszeniach o zaginionych. Z pewnością przypomina to Pani sobie jeszcze z dzieciństwa. Wiem, że już wtedy czytała Pani gazety. To prawdziwe wołania o pomoc — niektóre naprawdę przeszywają serce, gdy człowiek wyobrazi sobie losy, jakie się za nimi kryją.

Co poza tym: widać z tych gazet, że właśnie zapoczątkowano wielką «akcję rozrachunkową» — czuje się wyraźnie, jak silne pragnienie zemsty wisiało w powietrzu. Dotyczyło to wszystkich: urzędów i sądów — wielkich i małych ludzi. I oczywiście był to czas grozy. Można sobie wyobrazić, że wśród wielu winnych znalazło się też iluś niewinnych, których prześladowano, zamykano i skazywano. Czy to możliwe, że taki był również los Pani ojca? Całkiem abstrahując od prześladowań politycznych — bo to znowu zupełnie inna historia.

Droga Pani Romo! Chyba w niewielkim stopniu udało mi się Pani pomóc. Przepisałam dla Pani kilka artykułów, które zwróciły moją uwagę, a raczej obudziły we mnie uczucia pozwalające lepiej zrozumieć tamte czasy. Nie mogłam tych stron skopiować, bo są bardzo pożółkłe i łatwo się drą. Z pewnością i bez mojej pomocy odkryje Pani prawdę. Jestem przekonana, że upora się Pani ze swoją historią, tak jak uporała się Pani ze wszystkimi kryzysami w życiu...

U mnie dużo się dzieje w życiu osobistym. Piotr i ja się zaręczyliśmy. Daliśmy sobie sporo czasu na zastanowienie, chociaż myślę, że zarówno on, jak i ja w głębi duszy powzięliśmy taką decyzję już od pierwszego spojrzenia. Piotr jest starszy ode mnie i to mi na samym początku odbierało pewność siebie. Teraz już nie. A także moja choroba — nie wiem i do końca się tego nie dowiem, czy na zawsze minęła. Czy wolno mi żądać od drugiego człowieka, by żył w takiej niepewności? Ale Piotr mówi, że nie jest już żadnym «drugim człowiekiem» i wspólnie przetrwamy wszystko, co nam przyniesie los.

Droga Pani Romo, tak bardzo bym pragnęła, żeby Pani była na naszym weselu. Byłby to dla nas najpiękniejszy prezent. Nie wiem tylko, kiedy odbędzie się ślub. Zależy to od pracy Piotra, a także od pieniędzy. W tej chwili nie mamy ich zbyt wiele, nie wystarczy, a chcemy urządzić możliwie piękną uroczystość... wszystko jest więc jeszcze otwarte... Myślę o Pani serdecznie..."

Przeglądam luźne kartki, czysto zapisane pięknym charakterem pisma Maliny. Przypomina mi się wiele rzeczy. Byłam wtedy tylko dzieckiem, ale ten czas, ten zły, bezduszny i okaleczony czas, wydaje mi się znajomy, jakby stanowił część mnie.

Gdańsk, 4 lipca 1946 roku. Publiczna egzekucja zbrodniarzy z obozu w Stutthofie. Wykonana przez więźniów ochotników. Ustawiono czternaście szubienic. Wśród katów znalazła się również kobieta. Egzekucji przyglądał się ogromny tłum ludzi.

LA GUARDIA
Fiorello la Guardia — były burmistrz Nowego Jorku i obecny dyrektor UNRRA przybywa z ogromną liczbą paczek do Warszawy i osobiście rozdaje je ludności.

Wśród więźniów obozu w Płaszowie dochodziło do licznych samobójstw. Wielu ludzi traciło rozum. Za wszystkie przewinienia była tylko jedna kara — kara śmierci. Na przykład za grę w karty lub za palenie papierosów.

Zaczną teraz powstawać tak zwane Sądy Specjalne, mające za zadanie rozpatrywać przypadki związane z okresem wojny. Ławnicy, rekrutowani spośród ludności, uzyskają prawo decydowania o winie i karze.

Poszukuję czternastoletniego chłopca, Henryka Gründmanna, aresztowanego w roku 1944. Proszę o informację na adres: ul. Blich 14, na nazwisko Unschuld.

Kto spotkał się w obozie z moją siostrą, proszony o informację. Zukerberg, apteka.

Światowy Kongres Żydów szacuje liczbę zamordowanych Żydów na 5,7 miliona. Z 3,5 milionów polskich Żydów przeżyło około osiemdziesięciu tysięcy.

Kto wie o losie Konrada Józefa, widzianego ostatnio w Oświęcimiu, blok 4E, proszony o informację. Córka Pola, Kraków, ul. Słowackiego 10/4.

Holender Salomon — uwięziony na Montelupich — poszukiwany przez ojca. Ul. Batorego 33.

Na łące w Płaszowie odbył się wielki festyn ludowy — czerwiec 1945 roku.

Dwaj mężczyźni skazani przez sąd wojskowy na śmierć za fałszowanie banknotów. Wyrok wykonano 2 stycznia 1946 roku.

Rząd polski, rozumiejąc psychiczną sytuację Żydów, rozważa pozytywne nastawienie do wniosków o emigrację. 6 stycznia 1946 roku.

Kto wie, gdzie znajduje się moja córeczka Dzidzia Hurwitz? Ostatnio rozdzielona ze mną w 1944 roku na dworcu w Krakowie. Serdecznie proszę o wszelkie informacje. Na adres redakcji.

Poszukuję fotografii mojej córki Poli Kirch i mojej matki, Heleny Kirch, zamordowanych w Oświęcimiu. Kraków, ul. Szpitalna 9, Kirch D.

ZBRODNIARZE MUSZĄ BYĆ WSKAZANI
Każdy obywatel ma najwyższy obowiązek złożenia doniesienia na znanego mu zdrajcę lub kolaboratora.

Kto wie cokolwiek o więźniarce w żółtych butach z cholewami, która zbiegła z więzienia przy ul. Montelupich? Informacje kierować pod adres: ul. Rękawka 7, sklep.

Goldner Luis z New York City poszukuje brata Motela Goldnera i jego pięciorga dzieci. Informacje kierować na adres redakcji.

SĄD SPECJALNY rozpatrzył sprawę dozorczyni Heleny Bank. Oskarżona szantażowała swoją sąsiadkę, grożąc jej, że zadenuncjuje ją do Niemców jako osobę pochodzenia żydowskiego, jeśli ta nie odda jej swojego zimowego palta. Dozorczyni została skazana na trzy lata więzienia i utratę majątku.

Jan Jawor skazany przez Sąd Specjalny na śmierć za kolaborację z wrogiem.

Piekarz skazany przez Okręgowy Sąd Karny na dwa lata więzienia za nielegalny wypiek białego pieczywa.

Wszyscy prawnicy mają obowiązek zgłoszenia się i rejestracji w urzędach, gdyż mogą zostać oddelegowani na rok lub dwa lata w charakterze sędziów do Sądów Specjalnych.

Z rozprawy w Sądzie Specjalnym przeciwko Szmulowi Liebeskindowi, który jako komendant bloku maltretował więźniów: Po wysłuchaniu świadków oskarżony został skazany na karę śmierci. 16 kwietnia 1946 roku.

Kto wie cokolwiek o losie Józia Süssermanna z Krakowa, siedmioletniego chłopca o niebieskich oczach i jasnych włosach, którego w marcu 1943 zabrano w Krakowie od matki? Najpilniej proszę o informację — za wynagrodzeniem. Kraków, ul. Koletek 17/19.

Włamanie do redakcji tygodnika „Przekrój". Skradziono cztery kilogramy cukierków przeznaczonych na nagrody dla dzieci biorących udział w konkursie.

Tyle od Maliny. A oprócz tego:
Przyszło niezwykle dużo listów z całego świata, nawet z egzotycznych krajów. Moja pierwsza książka przewędrowała tymczasem wiele kontynentów. Jakaś młoda kobieta pisze do mnie z Syberii, a także jeszcze raz ten sam Chińczyk, który pisał z Nowego Jorku. Moje wspomnienia były jego pierwszym spotkaniem z Holocaustem, i ciągle jeszcze nie może dojść do siebie po tej lekturze.
Pisze też rabin z Toronto, znajduję nawet list od dalekiej kuzynki ze Szkocji, o której nigdy dotąd nie słyszałam.
Uznanie, zrozumienie — przy niektórych pochwałach zadaję sobie pytanie, czy rzeczywiście są adresowane do mnie. I raz po raz najważniej-

sze dla mnie słowa: „Droga Pani Romo, wiele rzeczy, o których Pani pisze, odczuwam dokładnie tak samo..."

Dużo listów przychodzi teraz również przez Internet, ale niektórzy nadal piszą odręcznie. Wtedy usiłuję wyobrazić sobie za różnymi charakterami pisma żywe osoby.

Ten list ktoś napisał na maszynie. Zaczyna się bardzo uprzejmie: „Wielce Szanowna Pani Ligocka..."

Ma tylko jedną stronę, toteż mój wzrok wędruje szybko na dół — nie widzę podpisu. A więc jednak.

„Jesteś głupią kobietą — pisze ów ktoś, zaczynając od razu zwracać się do mnie po imieniu — nic z tego, co opowiadasz, nie jest zgodne z prawdą, niczego nie pamiętasz, byłaś za mała, to niemożliwe, żebyś cokolwiek pamiętała, chcesz tylko omamić ludzi, to nieprawda, że się boisz, co ty za bzdury opowiadasz, wychodzisz z domu, wyjeżdżasz w podróże, to znaczy, że się nie boisz, wszystko to wierutne kłamstwo i w ogóle zamilcz, bo twój krewny, bardzo bliski krewny, był kapo w obozie, pisali o tym w gazecie, teraz wszyscy o tym wiedzą, wstydź się..."

Witaj, anonimowy korespondencie, jesteś moim pierwszym. Jeszcze nigdy nie otrzymałam takiego listu, a żyję już dość długo. To niesamowite uczucie: jakby wewnątrz mnie wszystko zamarło i naraz przestało się poruszać. Podczas lektury człowiekowi robi się zimno — zimno i szaro — odpowiednio do pogody na dworze.

Tamten artykuł z gazety sprzed kilku miesięcy przysłano mi również bez podpisu — ale ten list to całkiem co innego.

Wiem teraz, jaką szczęśliwą autorką byłam do tej pory — same miłe, życzliwe listy, sami przyjaciele.

Witaj, Anonimie. Dopadłeś mnie, to był z pewnością twój cel — osiągnąłeś go. Bo dobre listy tylko głaszczą albo czasem wprawiają w zadumę. Jednak takie jak twój — uderzają. Godzą prosto w serce, chciałoby się powiedzieć, i tak się to też odczuwa. Szkoda, naprawdę szkoda, że nie podpisałeś się nazwiskiem. Odpowiedziałabym ci. Natychmiast. Interesowałaby mnie możliwość prowadzenia rozmowy akurat z tobą, spytania cię na przykład, dlaczego to robisz?

Dlaczego?

Czy nie powiodło ci się w życiu? Na kogo jesteś taki wściekły, że musisz tę wściekłość wyładować na mnie? Czy na kogoś ze swojej rodziny? Czy na życie jako takie, że źle cię potraktowało? Bądź spokojny, mnie też nie rozpieszczało, chociaż to teraz inaczej wygląda. Ale ja mimo wszystko kocham życie, i to nas różni. Ja nie mam potrzeby wyrządzania komukolwiek krzywdy dla własnego lepszego samopoczucia. Czy przynajmniej poczułeś się lepiej po wysłaniu tego listu do mnie? Wątpię.

Piszesz, że dwuletnie dziecko nie może pamiętać niczego z czasów wojny. Tyle że ja podczas wojny rosłam i miałam najpierw dwa, a potem trzy, cztery i pięć lat.

Od kiedy, twoim zdaniem, zaczyna się zdolność zapamiętywania? Od kiedy mam prawo mieć wspomnienia? Ile lat musiałabym spędzić w krakowskim getcie — bo przecież tylko o nim opowiadam — aby wolno mi było o tym pisać?

Czy istnieje jakiś urząd, który wydaje licencje na wspomnienia? Gdyby taki istniał, chętnie bym się tam zgłosiła.

Mój wielce szanowny Anonimie, nie jesteś niestety zorientowany, że już od wielu lat naukowcy usiłują zbadać ludzką pamięć i dotrzeć do tego, jak funkcjonuje. Dlaczego raz zachowujemy coś w pamięci, a kiedy indziej tego nie robimy? I wiedzą od dawna, że w ekstremalnych sytuacjach pamięć rozwija się bardzo wcześnie — przypuszczalnie już w łonie matki.

Drogi Anonimie, ty też byłeś dzieckiem; zastanów się choćby przez chwilę, co by było, gdyby ktoś zgwałcił cię, kiedy miałeś, powiedzmy, dwa lata. Coś takiego niestety się zdarza, mimo że to niewyobrażalne. Mam nadzieję, że tobie się to nie przytrafiło.

Wierz mi jednak, że gdyby cię to spotkało, wszystko jedno w jakim wieku, pamiętałbyś o tym — z całą pewnością. A mnie w pewien sposób również zgwałcono jako dziecko, nie seksualnie — istnieją różne formy gwałtu — ale cieleśnie, psychicznie i duchowo. Dlatego ja wiem, o czym mówię, a ty najwyraźniej nie.

Wiesz, ze strachem, który odczuwam i którego mi nie odbierzesz, jest tak samo jak z nienawiścią. Można do niego podejść na dwa sposoby. Albo pozwolić, by w nas rósł i wzbierał, albo też spró-

bować go przezwyciężyć, ograniczyć lub po prostu usiłować z nim żyć. Ja żyję ze strachem, lecz,
na ile mi się to udaje, staram się go poskramiać,
już od dziesiątków lat. I dlatego ludzie darzą mnie
zaufaniem, a jest też kilkoro, którzy mnie lubią.

Czy możesz to samo powiedzieć o sobie? Piszesz, że mi nie wierzysz, ale ja naprawdę żyję ze
strachem. W dzień i w noc. Strach jest moim nie-
odłącznym towarzyszem. Boję się również ciebie,
co cię z pewnością cieszy, gdyż możesz mnie zranić — o dowolnej porze. Ale tylko zranić — nie
zniszczyć.

Myślę, że wielu ludzi odczuwa podobnie jak ja,
oni też muszą walczyć ze strachem i zwątpieniem.
Więc to do nich będę się zwracać i dla nich pisać,
a wobec tego jesteś, dzięki Bogu, bezsilny.

Tak, mój drogi, chętnie bym jeszcze z tobą po-
dyskutowała, ale przecież ty nie masz ani nazwiska, ani adresu... więc już tylko ostatnia sprawa.
Mówisz, że mój ojciec był kapo w obozie koncentracyjnym. Nie był, mój przyjacielu, i spróbuję to
udowodnić. Ty wiesz to też tylko z lektury gazety.
Gdyby jednak nawet tak było, czy sądzisz, że od-
grywałabym rolę sędziego wobec własnego ojca?
Posłuchaj mnie uważnie: mój ojciec żył w najgor-
szych czasach, jakie ludzie mogą sobie wyobrazić,
żył w najstraszliwszym piekle, jakie ludzie zgoto-
wali innym ludziom, i był w tym piekle trzymany,
nie mogąc się bronić. Ty chcesz go sądzić? Ja mam
to zrobić? Nawet gdyby nie dało się powiedzieć
niczego dobrego o moim ojcu — ale na szczęście
wiele można opowiedzieć — nawet gdyby tak było: on dał mi życie, a dzięki temu szansę, bym prze-

żyła je lepiej... bym traktowała ludzi jak ludzi. Dlatego też staram się rozmawiać również z tobą jak z człowiekiem — wprawdzie tylko w myślach — ale przecież nie stworzyłeś mi innej możliwości — chciałabym zobaczyć w tobie człowieka, obcego, bardzo obcego, ale jednak człowieka...

Dzwoni telefon. Są też dobre wieści. Dzięki Bogu. Radosne wieści.

Poważny producent filmowy zamierza sfilmować moją książkę. Poszukuje mnie już od jakiegoś czasu, bo zanim poweźmie decyzję, koniecznie chce poznać się ze mną osobiście. Gdy ja byłam w Ameryce, on tymczasem zdążył przeczytać książkę. Spotkamy się jutro w kawiarni, z nim i jego współpracownikami. No, czy to nie jest dobra wiadomość?!

Nazajutrz wchodzę do kawiarni. Czarna skórzana kurteczka (filmowcy lubią czarne skórzane kurtki), biała bluzka — to odmładza — dyskretny makijaż, wysokie obcasy — to też nie zaszkodzi. Przybieram również profesjonalno-optymistyczny uśmiech, który mówi, że można ze mną nie tylko kraść konie, ale także robić filmy.

Teraz przez chwilę będę znowu musiała się trochę powdzięczyć. Wszyscy nosimy w sobie tę małą, maleńką małpkę, która chciałaby się popisywać i tylko czeka na taką okazję jak ta.

Jeszcze zanim zdążyliśmy się przywitać i usiąść, zrozumiałam, że w tym przypadku moja cała afektacja w ogóle nie będzie potrzebna. Człowiek, który siedzi przede mną wraz z trzema młodymi współpracownikami, jest poważnym, rozsądnym starszym panem. Otwarty i pełen humoru — człowiek, a nie „producent". I rzeczywiście jest mnie ciekaw, a poza tym naprawdę przeczytał moją książkę i słucha, zadaje pytania.

Im dłużej rozmawiamy, tym wyraźniej jawi się nam przed oczami gotowy film. Nie tylko ja go widzę, on także. Chce go zrobić, nawet bardzo szybko, chciałby jak najszybciej zobaczyć ten obraz w kinach.

Później siedzimy jeszcze z moją agentką w kawiarni i trącamy się kieliszkami szampana za powodzenie całego przedsięwzięcia. Ona wydaje się w tym momencie szczęśliwsza ode mnie. „Szczęście" — nie mogę zanadto i nazbyt szybko się z nim zaprzyjaźnić. „Szczęście" — co to jest szczęście? Zawsze wystarczało mi trochę spokoju i zadowolenia, a i to musiałam sobie z trudem wywalczać. Ale niewątpliwie każdy autor się cieszy, gdy dochodzi do sfilmowania jego książki. W tym przypadku to nie tylko książka — to moje życie.

W drodze do domu zadaję sobie pytanie, co by powiedziała moja matka na to, że życie jej córki, a także jej własne, zostanie sfilmowane?

Kiedy u nas w domu dzwonił telefon, często mówiła żartem:

— Roma, odbierz, to na pewno Hollywood do ciebie.

„No tak — powiedziałaby — producenta masz już po swojej stronie. Mam nadzieję, że przyjdzie przynajmniej kilkoro ludzi, by zobaczyć film, jak już będzie gotowy".

Wiem teraz — teraz lepiej niż wówczas, gdy moja matka jeszcze żyła — ile szczęścia i dumy kryłoby się za tymi słowami. I uczuć, których nigdy nie potrafiła wyrazić.

Same piękne perspektywy — producent chce przecież wkrótce podpisać umowę. Wtedy ja znalazłabym również zatrudnienie jako doradca, co ponownie oznaczałoby dla mnie pracę w filmie. Teraz byłby to jednak mój własny film.

Potem mogłabym wybrać się w długą podróż po Włoszech... Do Rzymu, na Sycylię...

Postanawiam, że zaraz po podpisaniu umowy wydam wspaniałe przyjęcie, na które zaproszę tutejszych dobrych przyjaciół. W ostatnich miesiącach trochę ich zaniedbałam.

Wracam do domu uskrzydlona i rozochocona. Cieszę się z tej nowej siły, którą nagle w sobie poczułam. Z chęcią radowałabym się dłużej, zachowałabym jeszcze przez chwilę ten dobry nastrój, gdyby był ktoś, z kim mogłabym tę chwilę świętować. Ale jestem sama w moim dużym pokoju z białą podłogą, wysokimi skrzydłami drzwi balkonowych, z błękitnymi pasami zasłon po bokach. Jesteśmy sami — mój pokój i ja — tak samotni, że czasem nie wiem, gdzie kończę się ja, a zaczyna przestrzeń — albo odwrotnie.

Nagle przychodzi mi na myśl Dawid. Mimo ogromnej odległości, która nas dzieli, jest znowu obecny, jakby stał obok mnie. Myślę o nim z całych sił i tak intensywnie, jak sobie na to nie pozwalałam przez ostatnie miesiące. Gdzie się podziewa? Co robi? Czy mam do niego zadzwonić?

Cieszyłby się teraz ze mną. Z całego serca —
bez zawiści, ale i bez zbyt dużych nadziei. Ot, tak
po prostu. Znalazłby butelkę najlepszego szampana — zna się dobrze na winach — a ja patrzyła-
bym z radością, jak ją otwiera. Tak bardzo lubiłam
przyglądać się jego pięknym dłoniom i precyzyj-
nym ruchom szczupłych palców. Kiedy palił fajkę, napełniał kieliszki czy grał na pianinie. Czarne oczy Dawida rozbłysłyby teraz, objąłby mnie
ramieniem...

— Mamy tak samo ciemne oczy — powiedział
kiedyś — ale twoje są bardziej czekoladowe —
rozmowy zakochanych, niedorzeczne, piękne i takie odległe...

Długie, gorące lato. Przypomina mi się pewien
wieczór. Żaden szczególny, jeden z wielu. Było
bardzo ciepło, nawet późną nocą powietrze pul-
sowało upałem. Dawid siedział przy pianinie, jego palce biegały po klawiaturze. Szukał melodii,
której nie mógł sobie przypomnieć. Postawiłam
kieliszek z winem obok pianina i oparłam pod-
bródek na mocno opalonym karku Dawida.

— Cudownie grasz — szepnęłam w przypływie czułości.

Odwrócił się do mnie i uśmiechnął, jak to on
— trochę złośliwie:

— No cóż, Rubinsteinem to ja nie jestem.

Nie, nie zadzwonię. Jeśli zadzwonię w nieod-
powiedniej chwili, mogłabym może więcej zniszczyć, niż ocalić. Gdzieś w głębi duszy czuję jednak, że mój telefon by go uradował. Czuję, ale nie

chcę tego sprawdzać. Nie teraz. Może za jakiś czas.

* * *

Akta. Przychodzą kilka dni później pocztą. Rozpakowuję je jak zwykłą paczkę, wiedząc równocześnie, że skrywają losy mojej rodziny albo przynajmniej ich fragment. Szara tekturowa koperta, a w niej luźne kartki — fotokopie. Jest południe, gdy zaczynam czytać. Nic by mnie teraz przed tym nie powstrzymało: ani wojna, ani trzęsienie ziemi. Kiedy kończę, widzę, że na dworze zapadł ciemny zimowy wieczór. Czuję zawrót głowy — dopiero teraz uświadamiam sobie, że przez cały dzień nic nie jadłam. Ale nie mam siły myśleć o jedzeniu. Robię coś, czego jeszcze nigdy nie robiłam. Przynoszę sobie zakurzoną nieco butelkę wiśniówki, którą zdejmuję z półki na książki. Piję i przegryzam wódkę czekoladą. To połączenie smakuje dość okropnie, ale dobrze mi robi. Później kładę się na dywanie obok łóżka i zamykam oczy. Cicha jak dziecko. Bezradna jak dziecko.

Dotarliśmy na miejsce — mój ojciec i ja — jesteśmy u kresu podróży.

Teraz wiem o nim więcej. Nie możemy iść dalej. Dalej jest już tylko mur i druty kolczaste. Dalej ja, jego córka, żyjąca po nim, nie mam wstępu. Nadeszła pora, abym wreszcie zawarła pokój z rzeczywistością. Prawda nie będzie już piękniejsza.

Prokurator Specjalnego Sądu Karnego w Krakowie rozporządza, co następuje:

ZARZĄDZENIE O ARESZTOWANIU

w sprawie przeciw Lieblingowi Dawidowi, ur. 28. 08. 1908, podejrzan. o zbrodnie z art. 1. dekretu P. K. W. N. **z dnia 31 sierpnia 1944 r.** Dz. U. R. P. nr 4 poz. 16 o wymiarze kary dla faszystowsko-hitlerowskich zbrodniarzy winnych zabójstw i znęcania się nad ludnością cywilną i jeńcami, oraz dla zdrajców Narodu Polskiego — na zasadzie art. 9 dekretu P. K. W. N. z dnia 12. IX. 1944 r. Dz. U. R. P. nr 4 poz. 21

z a r z ą d z a

w stosunku do wyżej wymienionego podejrzanego Lieblinga Dawida

a r e s z t o w a n i e .

Aresztowany pozostaje do wyłącznej dyspozycji Prokuratora Specjalnego Sądu Karnego w Krakowie i bez jego zarządzenia nie może być zwolniony.

Prokurator

(podpis)

PISMO DOKUMENTARNE
(Kopia uwierzytelniona)

Działo się to w Obozie Koncentracyjnym w Płaszowie w latach 1943 i 1944. Garstka więźniów podjęła zakonspirowaną walkę czynną z mordercami hitlerowskimi. Wykradali broń, z kamieniołomów dynamit, lont, zapalniki. Ściągali z poza obozu, względnie sami produkowali granaty ręczne, utrzymywali łączników ze światem i otrzymywali pomoc finansową. Urządzili stację radjową odbiorczą i przez podawanie komunikatów podtrzymywali na duchu innych. Prowadzili wywiad wśród załogi SS. w Obozie Koncentracyjnym, a prócz tego utrzymywali w dzień i w nocy punkty obserwacyjne. Do najaktywniejszych działaczy, obecnie żyjących, należeli:

1) Jan Podgórski, członek Zarządu Związku Więźniów Ideowo-Politycznych
2) Stefan Nędza, Cenzor Wojewódzkiego Biura Kontroli Prasy
3) Stefan Sobala — obecnie zastępca kierownika dla spraw wychowawczo politycznych I. Kom. Obw. M O.
4) Wiktor Traubman
5) Zenon Szenwic
6) Artur Rabner
7) Leon Kaufman
8) Dawid Liebling
9) Edward Elsner
10) Kornhauser Leonard
11) Dr. Perlberger-Polański
12) Józef Immerglück
13) Edmund Korn
14) Leopold Rosner
15) Jakób Neid
16) Dawid Horowitz
17) Juljan Wiener
18) inż. Liebhaber-Czerniakowski
19) Polland A.

20) Emil Spitzer
21) Zygmunt Krieger
ponadto szereg cichych bohaterów, niestety
zmarłych w obozach lub też zastrzelonych przy
wykonywaniu rozkazów, jak:
Roman Bossak
Adam Staub
Bracia Jakubowicze i inni.
Szeroko zakrojoną akcję wysadzenia Obozu Koncentracyjnego w Płaszowie w powietrze początkiem sierpnia 1944. r. na skutek rozkazu P.P.R.
z zewnątrz została w ostatnim momencie zanie-
chana. Dla utrwalenia szczegółów w pamięci
podpisują:

Tu następuje dwanaście podpisów.

Czytam te kartki — napisane odręcznie, to znowu wystukane niewyraźnie na starej maszynie do
pisania. W ogóle nie jest łatwo się w nich zoriento-
wać. Nie są to bynajmniej takie protokoły sądowe,
jakie znamy dzisiaj, a więc czyste dokumenty spo-
rządzone na komputerze. Nie — to stronice zapeł-
nione przez protokolantów, którzy niejednokrotnie słabo władali ojczystym językiem.
Zeznania zapisane niewprawnym charakterem
pisma po części tylko na małych karteczkach —
niektóre są wyrwane z zeszytu w linię lub kratkę — lub jeszcze na starych niemieckich formula-
rzach biurowych.
Nie ma pytań — same odpowiedzi. Można
przeczytać zeznania świadków, ale nie zna się pytań przesłuchujących osób.

Jest jasne, że akta nie są kompletne. Ale zawierają najważniejsze zeznania świadków.

Biorę kilka zapisanych odręcznie kartek — to życiorys mojego ojca, napisany przez niego w celi więziennej. Po raz pierwszy w życiu widzę jego charakter pisma. Życiorys — mój Boże — ten mężczyzna miał trzydzieści dziewięć lat. Jeszcze kilka lat wcześniej myślał, że dopiero znajduje się u progu dorosłego życia, a teraz zbliżał się już ku jego kresowi. Szloch ściska mnie za gardło, ale w trakcie lektury tych akt najsurowiej zabroniłam sobie łez.

Jest też rzecz najważniejsza — wyrok. Leży na samym spodzie, pod całą stertą papierów.

Zaczynam wreszcie rozumieć. Mój ojciec nie tylko został oskarżony, aresztowany i — jak myślałam do tej pory — zwolniony do domu jako śmiertelnie chory człowiek. Nie, musiała odbyć się prawdziwa rozprawa sądowa, musiał zapaść wyrok. Jaki?

Oczywiście kusiło mnie, by przeczytać go od razu. Ale powiedziałam sobie „nie". Nie, po kolei. Wytrzymałaś do tej pory, wytrzymasz jeszcze trochę.

Usiłuję zrekonstruować całą historię. Jak nowelę, jak powieść. Z tych nielicznych kamyków mozaiki, przypadkiem rzuconych na jeden stos, stworzyłam sobie obraz, który od tej chwili będzie mi towarzyszył aż do końca życia.

Zanurzam się w rzeczywistość gorszą niż moje wspomnienia z dzieciństwa. Nie patrzę już oczami dziecka, lecz Tu i Teraz oczyma dorosłej osoby.

Widzę świat obozowy pełen brudu i smrodu. Więźniów, którzy nie mogli się myć i którym nie

wolno było tego robić. Wygłodniałych, umorusa-
nych ludzi, pracujących przymusowo aż do wy-
cieńczenia i bijących się do krwi o kromkę chleba
lub parę butów.

Wiem, że mogę pozostać jedynie na skraju tej
otchłani i stamtąd zajrzeć w jej głębię.

Mimo całej wyobraźni i woli, by wszystko zrozumieć, nie mam możliwości zstąpienia do piekła.

Do tego piekła wtrącono z dnia na dzień mojego ojca i jego innych towarzyszy cierpień, mimo
że w niczym nie zawinili.

Mnie pozostają jedynie akta. A te są skąpe. Co
mam do dyspozycji? Zeznanie mojego ojca. Jego
życiorys. Zeznanie mojej matki. Wiele, bardzo wiele zeznań świadków: mój ojciec bił, nie bił, wrzesz-
czał na więźniów, klął, dawał chleb...

Jednak ostateczna wiedza o tym, co wówczas
rozgrywało się w obozie, jest zastrzeżona dla tych,
którzy tam byli.

W styczniu 1945 roku, gdy już rozeszła się wieść
o tym, że Niemcy chcą zlikwidować obóz, mój ojciec ucieka z Oświęcimia.

„Przyszedłem pieszo do Krakowa, odszukałem
swoją rodzinę, która z fałszywymi dokumentami
ukrywała się w mieście. W końcu odnalazłem żonę i dziecko. Schroniłem się u nich, póki Niemcy
nie opuścili miasta. Później zacząłem odbudowy-
wać swoją firmę", pisze.

Z zeznania mojej matki: „Zaraz potem, gdy
mój mąż otworzył firmę na ulicy Tomasza w centrum Krakowa, pojawili się u niego trzej mężczyźni. Byli więźniowie obozu. Zażądali pienię-

dzy, grozili, że zadenuncjują go na milicji, jeśli im nic nie da. Ponieważ mój mąż stanowczo odmówił, powiedzieli, że gorzko tego pożałuje".

„Stanowczo odmówił" — potrafię to sobie wyobrazić. Mój ojciec miał metr osiemdziesiąt jeden wzrostu i był bardzo energiczny. Widzę, jak chwyta tych trzech facetów za kołnierze i jednego po drugim zrzuca z dwunastu schodów prowadzących do jego biura.

„W jakiś czas potem", zeznaje moja matka, „mój mąż został aresztowany".

Do Prokuratury Specjalnego Sądu Karnego
w Krakowie.
W sprawie przeciw Lieblingowi Dawidowi
— w więzieniu.
Kraków, 27 października 1945 r.

Upraszam Pana Prokuratora o przesłuchanie niżej wymienionych świadków na okoliczność, że Dawid LIEBLING w czasie pobytu w obozie koncentracyjnym w Płaszowie nie znęcał się nad więźniami i że jako członek tajnej organizacji konspiracyjnej w obrębie obozu w żadnym wypadku nie mógł znęcać się.

1. Zenon Scheuwitz, Kraków
2. Wiktor Traubman, Kraków
3. Artur Rabner, Kraków
4. Józef Reiner
5. Edward Elsner
6. Leopold Rosner
7. Lotti Makler, Kraków

Teofila Lieblingowa

Z zeznań świadków:
„Byłem czynnym działaczem konspiracji. Po aresztowaniu i umieszczeniu mnie w obozie w Płaszowie poznałem Dawida Lieblinga. Liebling wielokrotnie szedł mi na rękę przynosząc żywność taką na jaką go było stać. W rozmowach z współwięźniami również nie słyszałem ażeby ktoś żalił się na niego, a wprost przeciwnie, chwalili jego postępowanie. Ja usiłowałem utrzymać kontakt z naszą organizacją na zewnątrz i zorganizować bojówkę w obozie. Liebling należał do mojej grupy. Jego zadaniem jako członka służby porządkowej u Niemców było utrzymywanie w czystości urządzeń sanitarnych, a także wykonywanie prac poza obozem. Charakter jego pracy był następujący: miał możność wykradania większej lub mniejszej ilości dynamitu, przekazując go nam do użytku a zarazem był łącznikiem między nami a miastem. Nastawiałem specjalnie czołowych działaczy na terenie obozu ażeby wykazywali swą lojalność w stosunku do Niemców, wiedząc iż w przyszłości mogą się mnie przydać. Do takich należy zaliczyć właśnie podejrzanego Lieblinga. Jeśli ktoś został przez niego pobity to w stosunku do naszej pracy i wyższych celów takiemu człowiekowi z pewnością nic się nie stało. Liebling podjął się tego zadania..."

Dlaczego mój ojciec to zrobił? Musiał, jak wszyscy w obozie, co dzień i co godzina liczyć się ze śmiercią. Ale nie chciał, by tak rzec, tanio się jej sprzedać. Skąd wziął tyle odwagi, żeby jeszcze w oczach swoich ludzi uchodzić za zdrajcę? Nie wiem i trudno mi to zrozumieć. Myślę, że lepiej ode mnie zrozumiałby go ktoś inny: mój syn, młody mężczyzna, żyjący w dzisiejszych czasach, pewny siebie i odważny — jego wnuk.

Z zeznań świadków:

„Po likwidacji getta krakowskiego w kwietniu 1943 roku i przesiedleniu pozostałych przy życiu Żydów do obozu koncentracyjnego w Płaszowie, komendant obozu Amon Göth przeprowadził kontrolę urządzeń sanitarnych. Najwyraźniej nie był zadowolony z jej wyniku. Zebrał odpowiedzialną za to całą kolumnę sanitarną i wydał rozkaz jej rozstrzelania. Po egzekucji, w trakcie której straciło życie czterdzieści troje ludzi — kobiet i mężczyzn — Dawid Liebling otrzymał od organizacji podziemnej rozkaz zgłoszenia się do służby porządkowej.

Do służby porządkowej należeli wszyscy, którzy pełnili jakiekolwiek funkcje w obozie, a więc także lekarze, piekarze, stolarze, murarze, ślusarze itd. Oni pierwsi zostali skoszarowani w Płaszowie. Dawid Liebling miał za zadanie dbać o urządzenia sanitarne".

Z zeznania mojego ojca:

„Zdarzały się przypadki, że głodni więźniowie kradli składowane przez Niemców kartofle.

Ludzie z SS zastawili kiedyś pułapkę i przychwycili na kradzieży trzech młodych chłopaków. Dwóch rozstrzelali na miejscu. Trzeci zbiegł.

Musiałem go odnaleźć i ukarać. Zbiłem go, ratując mu dzięki temu życie".

Inny świadek:

„Jedną z najstraszliwszych egzekucji, jakie widział Płaszów, było stracenie inżyniera Krautwirtha. Oskarżono go o sabotaż — mówiono również, że znaleźli przy nim listy pisane do ludzi na zewnątrz.

Razem z nim stracono także chłopaka o nazwisku Haubenstock za to, że podczas pracy śpiewał rosyjskie piosenki.

Wszyscy więźniowie musieli stanąć do apelu i wziąć udział w egzekucji. Ustawiono szubienice. Najpierw powieszono młodego Haubenstocka. Ale lina się zerwała, więc na pół martwy spadł na ziemię. Kiedy komendant Amon Göth nasycił się już widokiem powolnej agonii tego młodego człowieka, własnoręcznie go rozstrzelał. Krautwirth, który miał być następny i który widział straszną śmierć chłopaka, wziął ukrytą w ubraniu brzytwę i podciął sobie żyły. Mimo to Göth polecił dwom katom dalsze wykonywanie rozkazu. Rękami powalanymi krwią Krautwirtha zawlekli go pod szubienicę i krwawiącego powiesili — na oczach wszystkich obecnych tam Żydów. Zostawili wisielca jeszcze na wiele dni i nikomu nie wolno go było zdjąć".

Inżynier Emil Krautwirth był młodym mężczyzną. Zrobił dyplom pod koniec lat trzydziestych, tuż przed wojną. W tym czasie ożenił się też z ciocią Sabiną. Był szwagrem mojego ojca.

Zeznanie Józefa R. — 24 lata.

„W obozie koncentracyjnym w Płaszowie przebywałem od marca do listopada 1943. Nigdy nie zauważyłem by wymieniony D. Liebling prześladował żydów w szczególności, by ich bił lub w inny sposób się nad nimi znęcał. Jeśli chodzi o moją osobę, to Dawid Liebling uratował mi życie. Gdy bowiem zostałem skazany na śmierć przez komendanta obozu dzięki szczęśliwemu zbiegowi okoliczności zostałem tylko postrzelony, wtedy Dawid Liebling z miejsca egzekucji z narażeniem własnego życia wziął mnie i przeniósł na izbę chorych w obozie, gdzie z ran odniesionych wyleczyłem się. Doniesienie przeciwko niemu uczynione tylko chyba ze złośliwości. Liebling w obozie w granicach swych możliwości wszystkim pomagał i ratował".

Z protokołu przesłuchania oskarżonego Dawida Lieblinga:

„W latach 1943–44 jako członek organizacji podziemnej miałem ścisłe kontakty z innymi bojownikami, wymienionymi w Piśmie dokumentarnym Rep. 3401/1945.

W październiku 1943 roku, gdy armia niemiecka zaczęła się już wycofywać, dotarły do obozu informacje, że Niemcy w trakcie odwrotu będą likwidować obozy i rozstrzeliwać wszystkich więźniów. W Płaszowie powstała tajna grupa konspiracyjna, której celem było zniszczenie obozu i wysadzenie w powietrze kilku obiektów, co miało umożliwić więźniom ucieczkę. Od organizacji otrzymałem rozkaz zgromadzenia jak największej ilości materiałów wybuchowych i dostarczenia ich do obozu, aby można je było wykorzystać do budowy granatów. Materiały wybuchowe otrzymałem od braci Jakubowicz, którzy pracowali w kamieniołomie. Ponieważ miałem pewną swobodę ruchów, udało mi się przynieść te materiały do warsztatu naprawy radioodbiorników, gdzie wręczyłem je zatrudnionym tam Arturowi Rabnerowi, Zenonowi Scheuwitzowi i Izaakowi Englenderowi, aby mogli wykonać granaty. Z tego samego źródła pochodziły materiały, przekazane przeze mnie później również naszym innym łącznikom, jak Wiktor Traubman, Józef Immerglück i in., którzy zanieśli je do ślusarni, gdzie także fabrykowano granaty".

Zatrzymuję się na chwilę — rozmyślam. Załóżmy, że członkom ruchu oporu by się udało. Załóżmy, że więźniowie zniszczyliby wówczas obóz, wysadziliby go w powietrze, co było ich zamiarem. Być może byłoby to pierwsze większe powstanie przeciw Niemcom w obozie koncentracyjnym na terenie Polski. Jeszcze przed tragicznym powstaniem w warszawskim getcie, jeszcze przed heroicznym powstaniem warszawskim. Jakie mogłoby to mieć skutki dla losu tysięcy ludzi! Może daliby sygnał innym obozom. Niewyobrażalne...

Dalszy ciąg relacji mojego ojca:
„W jakiś czas później Niemcy niespodziewanie wydali rozkaz przetransportowania części więź-

niów do Niemiec. Wskutek tego nie było już możliwości rozpoczęcia naszej akcji w przewidzianym czasie. Następnym stosownym terminem wydała się nam osławiona niedziela w sierpniu 1944 roku, gdy Niemcy przywieźli do obozu siedem tysięcy aresztowanych Polaków. Niestety w chwili, gdy wszystko z naszej strony było już zaplanowane i przygotowane, nadszedł od organizacji podziemnej PPR i od AK rozkaz odstąpienia od całej akcji. Ta decyzja była prawdopodobnie związana z tragicznym rozwojem powstania warszawskiego. Szczegółowo mówią na ten temat zeznania wyżej wymienionych świadków".

Z przesłuchania świadka Leopolda Rosnera — 29 lat. Muzyk. Wyznania mojżeszowego.

„Grając często u komendanta obozu i będąc stąd obecnym przy wielu rozmowach naszych katów, często podsłuchałem niejednokrotnie ważne dla nas wiadomości, np. co do transportu, segregacji wzgl. egzekucyj i te wiadomości donosiłem natychmiast Lieblingowi, który przez swoją organizację miał możność podjęcia pewnych środków zaradczych..."

Poldi Rosner — pamiętam. Jeszcze lepiej pamiętam jego brata, Wilusia. Był to jeden z ludzi, którzy tuż po wojnie pojawili się w naszym domu i mieszkali u nas przez pierwszy okres. Zachowałam go we wspomnieniu jako młodego, szczupłego mężczyznę, który — w przeciwieństwie do innych dorosłych — chętnie zajmował się dziećmi.

Bawił się z nami, wygłupiał i śpiewał wesołe piosenki. Było to dość niezwykłe jak na tamte czasy. Bardzo go lubiłam. Pewnego dnia i on zniknął. Wyemigrował do Ameryki.

Bracia Rosnerowie należeli do znanej rodziny żydowskich muzyków i dlatego wraz z innymi znaleźli się jako więźniowie w obozie w Płaszowie.

Wiluś i jego dwaj bracia tworzyli orkiestrę, która grała dla obłąkanego komendanta obozu Amona Götha. Ale nie było to wcale uprzywilejowane stanowisko. Kiedy Göth organizował swoje uroczystości, chciał mieć tych trzech muzyków, więc ubierano ich we fraki i musieli grać. Za przegrodą, bez przerwy, godzinami, aż do wyczerpania. Gdy mdleli, jeden z pijanych Niemców wylewał im na twarz szklankę wódki lub kufel piwa. Im, którzy ciągle głodowali, uchlani panowie ludzkości rzucali resztki jedzenia w powietrze i skręcali się ze śmiechu, widząc, jak ci trzej wygłodniali mężczyźni chwytają je ustami. Niczym psy.

Rosner zeznaje:

„Podejrzany Liebling był bardzo koleżeński w stosunku do wszystkich współwięźniów, mianowicie starał się przydzielić słabszych do swojej grupy roboczej, gdzie praca była lżejsza, a warunki możliwsze i znośniejsze, niż gdziekolwiek indziej. O ile chodzi o działalność Lieblinga w życiu konspiracyjnym na terenie obozu stwierdzam bardzo stanowczo iż zajmował on tam stanowisko bardzo czynne, mianowicie sprowadzał z kamieniołomów materiały wybuchowe. Gdzie materiał deponował nie jest mi wiadomem, albowiem osłonięte to było ścisłą tajemnicą ze względu na znaczną liczbę szpiclów i donosicieli. Podejrz. mając więcej możności wyjazdu poza teren obozu przywoził z miasta wiadomości polityczne, krzepił nas niemi i podtrzymywał na duchu".

Z zeznania mojego ojca:
„Kiedy pewnego wieczoru miałem służbę sanitarną, otrzymałem rozkaz zaprowadzenia stu mężczyzn i dwudziestu kobiet do zamku gubernatora Franka, gdzie mieli pracować. Miałem niewiele czasu, aby postawić grupę na nogi, ale wiedziałem, że jeśli bezzwłocznie nie wykonam tego rozkazu, ja i wielu innych ludzi zostaniemy rozstrzelani za sabotaż".

Świadek:
„Ludzie byli przemęczeni i głodni. Przez cały dzień pracowali. Nie dostali nic do jedzenia. Rozbiegli się na wszystkie strony jak szczury. Lieblingowi z trudem udawało się utrzymać grupę. Bił na oślep i klął. Jednego mężczyznę, który wzbraniał się iść, uderzył w głowę".

Mój ojciec:
„Pewna kobieta zgłosiła się na ochotnika. Zauważyłem jednak, że ma przy sobie jakiś węzełek, który chce przeszmuglować do miasta. Gdyby go u niej znaleziono, rozstrzelano by ją i prawdopodobnie nas również. Uderzyłem ją, upadła na ziemię. Ta kobieta przeżyła i nie wniosła przeciw mnie żadnych zarzutów".

Nazywam to NOCĄ GUBERNATORA.

I wszystko mam przed oczami. Z tłumu głodnych, wycieńczonych, śmiertelnie zastraszonych ludzi, ludzi, z których wielu było tak otępiałych, że na niczym im nie zależało — nawet na zachowaniu własnego życia — mój ojciec musiał stworzyć oddział „zdolny do pracy". Grupę, mającą wykonać na zamku gubernatora jakieś roboty budowlane czy naprawy.

Gubernator Hans Frank, który sam chętnie nazywał się „królem Krakowa", rezydował na Wawelu. Miał pięcioro dzieci. Jeden z jego synów był dokładnie w moim wieku. Tyle że ja nosiłam gwiazdę Dawida. I siedziałam w ciemnej piwnicy. Owej nocy jednak nasze losy skrzyżowały się w osobliwy sposób. Gdyby bowiem mój ojciec tej nocy z rozkazu jego ojca został zastrzelony, nie pozostałoby mi po nim żadne wspomnienie. Do czego gubernator Frank potrzebował tych stu dwudziestu półżywych niewolników? Czy zepsuło się ogrzewanie na zamku, a może zapchała się wanna? Kto to wie?

Idą po ciemku — mają sztywne z zimna stopy, owinięte w przemoczony papier gazetowy. Maszerują przez ciche uliczki — ziemię pokrywa śnieg i błoto — eskortowani przez uzbrojonych mężczyzn.

Mój ojciec ma nadzorować robotników. Pytanie, czy sobie poradzą? Większość nie ma zielonego pojęcia o urządzeniach sanitarnych. Nie spali, nie jedli nic oprócz wodnistej zupy. Teraz maszerują — na pół we śnie, na pół oszalali ze zmęczenia — krok za krokiem — bo muszą, a przede wszystkim dlatego, że chcą przeżyć.

Mężczyzna, którego mój ojciec uderzył wówczas w głowę, był jednym z tych trzech, którzy później, po wojnie, usiłowali go szantażować, a potem na niego donieśli. To wszystko. Nic więcej nie da się wyczytać z akt.

A może jednak?

Może za tą prawdą kryje się jeszcze jakaś inna?

W protokołach z rozprawy czytam, co następuje:

„Zostaje odczytany akt oskarżenia. Przewodniczący pyta oskarżonego, czy przyznaje się przed sądem do winy i czy chciałby złożyć jeszcze jakieś wyjaśnienia?"

Na to ojciec ponownie opowiada o rozstrzeliwaniach, o nieludzkich warunkach, o swojej działalności w obozie, o próbach ratowania ludziom życia. A później wygłasza dziwne zdanie. Mówi dosłownie: „Byłem skłócony z moim bratem. Z powodu kobiety, do której obaj czuliśmy sympatię". Dlaczego mówi coś takiego? Coś tak zwykłego, błahego? Ma tylko kilka minut na swoją wypowiedź. I walczy o życie. Wie, że stoi przed Sądem Specjalnym, którego zadaniem jest udowodnić mu zdradę i skazać. Wie, że grozi mu kara śmierci. Ponownie, może po raz ostatni, musi walczyć o własne życie. A opowiada o kłótni z bratem.

Kłótnia o kobietę, do której obaj „czuli sympatię". Tak nazwał to wówczas przed sądem. Takiego języka używało się przed sześćdziesięciu laty.

Dwaj mężczyźni w obliczu śmierci, którzy odczuwają silną, może ostatnią namiętność do kobiety. Obaj mają po trzydzieści kilka lat — prawdopodobnie nie będą już starsi. Szekspirowska tragedia w ich życiu przesiąkniętym brudem i krwią?

Czy rywalizacja była tak silna, że mogła się skończyć wyłącznie śmiercią jednego z nich?

Czy ta kobieta chciała jednego z nich, a tego drugiego nie? A może zdradzała jednego z drugim? Albo może to wszystko rozgrywało się tylko w umysłach obu mężczyzn, gdyż cielesny kontakt między więźniami był niezwykle utrudniony? Ale jeśli jednak?

Same pytania. Nie mam na nie ostatecznej odpowiedzi. Nikogo nie mogę uznać winnym. A już na pewno nie teraz, gdy wiem, jak niesłusznie oskarżono mojego ojca.

Mogę jednak o tym rozmyślać.

A jeśli ta rywalizacja tliła się między braćmi od dawna, może już nawet od dzieciństwa? Mała niewinna rodzinna sprawa, jakie często się zdarzają, a potem narastała, narastała, aż wreszcie rozładowała się w ekstremalnej sytuacji?

Mój ojciec był najwyższy i najsilniejszy spośród braci. Przystojny, wysportowany. Poślubił piękną i bogatą kobietę, był z nią szczęśliwy. Odnosił sukcesy w interesach. Wystarczy, żeby zrodziły się zawiść i wrogość.

Ci trzej mężczyźni, którzy wówczas nawiedzili mojego ojca w biurze, dobrze wiedzieli, że nie był kapo w obozie. Wiedzieli, że żadnego zarzutu przeciw niemu nie da się utrzymać. Ale spróbowali. Chcieli pieniędzy.

A jeśli ktoś ich nasłał? Ktoś, kto liczył na to, że w tamtych czasach można było z łatwością, bez posiadania dowodów, posłać kogoś na szubienicę? Albo skazać na to, że przywrze do człowieka coś okropnego — na całe życie. A nawet na dłużej. Dobre imię przepadnie. Tym trzem mężczyznom nie chodziło o odebranie dobrego imienia mojemu ojcu. Oni chcieli tylko pieniędzy, ale ich nie dostali.

Kto mógł być tym zainteresowany? Czyżby jego własny brat?

Nie potrafię tego udowodnić. Mam jednak prawo o tym myśleć. Również głośno. I w gruncie rzeczy nie jest już może wcale tak istotne, czy to mój ojciec zawinił, czy też winę ponosił jego własny brat. Jego najbliższy krewny. Mój wujek.

Nigdy się tego ostatecznie nie dowiem. Obaj nie żyją. Mają prawo milczeć.

A ja będę o tym rozmyślać, bo nie mogę zrobić nic więcej. Rozmyślać o tej strasznej rodzinnej tajemnicy, którą mimo woli odkryłam. Właściwą odpowiedzią na nią jest brak odpowiedzi.

ROZDZIAŁ X

MARZEC

Marzec. Pada deszcz, potem świeci słońce, a kilka minut później sypie śnieg. Olbrzymie białe serpentyny wirują w powietrzu. Płatki tańczą oszalałego walca z wiatrem. Potem nagle wszystko znika i znowu wychodzi słońce. Ciągły ruch — cała paleta.

Kapie z dachów. Ale na ulicach leży jeszcze lód.

Nadal zajmuję się aktami. Czytam je wciąż od nowa — teraz, gdy już je mam, chciałabym wreszcie wszystko zrozumieć, każde słowo. Spoza zimnego języka urzędowego wyziera czasem bolesne wspomnienie. Zaczynam pojmować niektóre zależności. Łapię się na tym, że zapominam o otaczającej mnie rzeczywistości i zanurzam się w czasie, który wydaje mi się jaśniejszy i bardziej wyrazisty niż ten dzisiejszy. W porównaniu z tym, co się wówczas wokół mnie działo, moje codzienne życie jawi mi się blade i nieważne. Kiedy dzwonią przyjaciele, jestem lakoniczna i mam niewiele do powiedzenia, bo żyję właśnie w roku 1946. Jak im to wyjaśnić? Jak wyjaśnić, że ich problemy wydają mi się teraz znacznie bardziej błahe niż problemy ludzi z tamtych lat. Na pytanie zaś, co porabiam, powinnam odpowiedzieć, że uczestniczę w procesie przeciw mojemu ojcu.

— W procesie przeciw twojemu ojcu?

— Tak, we wrześniu 1946 roku.

Czy ktoś mógłby to zrozumieć?

Cała ta wędrówka w czasie jest bardzo niezdrowa, czuję, że wyczerpuje mnie również fizycznie. Mam ciężkie sny. Dręczą mnie koszmary senne, jakie już od dawna mnie nie nawiedzały.

Mam sen, że poddałam się operacji twarzy. Dobrowolnie — a może jednak ktoś mnie do niej zmusił? Czy ktoś mi rozkazał i musiałam być posłuszna? Nie jest to jasne, ale wiem równocześnie, że tego nie chciałam. Usiłowałam nawet powiedzieć „nie", lecz było już za późno. Teraz przeglądam się w lustrze, patrzę na zoperowaną twarz. Czy się zmieniła? Czy jest inna, czy taka sama?

Spotykam znajomych, przyjaciół — przechodzą obok, nie zwracając na mnie uwagi. Wołam ich, krzyczę, że to ja, że się nie zmieniłam. Ale oni mnie nie rozpoznają i odwracają głowy. Wpadam w panikę, biegnę do domu. Przed dużym lustrem oglądam swoją twarz centymetr po centymetrze. Nic się nie zmieniło, wszystko jest na swoim miejscu, a mimo to coś jest inaczej. Jakiś drobiazg, którego nie udaje mi się odkryć, a który jednak odmienił moją twarz. Natychmiast muszę go wytropić. W przeciwnym razie nie będzie to moja twarz. Muszę odzyskać swoją własną. Chcę ją mieć na powrót, pragnę tego rozpaczliwie, bez swojej dawnej twarzy nie odważę się wyjść na ulicę i będę tutaj uwięziona… Jestem zrozpaczona, krzyczę, że jestem zrozpaczona. Słyszę ten krzyk, jak to często bywa w strasznych snach, słyszę swój własny głos, donośny i wyraźny.

I budzę się na jego dźwięk — po czym podbiegam do lustra. Oczywiście był to tylko sen. Ale uczucie rozpaczy utrzymuje się jeszcze przez jakiś czas.

WYROK

W Imieniu Rzeczpospolitej Polskiej,

19 września 1946.

Specjalny Sąd Karny w Krakowie

po rozpoznaniu w dniu 14 i 19 września 1946. sprawy

DAWIDA LIEBLINGA

ur. 28 sierpnia 1908. w Krakowie, syna Samsona i Marji, obywatela narod. polskiej, żonatego, wyzn. mojżeszowego, kupca, ojca 1 dziecka, aresztowanego od dnia 7 września 1945. oskarżonego o to, że w okresie okupacji niemieckiej w latach 1942–1944. w obozie koncentracyjnym w Płaszowie idąc na rękę niemieckim władzom obozowym, a zarazem wykorzystując swoje uprzywilejowane stanowisko celem przypodobania się komendzie obozu jako członek służby porządkowej znęcał się w bestialski sposób nad swymi współwyznawcami, kolaborował z wrogiem, działał na niekorzyść innych więźniów, szerzył strach i grozę... a więc zgodnie z art. 1 § 1 p.a. /dekretu z dnia 31/081944 w brzmieniu dekr. z 16/2 1945. Nr 7. poz. 29 Dz. U. R. P.

postanowił

UNIEWINNIĆ osk. Dawida L I E B L I N G A, wyżej dokładnie opisanego, z powyższego oskarżenia, a kosztami postępowania obciążyć Skarb Państwa.

Uzasadnienie

Czy ja, jego córka, potrzebuję po sześćdziesięciu latach uzasadnienia?

„Wynik rozprawy nie dał sądowi żadnych punktów zaczepienia, które uzasadniałyby winę wyżej wymienionego... Jak wynika z zeznań świadków, zachowanie oskarżonego w obozie nie było spowodowane chęcią współpracy z kierownictwem obozu, lecz warunkami panującymi w obozie. Nie może być zatem mowy o kolaboracji z wrogiem. Wręcz przeciwnie, jak wynika z relacji świadków, oskarżony nienawidził Niemców, należał do podziemnej grupy ruchu oporu, gdzie czynnie współdziałał, mając na celu ratowanie życia ludzi w obozie... itd.

Trzy strony uzasadnienia. To wszystko. Koniec. Wyrok nosi datę 19 września 1946 roku. Szóstego listopada 1946 mój ojciec zmarł.

Podczas lektury tych dokumentów uświadamiam sobie, że w pewnym momencie pamięć mnie jednak zawiodła. Zawsze myślałam, że ojciec został aresztowany latem 1945, zachorował w więzieniu i zmarł w listopadzie tego samego roku. A przecież odszedł dopiero w rok później.

Przez cały czas nie miałam świadomości, że łączę ze sobą dwa listopady. Błąd.

To znaczy, że mój ojciec siedział w więzieniu nie kilka miesięcy, a ponad rok. Po kilku latach spędzonych w obozie. Cały ostatni rok z trzydziestu dziewięciu lat życia.

Został zatrzymany latem 1945 roku. Nikt nie wie, gdzie później przebywał. Prawdopodobnie w areszcie. Od września 1945 był oficjalnie zarejestrowany jako więzień i oskarżony przez Sąd Specjalny. Siedział na Montelupich, gdzie z pewnością przebywali też w celach zbrodniarze hitlerowscy. Czy siedział w jednej celi z nazistami? To bardzo prawdopodobne.

Gdy zachorował, przewieziono go do szpitala. A kiedy poczuł się lepiej, albo po prostu na mocy arbitralnej decyzji prokuratora, wtrącono go ponownie do więzienia. Aż wreszcie pewnego dnia dostał udaru mózgu. Wtedy zwolniono go do domu. Nieprzytomnego. Właściwie jako zwłoki. Na skonanie. Czysta formalność.

Wróciłam ze szkoły do domu, a ojciec leżał w łóżku. W moim. Od tej pory spałam w jednym łóżku z mamą. Leżał blady, z zamkniętymi oczami. Usta miał na wpół otwarte. Z boku ciekła mu strużka śliny. Ręce wyciągnięte wzdłuż ciała. Zadawałam sobie pytanie, czy podobnie wyglądają zmarli? Już nie pamiętam, jak długo tak leżał, nie wiem też, czy mama sprowadziła lekarza, a jeśli tak, to co powiedział. Pamiętam tylko milczenie ojca. Leżał bezwładnie, tylko palce jednej ręki trochę się poruszały w jakimś nieznanym rytmie, oczy mamy były suche, wokół nas panowała cisza.

Później zostawałam z nim sama. Mama musiała pracować i troszczyć się o wiele rzeczy. Byłam zwolniona ze szkoły, prawdopodobnie ze względu na ważne sprawy rodzinne. Przynosiłam sobie krzesło i siadałam obok ojca. Nie bałam się. Teraz, kiedy leżał taki bezbronny, kochałam go jeszcze bardziej. Przesiadywałam przy nim godzinami, doglądałam go, jak matka dogląda małego dziecka. Często brałam jego rękę i gładziłam ją. A on się nie poruszał.

Próbowałam dawać mu coś do picia — nie udawało mi się. Przynosiłam małą łyżeczkę i poiłam go herbatą, po łyżeczce, bardzo powoli wlewałam mu ją do ust. Połykał. To mi się zaczęło podobać. Był jak duża lalka. Po kilku łykach miał dosyć. Nazajutrz szło już lepiej.

Nie pamiętam, kiedy otworzył oczy. Patrzył w sufit.

— Tatusiu — powtarzałam raz po raz — tatusiu, tatusiu!

Nie było żadnej reakcji. Koniecznie chciałam coś dla niego zrobić. Ponieważ nie miałam innych zajęć, nudziłam się. Brałam go co chwila za rękę i zaczynałam opowiadać. O czymkolwiek: o szkole, o mamie — wymyślałam jakieś wesołe historyjki, żeby się chociaż uśmiechnął.

Ale nie uśmiechał się, patrzył tylko nieruchomo w sufit, a ja nie mogłam zgadnąć, o czym myśli.

— Apopleksja — mówiła mama — coś takiego zdarza się u starych ludzi, a nie u młodego mężczyzny.

Kiedy tak przy nim siedziałam, zadawałam sobie pytanie, czy bili go w więzieniu na Montelupich? I czy dlatego dostał udaru?

Ojciec nic nie mówił, nawet na mnie nie patrzył, a jednak czułam, że jest mi tak bliski, jak nigdy wcześniej. To ja mówiłam do niego, opowiadałam mu nadal niestworzone historie, śpiewałam, recytowałam krótkie wierszyki.

Kiedyś — czy było to następnego dnia, czy jeszcze następnego? — przyniosłam swoje książki i zaczęłam mu je czytać. Nie czytałam dobrze, jąkałam się, myliłam, ale mimo wszystko miałam wrażenie, że ojcu się to podoba. W niektórych chwilach byłam prawie pewna, że mnie słucha. Od czasu do czasu wykonywał nieznaczny ruch w powietrzu — tylko jedną ręką. Może nie rozumie, co mu czytam, zastanawiałam się. Przyniosłam elementarz.

— Ala ma kota — przeczytałam. — Mama ma Romę — dodałam do tego własną improwizację. — Ola ma psa. To jest pies, a to kot.

Czytałam bardzo wolno: Pies i kot, i mama, i dom.

Ojciec powolutku zwrócił ku mnie bladą twarz z sinawym cieniem zarostu — siwe włosy okalały ją niczym aureola:

— Ro-ma — powiedział nagle — Ro-ma — ma--ma — do-mek...

Gdy mama wróciła do domu, nie mogłam prawie wytrzymać:

— Powiedział coś, powiedział coś... Roma i mama...

— Nie krzycz tak — odparła mama zmęczonym głosem i spojrzała na mnie udręczona — nie krzycz tak.

Od tego dnia uczyłam ojca mówić, a później również pisać. On był moim małym uczniem, a ja jego nauczycielką.

Miałam dużo cierpliwości:

— Powiedz Roma — prosiłam — powiedz Roma.

Ocierałam mu ślinę z ust, ocierałam czoło i poiłam go.

— Powiedz Ro-ma.

Nie zawsze się udawało. Ale od czasu do czasu wychodziło.

— Co to jest? — pytałam, pokazując krzesło.

— Krze... — zbyt trudne słowo.

— A to?

— Su-fit.

— Sufit, bardzo dobrze — chwaliłam go.

— A to? Niebo.

— Nie-bo — powtarzał, wskazując palcem w górę, jak ja.

Było to dziwne, ale piękne. Uczyłam go od nowa mówić. On wskazywał jakiś przedmiot, a ja powoli i wyraźnie wymawiałam jego nazwę. Później ojciec z trudem powtarzał to słowo za mną. Wszystko musiał sobie na nowo przypominać, nawet swoje własne nazwisko. Wszystko było dla niego nowe.

Widziałam, z jakim trudem przychodzi mu nauka, jak mozolnie porusza wargami. Zrozumiał, że coś stało się z jego mózgiem.

— Mama — mówiłam — mama — powiedz mama.

— Ma-ma.

— A jak ja mam na imię?

— Ro-ma.

— Dobrze. A jak ma na imię mama?

— …

— Tosia.

Nagle twarz ojca rozjaśnił słabiutki uśmiech, tylko z jednej strony twarzy.

— To-sia — powiedział potem dość głośno.

Gdy mama wróciła do domu, wzięłam ją za rękę i zaprowadziłam do ojca.

— Kto to jest? — spytałam, wskazując na nią.

— Powiedz, kto to jest?

Ojciec długo patrzył na mamę z wysiłkiem w swoich czarnych oczach:

— To-sia — powiedział w końcu triumfalnie.

Nie wiem, jak długo to trwało, ale robiliśmy postępy. Zaczęliśmy też pisać. Pewnego dnia ojciec przyglądał mi się, jak po raz kolejny rysuję tatę, mamę i dziecko, i wskazał na papier. On też chciał dostać kartkę. Dałam mu jego niebieskie wieczne pióro i swój zeszyt szkolny — a on zaczął pisać: mama, Roma, Dud. Pilnie i mozolnie malował na papierze drukowane litery. DOM, KOT — same drukowane, dość nieporadnie, ale jednak: DOM, AUTO, KOT i znowu ROMA, MAMA, DUD.

Jakiś czas później musiałam wrócić do szkoły. Dorośli upominali mamę:

— Dziecko nie może tak dużo opuszczać lekcji.

— Ja mogę przed południem zaglądać do Dawida — zaofiarowała się ciocia Ela.

— Będziesz siedziała z tatusiem po powrocie ze szkoły — powiedziała mama pojednawczo, widząc moje rozczarowane spojrzenie.

Byłam smutna — szkoła wydawała mi się zawsze głupia i nudna. Znacznie bardziej wolałam spędzać całe godziny z ojcem, siedzieć na skraju jego łóżka, trzymać go za rękę i troszczyć się o niego. A miałam mu jeszcze tyle do opowiedzenia.

Pewnego dnia, gdy wychodziłam rano do szkoły, miałam wrażenie, że ojciec śpi. Kilka dni wcześniej dostał gorączki. Po moim powrocie nie było go już w domu.

Bardzo mocno tego dnia padało. Wracając, myślałam o czymś pięknym. Myślałam o tym, że za tydzień są moje urodziny i że mama pozwoliła mi zaprosić kilkoro dzieci. Mieliśmy się bawić w kuchni, aby nie przeszkadzać ojcu, który leżał w łóżku w pokoju. „Tatusiowi nie będzie przeszkadzać, jeśli pobawicie się trochę w kuchni, ale «grzecznie»", jak powiedziała.

Mama obiecała zrobić dużo małych kanapek z ogórkiem, jajkiem i twarożkiem — nic więcej przecież nie było — i upiec tort. Zawsze umiała zrobić tort z niczego, z czegokolwiek, na przykład z marchewek. Tym razem z siedmioma świeczkami.

Przyszłam do domu dość przemoczona. Już na schodach miałam dziwne przeczucie. Mama stała w drzwiach.

— Nie ma już naszego tatusia — powiedziała bezdźwięcznie, po czym usiadła na małym stołku w kuchni. — W ostatnich dniach tatuś nie czuł się dobrze — mówiła, a głos się jej załamywał i brzmiał głucho.

Dzisiaj jego stan nagle się pogorszył. Zawiozła go do szpitala. Powiedziano, że dostał zapalenia mięśnia sercowego. Chciała przy nim zostać, ale poradzono jej, żeby lepiej przyszła około trzeciej.

Zmarł kilka minut przed trzecią.

— Jeszcze zapytał o żonę — opowiadała pielęgniarka.

Mama powiedziała też, że gdyby mieli penicylinę, mogłoby go to uratować. Ale penicylinę można było dostać na czarnym rynku dopiero później. Niedużo później — po kilku tygodniach.

Na stole leży małe szare pudełko z tektury, a w nim rzeczy osobiste ojca, które wręczono mamie. Chciałabym je jeszcze raz opisać. Stary zegarek marki Omega z czarnym wytartym paskiem. Brzytwa. Tego słowa starałam się go nauczyć, ale sobie z nim nie radził. Mówił tylko „brzydka, brzydka" i uśmiechał się nieśmiało, bo wiedział, że to coś innego znaczy. Pędzel do golenia, całkiem nowy, z trzonkiem koloru kości słoniowej. Piękne niebieskie marmurkowe pióro wieczne marki Watermann, które miałam jeszcze długo. Leżało w moim piórniku, zabierałam je ze sobą do szkoły i czasem go używałam. Aż pewnego dnia ktoś mi to pióro ukradł.

Ta garstka przedmiotów to jedyne, co pozostało mi po moim ojcu — jedyne, co jeszcze przez całe lata wspominałam. Całą resztę zepchnęłam w podświadomość. Nie chciałam myśleć o tamtych mrocznych czasach, o całym złu, które nas wtedy otaczało — usiłowałam wymazać je z pamięci, aż zatraciły się ostre kontury, aż prawie zupełnie zanikły.

Ale tylko prawie, zawsze bowiem wiedziałam, że coś się tam jeszcze kryje. Aż do dzisiaj byłam uwięziona w historii. Przez całe życie chciałam przypomnieć sobie ojca. Nie mogłam. Do dzisiaj — póki nie postanowiłam spojrzeć wstecz.

Nie wolno mi było pójść na jego pogrzeb.

— Dlaczego nie? — pytałam.

— Żydowskie dzieci nie chodzą na pogrzeby — zdecydował wujek Stefan.

— Ale ja bym ją chętnie ze sobą zabrała — odparła mama niepewnie.

— Tego się nie robi — powiedział wujek.

I na tym stanęło.

Przedtem poszłyśmy z ciotką Jadwigą do miasta, aby kupić mamie czarny kapelusz i czarną woalkę. Jak do ślubu — tyle że wszystko w czerni. Przywdziała woalkę i nosiła ją przez rok, a także czarną opaskę na ramieniu. Ja też dostałam czarną opaskę.

Mama przez cały tydzień siedziała na małym stołku w kuchni i „odbywała pokutę". Taki jest obyczaj u Żydów na znak żałoby, w taki sposób

331

pielęgnują pamięć o zmarłych. Mama prawie nic nie jadła, prawie nie mówiła. Zasunęła zasłony w oknach, zasłoniła lustra. Było tak, jakby życie stanęło w miejscu.

Ciągle przychodzili do nas znajomi, by złożyć mamie kondolencje i pocieszyć ją — za każdym razem było to okropne. Przez resztę czasu siedziałyśmy same w ciemnym mieszkaniu — ona na stołku, ja obok niej na podłodze.

Mój ojciec nie żył i byłyśmy zdane tylko na siebie, mama i ja. Czułam to, co ona — nie musiałyśmy rozmawiać.

— Nie jest ci zimno? — pytała nagle, jakby dopiero co zbudziła się ze snu.

— Nie. Zrobić coś do picia?

Robiłam nam herbatę. Chciałam też, żeby mama trochę jadła, bo znowu czułam się za nią odpowiedzialna — ale ona tylko machała przecząco ręką.

Myślałam o tym, że chętnie pojeździłabym na mojej drewnianej hulajnodze na ulicy przed domem. Choćby przez chwilkę. Ale nie byłam pewna, czy mi wolno, a nie miałam odwagi o to zapytać. Po prostu nie wiedziałam, jak po śmierci ojca powinno zachowywać się żydowskie dziecko. W czasie wojny wydawało się to łatwiejsze. Ale teraz?

Gdy wróciłam do szkoły — z czarną opaską na ramieniu — przyjęto mnie uroczyście.

— Nasza koleżanka Roma straciła ojca, jest teraz półsierotą — powiedziała wychowawczyni smutnym głosem.

Zabrzmiało to tak, jakbym otrzymała wyróżnienie.

A później skinieniem przywołała mnie do siebie na katedrę. Wówczas nasi nauczyciele siedzieli na katedrach, aby mieć lepszą kontrolę nad całą klasą. To oczywiście podkreślało jeszcze ich ważność. Wychowawczyni ze łzami w oczach objęła mnie i pocałowała w czoło. Moje oczy pozostały suche, może dlatego, że byłam tak bardzo zaskoczona.

Później wszystkie dzieci obstąpiły mnie, obejmując i całując. Stałam speszona i pozwoliłam się obcałowywać. Wydawałam się sobie nieprawdopodobnie ważna. Jak jeszcze nigdy w życiu. Naraz stałam się kimś innym — znaczącą osobistością. Jakbym otrzymała jakąś nagrodę. Słowo „półsierota" brzmiało niczym zaszczytny tytuł. I bardzo mi się podobało. Byłam wszakże lubiana przez klasę! Cała trzydziestka dzieci ściskała mnie i całowała, nawet bezczelne chłopaki z ostatniej ławki. Z trudem uświadamiałam sobie, że to wszystko ma związek ze śmiercią mojego ojca. Trzydzieści pocałunków za śmierć?

To, że mój ojciec odszedł, nie było dla mnie niczym niezwykłym. Od pierwszych chwil życia uczyłam się, że ludzie odchodzą. Wiedziałam, że nigdy nie wolno puszczać ręki, którą trzymamy. Jeśli się ją puści, zniknie w następnej chwili i wszystko przepadnie.

Dopiero znacznie później zrozumiałam, że już nie mam ojca. Rozstanie z nim nie było pierwsze w moim życiu, ale najdłuższe i najboleśniejsze.

Mógłby nauczyć mnie pływać i jeździć na rowerze. Do tej pory nie umiem ani jednego, ani drugiego. Wybieralibyśmy się razem w góry, nauczyłby mnie jeździć na nartach, moglibyśmy się śmiać i szaleć na świeżym śniegu. Przez chwilę pozwoliłby mi być dzieckiem. Dzieckiem, którym nigdy nie mogłam być. Jego małą córeczką.

Później, gdybym podrosła, poruszalibyśmy poważniejsze tematy.

Wyjaśniłby mi naturę mężczyzn. Nigdy ich nie rozumiałam. Może dlatego nie znalazłam właściwego partnera na całe życie...

— Powiedz, tato, kto byłby dla mnie najwłaściwszy? — spytałabym go.

— Wiesz, córeczko, to jest bardzo proste, trzeba tylko być dziećmi jednego ducha — odpowiedziałby może.

Nauczyłby mnie też innych ważnych rzeczy. Na przykład tego, że można mówić „nie". Że wolno również brać, a nie tylko dawać.

— Jeśli ktoś zrobi ci krzywdę, rozkwaszę mu nos — powiedziałby z pewnością.

I myślę, że naprawdę by to zrobił.

W życiu pozwalałam wielu ludziom mnie krzywdzić. Nigdy nie nauczyłam się bronić, bo wiedziałam, że nikt za mną nie stoi. Przy każdym wrzasku chowałam się pod stół albo uciekałam — kiepska broń.

Moglibyśmy rozmawiać, spierać się i dyskutować. Nauczyłabym się bronić swoich racji, a nie tylko milczeć. Wszystko to już dzisiaj umiem, ale teraz na nic to się zda.

Zabrano mi go i ja zostałam mu odebrana. W niezawiniony sposób — bez mojej i jego winy. Wyłącznie z powodu fałszywego świadectwa.

Wiem, że kiedy uciekł z Oświęcimia, był jeszcze w pełni sił — miał nadzieję i zapał do działania. Udało mu się — przeżył. Czekały na niego żona i dziecko. Pragnął zbudować dla nich nowe życie. To była jego szansa i byłby ją wykorzystał.

Może gdybyśmy mieli bardzo dużo szczęścia, siedziałby jeszcze teraz ze mną przy stole. Już jako starzec, ale o bystrym rozumie.

— Co tam robisz, dziecko? — spytałby.

— Piszę książkę o tobie.

— Książkę? Dlaczego? Potrzebujesz pieniędzy?

— To też, ale przede wszystkim sprawia mi to przyjemność...

— No, skoro sprawia ci przyjemność, to dobrze...

Podszedłby Jakub:

— Dziadku, opowiedz mi, jak to było dawniej, jak to było, gdy zakładałeś swoją firmę?

Jakub też jest człowiekiem czynu i interesuje się wieloma sprawami. Ma równie niespożyty apetyt na życie, który — wiem to z opowiadań — musiał mieć także mój ojciec.

Ale mojemu ojcu nie było dane zobaczyć, jak rośnie jego wnuk, nawet go nie poznał. Nie mógł spędzać z nim czasu, tak jak to czynią dziadkowie z wnukami. Mój syn nigdy nie mógł być dumny ze swojego dziadka.

— Patrzcie, to jest mój dziadek — chętnie zawołałby nieraz do innych dzieci.

Ale nie miał dziadka.

Na biurku Jakuba stoi mała fotografia w ramkach — nie moja ani niczyja inna — tylko jego dziadka.

— Podobałby mi się — mówi Jakub pół żartem, pół serio — lubiłbym robić z nim interesy.

Moja matka nigdy nie doszła do siebie po tym ciosie. Wkrótce i ona zachorowała na serce. Żyła tylko dzięki lekarstwom. Jeśli można powiedzieć, że komuś pękło serce, to jej dotyczy to dosłownie. Młoda, trzydziestopięcioletnia kobieta. Nigdy więcej nie mogła normalnie spać. Widziałam co wieczór, jak połyka tabletki, by odzyskać trochę spokoju. Dlatego też i dla mnie zażywanie tabletek jako wyjście z trudnych sytuacji było czymś powszednim. Więc kiedy później źle mi się wiodło w życiu, brałam je, aż się od nich uzależniłam. Była to droga przez długi, ciemny tunel — udało mi się wprawdzie wyzwolić z tego nałogu, i uważam to za prawdziwe zwycięstwo. Mama zawsze zachowywała się na zewnątrz tak, jakby nic się nie zmieniło. Ale zamykała się w sobie, stawała się coraz bardziej milcząca, chociaż nigdy nie była zbyt rozmowna. Tak ją zresztą wychowano, żeby się nigdy nie uskarżać i swoje zmartwienia chować w sobie. Ode mnie też nie otrzymała dużo miłości, bo również moje serce pozostało przez całe lata zamknięte.

Matka ubierała się skromnie, ale nosiła się jak dama. Chodziła do fryzjera, do manicurzystki, malowała policzki na różowo, a usta na czerwono. Chodziła do teatru, do opery, do kina. Spotykała się z przyjaciółkami w kawiarni, zawsze zadbana i świeża, jakby właśnie wróciła z urlopu. Nieświadomie i mimowolnie, dużo od niej przejęłam.

Nie była to tylko próżność. W getcie mieli szansę wyłącznie młodzi i ładni ludzie. Ciągle nas sortowano jak towar. Nawet starcy farbowali sobie włosy, żeby młodziej wyglądać, nie trafić do transportu i jeszcze na coś się przydać. Młodość i zdrowie stanowiły przepustkę do życia — do przeżycia. Coś takiego wchodzi człowiekowi w krew. A więc i ja chciałam zawsze prezentować się możliwie najlepiej. Starałam się, by nie wyglądać na swój wiek, wyglądać zdrowo... Myślałam, że to śmieszna próżność, którą sobie często wyrzucałam i której się wstydziłam...

Nie — to była raczej próba łagodniejszego nastawienia losu i ludzi do siebie, pozyskania ich sobie. Dzisiaj wiem, że wszyscy, którzy przeżyli wojnę, są tacy sami, ponieważ wtedy słabość oznaczała śmierć. Istnieją na ten temat różne studia — teraz, gdy z wolna stajemy się przedmiotem badań. Można je streścić w jednym zdaniu: „Wszystkie kobiety, które przeżyły Holocaust, przywiązują dużą wagę do wyglądu zewnętrznego".

Takie to proste — i takie naukowe.

Oglądam fotografie mojej matki z lat powojennych: tlenione na złoty blond włosy, lis na ramionach, radosny uśmiech. Gdyby tylko nie te oczy — takie by to było proste...

Moi rodzice byli jeszcze młodzi. Mogli mieć dzieci. Miałabym teraz braci i siostry. Mój syn miałby kuzynów i kuzynki. Zniszczono młodą rodzinę, która dopiero co przeżyła Holocaust. Teraz jestem już zbyt znużona, by szukać winnych.

Wiem i zawsze powinnam była wiedzieć, że mój ojciec nie pełnił w obozie funkcji kapo. Słowo „kapo" nie pojawia się w akcie oskarżenia ani w wyroku, ani też w zeznaniach świadków. NIE MÓGŁ BYĆ KAPO, jeśli weźmie się pod uwagę całość sytuacji.

Kim w ogóle byli „kapo"? Z jednej strony niemieccy kryminaliści o sadystycznych skłonnościach, specjalnie w tym celu wypuszczeni z więzień. Ale także inni — to skomplikowana materia, a ja nie jestem historykiem. Fakty mówią, że Niemcy sami wymordowali większość ściśle współpracujących z nimi ludzi, niezależnie od tego, czy byli kapo, czy też nie. Jako że ci wiedzieli o nich zbyt wiele. Reszty dokonała później ludność cywilna, a poza tym sądy. Tuż po wojnie wiedziało się naturalnie o wiele dokładniej, kto był kim. Wtedy żyło jeszcze wielu świadków.

A teraz przypominam sobie, jak mój ojciec zachowywał się po wojnie.

Wiem, że się nie bał i nie ukrywał. I to w czasach, gdy jeszcze tak wielu ludzi tylko czekało na to, żeby powiesić Żyda, który w czymś zawinił. Wręcz przeciwnie, jak na tamte warunki, dość mocno się eksponował. Był po prostu bardzo aktywny — jak zawsze — i nie widział powodu, by się ukrywać. Wraz z innymi założył Dom Żydowski. Przemierzał ulice Krakowa w poszukiwaniu żydowskich dzieci — znajdował je i umieszczał w bezpiecznym miejscu.

Otworzył na powrót firmę — pracował w swoim biurze w samym centrum Krakowa, widoczny dla wszystkich. Czy tak zachowuje się ktoś, kto ma coś do ukrycia?

Odwiedzali go przyjaciele, uznani i opisywani w książkach historycznych aktywni działacze ruchu oporu. Należeli do nich Wiktor Traubman, Dolek Horowitz, bracia Rosner i wielu innych. Czy gdyby był zbrodniarzem, mogliby uścisnąć mu rękę? Jeśli ktoś dobrze znał sytuację w obozie, to właśnie oni, a jednak często widywałam tych mężczyzn u nas w domu.

W tamtych zdziczałych czasach, gdy odbywały się prawdziwe polowania na zbrodniarzy hitlerowskich i ich wspólników — w roku 1946 Polacy stracili Amona Götha, komendanta obozu w Płaszowie — polował również mój ojciec. Szukał polskiego policjanta, który szantażował moją matkę podczas wojny i chciał ją wsadzić na Montelupich. Czy tak zachowuje się ktoś, kto czuje się winny? Mógł przecież po prostu wyjechać. Był to czas wędrówki ludów. Całe gromady ludzi zmieniały miejsca zamieszkania. Mógł przesiedlić się z nami na ziemie odzyskane, które Niemcy musieli opuścić — tam dawano mieszkania i pracę i nikt zbyt dokładnie nie badał, skąd kto przybywa.

Mógł wyjechać za granicę — po prostu wyemigrować. Zrobił to jego najmłodszy brat Szymon, nazywany Stefanem. Wyemigrował do Australii. Chociaż i on nikomu nie wyrządził krzywdy i nie mógłby jej wyrządzić. Okres wojny wujek Stefan spędził ukryty we wgłębieniu za ścianą, w mieszkaniu pewnej Polki, żony niemieckiego oficera.

Siedział, by tak rzec, w jaskini lwa, nasłuchał się rozmów różnych nazistów i w każdej chwili mógł spodziewać się demaskacji i śmierci. Ale przeżył, później zaś, po śmierci mojego ojca, wyjechał za granicę.

Mój ojciec jednak wolał zostać w mieście — w swoim mieście, które kochał nade wszystko. Jeszcze w 1938 roku, przed moim urodzeniem, mama chciała wyjechać z nim za granicę — spodziewała się dziecka. Mówiono, że Żydzi mają możliwość wyemigrowania do Brazylii i otrzymania brazylijskiego obywatelstwa. Mama instynktownie przeczuwała zbliżające się niebezpieczeństwo.

— Zróbmy to — błagała ojca, ale on się tylko śmiał.

— Przed kim mam uciekać? Przed tym szaleńcem? Niech Hitler sam wyjedzie do Brazylii.

Już mniej więcej rok później naziści panoszyli się w jego mieszkaniu, a on musiał patrzeć, jak rekwirują mu meble, pakują do skrzyń porcelanę, zrywają obrazy ze ścian i zabierają te, które się im podobają, a inne po prostu wyrzucają na ulicę. Musiał się przyglądać, jak niemiecki komisarz zawiesza tabliczkę ze swoim nazwiskiem na drzwiach jego firmy — firmy, do której jej właściciel nie miał już wstępu.

Powinnam była to wszystko wiedzieć i nawet wiedziałam. Wyrządziłam mojemu ojcu wielką krzywdę, bo mimo całej wiedzy dopuściłam jednak do tego, by w głębi mojej duszy zrodziło się zwątpienie. Bo pozwoliłam się zastraszyć ludziom, którzy im mniej wiedzieli, tym głośniej gardłowali. Bo stare porzekadło, że „Coś musi w tym być, skoro pisali na ten temat w gazetach", przywarło również do mojej duszy.

To nie on, to ja zawiniłam, ponieważ nie zaprotestowałam, gdy pomówiono go o niegodne czyny i napisano o tym.

Po prostu stchórzyłam.

Chciałabym teraz napisać książkę o moim ojcu. Jest to jedyna możliwość, jaka mi pozostała. Nie pójdę do sądu, nie będę trudziła adwokatów. Po powrocie z podróży w przeszłość mam już dość sądów, świadków, mecenasów. Męczy mnie udowadnianie czegokolwiek. Chciałabym jeszcze trochę pożyć i pisać — gdyż to jest jedyna prawda, jaką posiadam — moja własna.

* * *

Moim przyjaciołom udało się wreszcie wyrwać mnie z domu.

— Pojedź z nami w góry — zaproponowali — prawie w ogóle nie wychodzisz, stałaś się już prawdziwą pustelnicą.

— A więc dobrze, skoro tak nalegacie…

Słońce. Jak na marzec, jest niezwykle ciepło, prawie jak w lecie. Siedzimy na dworze, przed gospodą, przy surowych drewnianych stołach, pijemy perlące się w szklankach bursztynowe piwo, które smakowane w południe, w pełnym słońcu, działa jak szampan. W takie dni jak ten, przy czystym niebie, można patrzeć na góry, jakby były całkiem blisko, w zasięgu ręki — leży na nich jeszcze sporo śniegu. W pobliżu pasą się krowy i owce, powyżej gospody jest mała kapliczka, do której bardzo chętnie zachodzę. Zawsze wyznawałam zasadę, że modlić się można w każdej świątyni. Jest mi prawie wszystko jedno, czy w synagodze, czy w kościele. A dzisiaj spotyka się znacznie więcej kościołów.

Moja mała bawarska idylla. Czuję, że piwo uderza mi do głowy, sprawiając, że wszystko traci ostrość. Nawet moje troski.

Małe radości życia. Bardzo je lubię. Z każdym miesiącem, z każdym rokiem coraz bardziej je doceniam. Czy mój ojciec też je lubił? Od młodych lat musiał pracować na chleb — pochodził z bardzo biednej rodziny. Jego matka była wdową, która wychowała czterech synów. Snuł wielkie plany, chciał założyć firmę, zarabiać pieniądze, wychować dzieci. Chciał wszystkiego: być bogatym, uprawiać sporty, chodzić na tańce z piękną żoną, pragnął malować i pisać wiersze. Budował swój świat niczym twierdzę — na wieki. Podobnie jak wielu młodych mężczyzn odkładał smakowanie uroków życia. Na później.

Pijemy piwo, jemy ser domowej roboty, a do tego pyszny chrupiący chleb. Nie można ufać marcowemu słońcu, wybieramy się więc w drogę powrotną. Jestem zmęczona i senna, ale po raz pierwszy od wielu tygodni nastrojona trochę bardziej optymistycznie. W domu zamknę szarą tekturową kopertę. Mam nadzieję, że już nigdy nie będę musiała jej otwierać.

Wpada mi w ręce jeszcze jedna kartka — napisana na różowym papierze, pięknym dziecinnym charakterem pisma Maliny. To słowa Czesława Miłosza:

„Znam dobrze te wieści szeptane na ucho, pięści zaciskające się w gniewie i powtarzane przy wódce wyrazy: łajdak, zbrodniarz, kanalia.

Znam porachunki i szantaże wielkich głupców i małych drani, wielkich drani i małych głupców..."

Napisał to w lipcu 1946 roku.

Kiedy już jesteśmy w domu, nagle zaczyna padać deszcz, a później śnieg. Duże, białe serpentyny tańczą w powietrzu. Potem znowu świeci słońce. Marzec — cała paleta.

ROZDZIAŁ XI

KWIECIEŃ

Dzwoni Dawid. Jego telefon zastaje mnie oczywiście zupełnie nie przygotowaną.

— Mój Boże — mówię — Dawid? Mój Boże...

— Dlaczego „mój Boże"? To tylko ja... — próbuje żartować, ale po chwili poważnieje.

— Wybacz, nie powinienem był cię zaskakiwać... po tak długim czasie — powinienem najpierw napisać...

Czy coś się stało?, myślę w nagłym przypływie paniki, ale głos Dawida nie brzmi tak, jakby zdarzyło się coś złego.

— Wiesz, że nie cierpię pisać listów... prywatnych...

Wiem, woli telefonować.

— Moja żona czuje się raz lepiej, raz gorzej — dodaje pośpiesznie, by oszczędzić mi pytania — ale nikt nie ma już odwagi niczego prognozować... może chodzić o miesiące... albo lata... prawdopodobnie lata...

— A ty jak się czujesz?

— Och, dużo się u mnie dzieje. Usiłuję teraz zatroszczyć się o swoje własne życie. Właśnie zacząłem porządkować różne sprawy... a co u ciebie?

— Ja też żyłam dość intensywnie. Ale teraz wszystko się trochę uspokoiło...

Ciągle czuję suchość w gardle, a mój własny głos brzmi tak, jakby odpowiadał za mnie ktoś inny.

— Wiesz — mówi Dawid, a w jego głosie pobrzmiewa jakaś osobliwa nuta. — Zmieniłem się... wybrałem życie... moje własne... naprawdę dużo się dzieje... zdziwisz się...

— Już teraz się dziwię... nie opowiesz mi?

— Nie, jeszcze trochę cierpliwości. Chciałem tylko usłyszeć twój głos, dowiedzieć się, co u ciebie słychać. Wkrótce znów zadzwonię...

Kiedy odkładam słuchawkę, nasza rozmowa wydaje mi się tak nierealna, że zadaję sobie pytanie, czy to nie był sen. Ale przecież siedzę przy biurku, a tu zazwyczaj nie zasypiam. „Chciałem się tylko dowiedzieć, co u ciebie słychać"... Przy tym wcale mnie o to dokładnie nie pytał.

Zadzwoni znowu... Ja też powinnam była rozmawiać z nim o wiele rozsądniej...

„Cierpliwości", powiedział. Teraz, po tylu miesiącach, okazanie cierpliwości to już żadna sztuka.

Wiem jedno: nie mogę znowu pozwolić sobie na zamęt w sercu i duszy... już nie...

— Przynajmniej spróbuj być rozsądna — powiedziałaby Rozsądna.

Czuję się tak, jakbym zobaczyła Dawida w otwartym samochodzie lub w szybko jadącym pociągu. Przemknął obok mnie, pomachał mi tylko ręką i już gdzieś znikł. Dokąd pojechał?

Wśród drzew, tuż pod moim oknem, ptaki urządzają prawdziwe orgie miłosne. Ich głośne ćwierkanie budzi mnie z najgłębszego snu. Wolałabym, aby mogły odłożyć te swoje zaloty na wieczór i pozwoliły mi spać.

Znowu sadzę na balkonie róże i najrozmaitsze zioła: tymianek, rozmaryn, bazylię... Rano jak zwykle trochę biegam. „Dokąd?", zapytałby Dawid. Biegnę z powrotem do siebie. Właściwie nie jest to już prawdziwe bieganie, raczej swego rodzaju szybki chód. Przez zimę moje sportowe ambicje nieco osłabły.

W parku wszystko zaczyna znowu kwitnąć — najpierw nieśmiało — ale z dnia na dzień widać, że zaszły tu już ogromne zmiany. Nowe kolory, nowe zapachy. Jeszcze potykam się o małe pryzmy śniegu, a już gdzieniegdzie mój wzrok przyciągają kępki żółtych kwiatów. Ta poranna godzina w parku to mój codzienny azyl i miejsce rozmyślań. Czuję, jak kwietniowe słońce płoszy resztki zimowych trosk i lęków.

Stara dzielnica, w której mieszkam, staje się coraz ciekawsza. Osiedliło się tu wielu artystów. Otwarto wiele nowych lokali, kawiarń, sklepów z antykami.

Dawno już tędy nie spacerowałam — przez całą zimę.

Teraz oglądam wystawy — tego również od dawna nie robiłam. Ciągle jeszcze nieprzyzwoicie drogie stroje mniej mnie już interesują.

Za to kupuję sobie fotel biurowy. Odkrywam go w niewielkim sklepie z antykami. Zawsze chciałam mieć coś takiego. Pochodzi jeszcze z lat trzydziestych, jest wykonany z ciemnego, wypolerowanego drewna, obity zieloną skórą i oczywiście na kółkach.

Miły właściciel sklepu przynosi mi go osobiście do mieszkania, a ja natychmiast wypróbowuję szaloną jazdę dookoła biurka. Fotel zdaje się zresztą bardzo dobrze pasować do mojego wiosennego nastroju i nowych projektów.

Znowu rozglądam się dokładniej po swoim życiu. Dużo przeszłyśmy, obie: ja, szalona — i ta druga we mnie, Rozsądna. Jak to kiedyś powiedziała Malina: „Wierzę, pani Romo, że pani upora się z każdym kryzysem".

W tym roku dowiedziałam się wiele o sobie. O swoich słabościach, ale także o tym, że jeszcze potrafię być silna.

Dawno już nie miałam wieści od Maliny... może jest tak bardzo zajęta swoją nową miłością?

A na mnie czeka dużo pracy.

Dzwoni mój wydawca:

— Pani Romo, czy myśli pani już o nowej książce?

— Tak, może byłaby to historia mojego ojca — mówię ostrożnie — chciałabym spróbować.

— No to niech się pani bierze do roboty! Czekamy.

Dobrze mu mówić. Tylko czy ja jeszcze znajdę na to siłę?

Wygląda, że wszystko nagle nabrało przyśpieszenia. Telefon dzwoni bez przerwy. Znów muszę podróżować. Najpierw do Sztokholmu, a potem może do Londynu, gdzie jestem nominowana do nagrody literackiej.

* * *

Z samolotu widzę olbrzymie lasy, mnóstwo jezior, jasne światło. Zapach sosen i czystego powietrza zdaje się dobiegać aż tutaj.

Tak właśnie zawsze wyobrażałam sobie Szwecję. I to wrażenie pozostanie, bo również w ciągu najbliższych dni nie będę miała okazji poznać jej bliżej.

Na lotnisku oczekuje mnie przedstawiciel wydawnictwa, mój opiekun na czas pobytu tutaj — niesłychanie przystojny młody mężczyzna. Z ochotą powierzam się jego opiece — nigdy nie miałam nic przeciwko męskiej urodzie.

Następny dzień spędzam prawie wyłącznie na najwyższym piętrze wysokiego budynku, w którym mieszczą się biura mojego szwedzkiego wydawcy. Pomieszczenie ma wielkie przeszklone ściany, więc znowu mogę oglądać miasto z góry.

Wysokie budynki, szerokie ulice, za nimi pasmo zieleni — stalowoniebieskie niebo.

Gospodarze są mili, łagodni i bardzo troszczą się o moje dobre samopoczucie. Od razu prezentują mi moją nową, jeszcze „gorącą" książkę: jej tytuł brzmi po szwedzku *Flickan in Röda Kappan*.

Spokój i opanowanie otaczających mnie ludzi robi na mnie wrażenie, ale też trochę onieśmiela. Wydaje się, że wszystko jest tu tak dobrze zaplanowane i zorganizowane, że wyklucza jakiekolwiek potknięcia — nie ma miejsca na żadne gorączkowe ruchy. Po chwili człowiekowi zaczyna się wydawać, że cały świat jest takim właśnie miłym, uporządkowanym, dobrze zorganizowanym miejscem.

— To tylko tak wygląda z pozoru — mówi mój opiekun, gdy dzielę się z nim tym nieco powierzchownym wrażeniem.

— W każdym razie macie duże poczucie humoru...

— Tak, istotnie, mamy — uśmiecha się do mnie.

Przychodzą ludzie z prasy i telewizji. Spotykamy się w nowoczesnym salonie, oddzielonym szklaną ścianą od kafeterii. Wszystko lśni — meble są wykonane z metalu i ostro zielonego plastiku. Podobnie szmaragdowe są tu również oczy niektórych ludzi — większość jednak ma ten intensywny czysty odcień błękitu, który zawsze mnie tak fascynował.

„Nie umyłaś swoich czarnych oczu" — drażniono się ze mną w dzieciństwie. Doprowadzało mnie to do wściekłości. Wygląda na to, że Szwedzi bez przerwy myją sobie oczy.

W południe dostajemy wspaniałe kanapki z łososiem. Łosoś będzie również na kolację — wieczorem w hotelu. Za każdym razem smakuje świeżo i wybornie. Dziennikarze zadają pytania miło i taktownie. Ale również one wymagają odpowiedzi. Jest mi prawie przykro, że muszę tym młodym, zdrowym ludziom opowiadać o wszystkich strasznych wydarzeniach z przeszłości. Mam wrażenie, że zakłócam jakieś pogodne niedzielne śniadanie. W końcu jednak po to zostałam tu zaproszona. Mój przystojny opiekun na krok mnie nie odstępuje, co zdecydowanie wpływa dobrze na moje samopoczucie. Mówi po niemiecku równie płynnie jak po szwedzku. Będzie tłumaczył także dzisiaj wieczorem podczas spotkania autorskiego. Chce nawet przeczytać po szwedzku fragment mojej książki, co może być zabawne, jako że jest ona napisana w pierwszej osobie, a ja jestem wszak kobietą. Ale dobrze, najważniejsze, by publiczność zrozumiała, o czym opowiadam.

Późnym popołudniem fotografowie uprowadzają mnie do pobliskiego parku na sesję zdjęciową. Jest zimno — wkładam skórzaną kurtkę z tygrysim kołnierzem, lecz i bez tego czuję się nieomal jak drapieżnik ścigany przez myśliwych. Fotografowie gnają mnie przez park, ustawiają pod drzewem, każą uśmiechać się do kamery, iść dalej, usiąść na ławce, popatrzeć w zadumie, myśleć o własnym dzieciństwie lub o czymś równie smutnym... Potem znowu mam iść, znowu się uśmiechnąć — nie, nie tak szeroko — iść trochę dalej. Głowa w prawo, głowa w lewo — ręka dwa centymetry przed twarzą — tylko dwa, nie więcej... wskazówki są nieco powolne, ale bardzo dokładne, precyzyjne i nie ma przed nimi ucieczki. Wreszcie mój piękny wiking mnie wyzwala. Jedziemy na wieczór autorski.

Po drodze pyta mnie, czy byłabym gotowa poszerzyć swój program o jeszcze jeden punkt. Jutro odbywa się wernisaż znakomitego szwedzkiego rzeźbiarza i artysta bardzo pragnąłby widzieć mnie jako gościa honorowego. Tego nie było w planach, więc skoro nie miałabym ochoty...

Oczywiście nie mogę oprzeć się niebieskim oczom mojego towarzysza. Pójdę. Bardzo lubię być gościem honorowym.

Otrzymuję eleganckie zaproszenie z odbitką kamiennej rzeźby i życiorysem artysty po angielsku. Przebiegam je szybko wzrokiem. Urodzony na Węgrzech, po wojnie w Szwecji — wiele wystaw i wyróżnień. Nazywa się Bella i coś tam jeszcze. Musi to być już starszy mężczyzna.

Nazajutrz odwiedza mnie w hotelu ładna młoda Polka, która także pracuje w wydawnictwie — będzie towarzyszyła mi na wernisażu, a także spełniała rolę mojej tłumaczki.

— Ale może też być po niemiecku — mówię nieco zaskoczona.

Okazuje się, że organizatorzy chcieli sprawić mi tym niespodziankę.

— Może mówienie po polsku sprawi pani przyjemność?

No pewnie.

Wysokie schody z marmuru.

Wielkie abstrakcyjne rzeźby, z lewej i prawej strony. Wchodzę nieśmiało po stopniach, potykając się na cienkich wysokich obcasach.

Na górze w hallu zgromadziła się już publiczność. Wszyscy ubrani na ciemno, siwowłose kobiety z wianuszkami pereł na szyi, wino, ciche rozmowy.

Dyrektor muzeum, energiczny starszy pan — jak większość mężczyzn tutaj również bardzo wy-

soki — przyjmuje mnie serdecznie, ale po szwedzku — powściągliwie. Zaraz poznam artystę...

— A pani przemówienie? — pyta dyrektor.

— Jak długo chciałaby pani przemawiać?

— Przemówienie? — czuję, jak nogi się pode
mną uginają. W wirze wczorajszego dnia nie pomyślałam naturalnie o tym, że gość honorowy powinien również wygłosić jakąś mowę.

Wstydź się, mówię do siebie, jak mogłaś o tym
zapomnieć?, ale wstyd tu już nic nie pomoże. Teraz musisz tylko zachować zimną krew — masz
przecież praktykę w showbiznesie — poradzisz
sobie.

Widzę, jak moja polska tłumaczka lekko bled-
nie. Ma przetłumaczyć mowę, która jeszcze nie
istnieje. Przepraszam dyrektora i biorę młodą kobietę na bok.

— Nie martw się — mówię do niej. — Będzie
dobrze. Ja teraz schronię się gdzieś na chwilę —
pomyślę... a ty potem wszystko spokojnie prze-
tłumaczysz.

Rozglądam się — kamienne figury niewiele mi
mówią. Nigdy nie znałam się szczególnie na rzeź-
bie. Jest też kilka obiektów i instalacji. Pośrodku
pomieszczenia stoi wielka szklana skrzynia — wewnątrz niej coś, co przypomina kawałek szyn kolejowych, a na nich leży mały dziecięcy bucik...

— Miss Ligocka, czy chciałaby pani poznać teraz artystkę?

Dyrektor podchodzi do mnie z siwowłosą, ni-
ską kobietą.

— Artystkę?

Pewnie coś źle zrozumiałam. Artysta okazuje się kobietą, a także — czemu już się nawet nie dziwię — jest ona węgierską Żydówką. Bardzo dobrze mówi po niemiecku.

— Nauczyłam się w obozie koncentracyjnym, byłam w kilku... — mówi szybko do mnie. — Czytałam twoją książkę... bardzo przy niej płakałam... porozmawiamy później...

Patrzę na nią nieco stropiona. Ma na sobie długą czarną suknię, spiętą na ramieniu dużą metalową broszką. Przypomina to rzymską togę.

— No, to zaczynajmy — decyduje Bella. Zbiera swoją czarną szatę i energicznie maszeruje do przodu. Inni kroczą za nią.

— Bella, której wielką wystawę rzeźb tu otwieramy — moja polska tłumaczka podchodzi do mnie i na ucho tłumaczy mi przemówienie dyrektora — straciła całą swoją rodzinę w Oświęcimiu. Ojca, matkę i czworo rodzeństwa. Tylko jej udało się przeżyć. Po wojnie przyjechała do nas. Studiowała tutaj, a później uczyniła nam ten zaszczyt i wybrała nasz kraj na miejsce swojej twórczości. Z biegiem lat stała się jedną z najznakomitszych rzeźbiarek szwedzkich.

Nigdy jednak nie zapomniała o swoim pochodzeniu ani o przeżyciach wojennych. Tutaj widzą państwo instalację, jej najnowsze dzieło. Zamknięte w szkle autentyczne szyny kolejowe — z Polski. Po tych szynach jeździły wagony bydlęce, w których transportowano Żydów do obozów zagłady. Artystka, na własny koszt i wykazując wiele przedsiębiorczości, przywiozła je tutaj z obozu koncentracyjnego. Jako przypomnienie i przestrogę...

A teraz oddaję głos znanej pisarce, która dzisiaj jest naszym honorowym gościem...

Biorę oddech... Obok mnie stoi Bella, rzeźbiarka — czy może tylko dziewczynka z Oświęcimia? Jest nieco krągła, ma twarz barokowego aniołka, okoloną białymi loczkami. Jej piękne ciemne oczy lśnią niczym dojrzałe śliwki i patrzą na mnie z wyczekiwaniem. A ja ciągle jeszcze nie wiem, co powiem.

Wszystkie te rzeźby są dla mnie zbyt tajemnicze, skupiam się więc na szynach kolejowych z Oświęcimia, których znaczenia nikt nie musi mi wyjaśniać... szyny kolejowe... opowiadam o Belli — o jej pracy artystycznej, ale także o niej osobiście, jakbym znała ją przez całe życie. Potrafię wyobrazić sobie, jak myśli i co czuje. Jakie może być jej życie w tym spokojnym, ale obcym kraju. Potem jednak opowiadam również trochę o mojej książce i moich losach — o podobieństwach między nami, ale nie zapominam, że to Bella jest bohaterką dzisiejszego spotkania.

— Również ja mogłam była znaleźć się w jednym z tych wagonów bydlęcych, które toczyły się po szynach wprost do komór gazowych. Ten bucik ma mniej więcej taki rozmiar, jak buciki, które wówczas nosiłam — kończę — to mógł być po prostu mój but.

Ogromny aplauz — dla Belli i dla mnie. Obejmujemy się mocno przez chwilę, a później zostawiam artystkę jej gościom i wielbicielom, których, jak się zdaje, ma tutaj mnóstwo. Wtapiam się w tłum gości i spostrzegam, że niektóre z tych jasnych nordyckich oczu zwilgotniały.

Wieczorem siedzimy razem z dyrektorem muzeum, Bellą i jej mężem przy kolacji. Jest — łosoś. I bardzo dobre wino. Mąż Belli, Szwed, wygląda tak, jakby był dwa razy większy od żony, nie jest jednak w przeciwieństwie do niej szczególnie rozmowny.

Mówimy na zmianę po niemiecku i po angielsku. Wkrótce jednak rozwija się między obydwoma panami ożywiona dyskusja o przebudowie muzeum, i sami nie zauważają, kiedy przechodzą na szwedzki. Nam to nie przeszkadza — mamy sobie z Bellą jeszcze wiele do powiedzenia. Mówi bardzo szybko i żywo gestykuluje. Jej niemczyzna ma śpiewny węgierski akcent.

Bella zna moje życie z książki — nie musi wiele pytać.

— Twoja opowieść ogromnie mnie wzruszyła, mamy wiele wspólnego... tak jak mówiłaś...

Dyrektor raz po raz napełnia nam kieliszki, uśmiechając się przy tym zachęcająco, potem jednak szybko przechodzi znowu na szwedzki, wracając do problemów swojego muzeum.

— Jak to się stało, że znalazłaś się w Szwecji? — pytam Bellę.

— Ach, wiesz, po wojnie — patrzy swoimi smutnymi oczyma gdzieś w dal, jakby znów widziała tamte czasy — wszystko działo się w mniejszym lub większym stopniu przypadkowo. Wyzwolono nasz obóz. Przeżyłam jako jedyna z całej rodziny. Moi rodzice, dziadkowie, trzy starsze siostry i młodszy brat — już ich nie było. Miałam czternaście lat i chorowałam na tyfus. Umieszczono mnie w lazarecie. Właściwie byłam już bliska śmierci. Wiele osób w pierwszych dniach po wojnie zmarło na tyfus… ale ja…

— Wiem, moja ciocia Sabina, młodsza siostra mojej matki, przeżyła Oświęcim też tylko o kilka dni… tak samo tyfus.

— Wojna się skończyła i chciałam przeżyć — mówi Bella dobitnie. — Całe moje ciało walczyło z gorączką. Byleby tylko nie stracić przytomności, powtarzałam sobie, bo inaczej już się nie obudzisz. A potem nagle pojawili się nad moim łóżkiem ludzie z Czerwonego Krzyża, pytając, czy mam rodzinę. Nie, wyszeptałam — nikt już nie żyje. Nie mogłam mówić — dali mi pić i czekali. A potem padło pytanie, dokąd chciałabym pojechać. Nie wiedziałam — w wieku czternastu lat, z których ostatnie cztery spędziłam w obozie, nie miałam jeszcze żadnego wyobrażenia o świecie. A jednak musiałam zdecydować się na jakiś kraj, bo stali obok mnie i czekali. Leżałam, czując, jak moje ciało walczy ze słabością…

— To był twój silny duch, Bella, który nie chciał opuścić twojego ciała — uśmiecham się do niej.

— Możliwe. A potem, jak przez fale gorączki, dotarło do mojej świadomości jedno słowo: Szwecja.

Dawniej ojciec opowiadał mi o Szwecji. Jeździł tam jako młodzieniec na wakacje. Nagle sobie o tym przypomniałam: opowiadał o lasach, poziomkach, zielonych jeziorach, łosiach, tajemniczych bajecznych zwierzętach… elfach i trollach

— o łagodnych ludziach. Czułam, że słyszę głos ojca: Szwecja, wyszeptałam — chciałabym pojechać do Szwecji. I tak się też stało.

— I jak odnalazłaś się tutaj, w całkiem innym świecie?

Wyobraziłam sobie chore dziecko z obozu w tej czystej, pełnej światła okolicy.

— Najpierw umieszczono mnie w internacie. Wszyscy byli tam bardzo mili — zajmowali się mną i otaczali opieką. Przysyłali mi lekarzy — ciągle nowych lekarzy. A ci tylko z niedowierzaniem potrząsali głowami. Jeszcze nigdy nie widzieli czternastoletniej dziewczynki, która ważyłaby równie mało jak ja. Wielu rzeczy nigdy nie widzieli. Całymi tygodniami odżywiali mnie wyłącznie grysikiem, ponieważ mój żołądek nie tolerował niczego innego.

A później dość szybko dojrzewałam... właściwie zawsze byłam dorosła.

— Mnie nazywali wtedy „starą malutką" — wtrącam.

— Mnie czasem też, jeszcze w domu.

Prowadzimy dziwną rozmowę, w której jedna z nas uzupełnia tylko myśl, zaczętą przez drugą:

— Miałaś wrażenie, że swoją innością, swoimi lękami przeszkadzasz ludziom?

— ...że odgadują je, nawet jeśli nic nie mówię...?

— Później sama siebie pytałam, czy to wszystko było prawdą...

— ...cała ta przeszłość...

— ...w tym kraju wydaje ci się to złym snem...

— ...albo jakbyś tylko to sobie wszystko wy-
myśliła, żeby wprawić ludzi w zakłopotanie...

— ...czy coś takiego można wymyślić...?

— ...a potem po prostu przestajesz o tym mówić. Na pytania odpowiadasz lakonicznie...

— ...i sama sobie przestajesz zadawać pytania...

Nasza rozmowa się kończy, ale mamy wrażenie, że w krótkim czasie powiedziałyśmy sobie
wszystko.

— Mamy dom nad jeziorem, pośrodku lasu
— opowiada Bella.

— I zwierzęta, o których opowiadał ci ojciec?
— uśmiecham się do niej.

— O tak, podchodzą pod sam nasz dom. Niekiedy widzę je z okna na werandzie. Mam męża
Szweda i dwóch dużych synów, którzy są do niego bardzo podobni...

Żegnamy się bardzo serdecznie.

— Dziękuję ci, twoja mowa była taka porusza-
jąca i osobista... — chwali mnie Bella, a ja czuję,
że oblewam się rumieńcem.

Obiecujemy sobie utrzymywać kontakty, wiedząc równocześnie, że prawdopodobnie nigdy
tak się nie stanie. Pozostanie jednak wspomnienie
o tym wieczorze i szczególna więź między nami,
niezależna od czasu i przestrzeni.

Bella i jej mąż jadą jutro do swojego domu nad
jeziorem — ja wracam do Monachium.

Wyciągam się na łóżku hotelowym. Za zamkniętymi oczami widzę wszystkie te twarze z minionych dwu dni: dziennikarzy, Bellę, mojego

przystojnego opiekuna, znowu Bellę, podłużną twarz dyrektora muzeum... twarze zaczynają wirować, obracają się coraz szybciej — stają się płaskie i białe — jak maski podczas karnawału weneckiego...

Śpij wreszcie, mówię do siebie, zanim znowu ze zmęczenia zaczniesz płakać. Jak na introwertyczkę byłaś przez cały czas tutaj dosyć ekstrawertyczna. Wystarczy.

Nie otrzymałam jednak nagrody w Londynie. Szkoda. Oznacza to, że nie muszę tam jechać. Dzwonię do mojej agentki, by się przed nią pożalić.

— Ciesz się, to nam zaoszczędzi czasu i sił — mówi jak zwykle trzeźwo, ale pogodnie.

— Ale już tak bardzo przywykłam do tej myśli — mówię płaczliwie. — Czy jurorom nie spodobały się moje książki? Dlaczego?

Zazwyczaj agentka ma wiele obowiązków, jest bardzo rzeczowa i po prostu wykonuje swoją pracę, bez wielu wyjaśnień. Dzisiaj jednak ma swój „dzień cierpliwości".

— Twoje książki są w wielu krajach bestsellerami. Czy policzyłaś sobie kiedyś, ilu ludzi je przeczytało? I to ci nie wystarczy?

— Tak, ale chciałabym wiedzieć, dlaczego jurorzy...

— Ach, daj spokój jurorom. Mój ojciec zawsze powtarzał: Idziesz przez życie powoli, będą cię popędzać. A jak idziesz za szybko — ktoś podstawi ci nogę. Więc daj spokój, Roma — i pisz dalej.

Moja agentka także, dzięki Bogu, umie się czasem wcielać w rolę Rozsądnej.

— Jeszcze dostaniesz swojego Nobla — mówi żartobliwie — nawet gdybym ja sama musiała ci go ufundować.

Dni płyną, a ja nie bardzo wiem, co ze sobą począć. Snuję plany, które po chwili porzucam. Ogarnięta niepokojem, zaczynam pracować — później znowu brak mi na to sił — szybko tracę cierpliwość — nie potrafię uporządkować myśli. Wiosenne przesilenie? Może.

Obracam się w kółko na nowym fotelu — wychodzę na balkon, siadam na słońcu. Marzę o długich wakacjach nad morzem lub w górach. Chciałabym kiedyś choć raz móc pozostać tam tak długo, aż sama stałabym się częścią krajobrazu.

— Na coś takiego trzeba sobie najpierw zasłużyć, no i zarobić — upomina mnie Rozsądna.

— Tak, tak, muszę... zacznę... od razu jutro rano... tylko już nie dzisiaj...!

Czy znowu dzwoni telefon? Tak.

Dzwonią z mojego polskiego wydawnictwa. Czy nie przyleciałabym do Warszawy na wywiad w telewizji... ważny program, wszystko bardzo ważne... Dla mnie świetna okazja, by pokonać paraliżujące uczucie słabości. Jadę.

— A skoro już pani będzie w Polsce — czy nie dałaby się pani namówić na wieczór autorski w Krakowie, w jednej z księgarń?

— W Krakowie zawsze. Chętnie.

Ciągle nie mam wieści od Maliny. Powinnam do niej napisać? Nie, tym razem zrobię jej niespodziankę. Zadzwonię, gdy będę już na miejscu.

Wszystko dzieje się bardzo szybko: z lotniska prosto do telewizji.

Charakteryzują mnie jak zwykle i malują mi na twarzy świeżość, której nadaremnie szukam w swojej duszy.

— Kawa, pani Romo?

Tak, i jeszcze jedna, i jeszcze. Okazuje się, że zaprosili dla mnie gościa-niespodziankę. Kogo?

Idziemy do studia. Siedzi tam młoda dziewczyna — ciemne kręcone włosy — czy ja ją znam?

— Grałam panią — mówi trochę onieśmielona, podając mi rękę — w filmie *Lista Schindlera* grałam dziewczynkę w czerwonym płaszczyku — taki był również pani los, prawda?

Wtedy tamta mała dziewczynka z filmu bardzo mnie wzruszyła, ta, która teraz przede mną stoi — nieco większa — ciągle jeszcze wzrusza.

— Czy granie takiej roli nie było dla ciebie czymś przerażającym — pytam ze współczuciem. — Nie bałaś się? To film o wojnie...

— Ależ nie — odpowiada rozbrajająco szczerze — w ogóle nie, pamiętam, że wszyscy byli dla mnie tacy mili. Miałam wtedy pięć lat. Wiedziałam, że to tylko gra.

Tak, niemal bym o tym zapomniała — taka jest właśnie różnica między nami. Ona wiedziała, że to tylko gra.

Znowu musimy się śpieszyć. Zanim udaje mi się coś zjeść w kawiarni, już pojawia się kierowca, który ma zawieźć mnie do Krakowa.

— Skoro chcemy dotrzeć tam przed nocą, musimy wyruszyć już teraz...

Trzymając w ręce kanapkę z szynką, wsiadam do samochodu.

Kraków. Na Rynku trwa chyba jakiś koncert. Widzę ciągnące w tamtą stronę fale młodzieży i już z daleka dobiegają mnie dźwięki muzyki.

Przed kilku laty mój Kraków stracił swoją magiczną ciszę i prawdopodobnie już nigdy jej nie odnajdzie.

Wieje. Nadciągają chmury.

Zanim jeszcze zatrzymamy się przed domem, w którym mieszkam, zaczyna padać deszcz i rozpętuje się gwałtowna wiosenna burza. Znalazłszy się na górze, widzę z okna, jak zielone węże błyskawic kilkakrotnie ukazują się na granatowym niebie nad kościołem Mariackim i po chwili znikają. Deszcz uderza z łoskotem o ulicę. Ludzie, zasłaniając głowy rękami, zaczynają biec w stronę najbliższego postoju taksówek lub przystanku tramwajowego. W ciągu kilku minut ulice pustoszeją. Tylko stary tramwaj zgrzyta przeraźliwie, zanim skręci za róg.

Później znowu zalega cisza i deszcz powoli przestaje padać. Chętnie wybrałabym się na spacer wokół Rynku — zawsze to robię po przyjeździe do miasta. Ale teraz jest już za późno. Jutro mam dużo zajęć.

Rano włączam radio i pierwsza wiadomość, jaką słyszę, to zapowiedź mojego wieczoru autorskiego.

Zostaję zaproszona na kilka rozmów z prasą. Nie były zaplanowane, ale wynikają jakoś tak same z siebie. Robi się coraz później. Nie udaje mi się już zadzwonić do Maliny. Nie szkodzi, jutro będę miała dla niej cały dzień.

Zawsze powracający moment grozy przed każdym wieczorem autorskim: A może nikt nie przyjdzie?

Przychodzi wielu ludzi — nawet zbyt wielu jak na tę niedużą salkę. Połowa kwietnia, a dzień wydaje się niezwykle ciepły. W środku istny upał. Proszę młodych ludzi, by usiedli na podłodze i ustąpili miejsca na krzesłach starszym osobom. W ten sposób mam wokół siebie piękny wianuszek młodych twarzy, dzięki czemu czyta mi się znacznie lepiej.

Pod koniec wieczoru wszyscy są zadowoleni — młodsi i starsi, słuchacze i księgarze. Po moim sercu zaś rozlewa się przez chwilę ciepłe uczucie, które chyba można nazwać szczęściem.

Szybko się jednak ulatnia. Pozostaje miła pewność, że byłam taka jak trzeba — ani za wesoła, ani zbyt smutna. Nie muszę się martwić, czy nie udawałam czegoś, czy nie zrobiłam z siebie clowna, by ukryć swoje prawdziwe niepokoje. Tutaj ludzie znają mnie zbyt dobrze, po prostu nie pozwoliliby na to.

Towarzystwo rozchodzi się powoli. Jeszcze jakieś krótkie rozmowy, uściski rąk:

— Dobrze, że znowu jesteś... zobaczymy się jeszcze?

Kilka umówionych spotkań na najbliższe dni...

Podnoszę wzrok znad książki, którą właśnie podpisuję, i w ciemnym kwadracie drzwi dostrzegam postać kobiety w bieli.

Dziewczęca sylwetka, biała suknia — kwiaty we włosach. Panna młoda? U jej boku mężczyzna w ciemnym garniturze. Ludzie rozstępują się przed nimi — szepczą zachwyceni. Wkracza młoda para. W środku księgarni wygląda to doprawdy całkiem nierealnie... Malina?

Z bukietem ślubnym w dłoni stoi przede mną Malina — jak zwykle delikatna i trochę nieśmiała, ale z triumfalnym uśmiechem na ustach.

Wyciągam do niej ramiona. Gorączkowe wyjaśnienia i raz po raz objęcia. Ludzie tworzą wokół nas krąg i przyglądają się zachwyceni. Malina ofiarowuje mi swój ślubny bukiet. Dużo małych białych różyczek — przyciskam je do piersi...

W końcu z zamętu pełnych podekscytowania słów wyłania się jednak nieco jaśniejszy obraz.

Malina pisała do mnie.

— Dwa albo nawet trzy listy — mówi — ale wszystkie wróciły.

— Tak, wiem — potrząsam z ubolewaniem głową — wiele listów wracało, gdy byłam w Ameryce.

— Domyślałam się, że jest pani nadal za oceanem — mówi Malina. — Dziś po południu odbył się nasz ślub.

Później jeden z gości weselnych opowiadał, że słyszał w radiu o moim wieczorze autorskim.

— Wiedziałam, że pani przyjedzie. Wiedziałam. Jest pani moim najpiękniejszym prezentem ślubnym — mówi Malina.

— Byliśmy tu już przed godziną, ale nie chcieliśmy przeszkadzać — wtrąca jej milczący dotąd mąż.

— A to jest Piotr — przedstawia Malina z dumą.

Mężczyzna, choć wyraźnie starszy od niej, silny, miła okrągła twarz, ciemne włosy. Więcej nie da się w tym momencie powiedzieć.

Goście weselni czekają w lokalu niedaleko stąd, więc młodzi po prostu mnie tam zabierają.

— Jest pani moim prezentem ślubnym — powtarza Malina — musiało tak być.

— Gdybym komuś opowiedziała o naszym tu spotkaniu — mówię po drodze do Maliny — nikt by mi nie uwierzył... taki przypadek...

— Ma pani wystarczająco dużo świadków — wtrąca trzeźwo jej mąż.

Przyjęcie odbywa się w bocznej sali jednej z pobliskich restauracji. Przy stole siedzi około piętnastu osób. Zostaję wszystkim uroczyście przedstawiona. Rodzina pana młodego.

Matka Maliny, o czym wiedziałam wcześniej, już nie żyje. Zmarła, gdy Malina była jeszcze dzieckiem. Ale jest jej ojciec, szczupły pan z łysiną i wąsami. Jego lekko zaczerwienione oczy za okrągłymi okularami wyglądają, jakby dużo w życiu płakał.

Kilkoro przyjaciół obojga. Wszystko jest dość skromne, jednak uroczyste i godne. Na stole stoi czerwone wino — nie ma wódki. Dość niezwykłe jak na polskie wesele. Na środku stołu bardzo piękny tort weselny, którego natychmiast muszę oczywiście skosztować.

— Wiedziałam, że pani tu będzie — mówi znów Malina.

A potem patrzy z dumą na biesiadników.

— Wiedziałam.

Podziwiam jej piękną suknię.

— Uszyła mi ją szwagierka — mówi — bo wszystkie gotowe były dla mnie za obszerne. Ze starej koronki. Prawda, że piękna?

Tak, myślę zmartwiona, to prawda, żadna suknia nie pasowałaby na Malinę — nadal jest o wiele za szczupła. Powinna już zacząć przybierać na wadze.

— Muszę sobie poprawić fryzurę, trochę się rozsypała — Malina dotyka kwiatów we włosach.

Patrzę za nią, jak idzie przez salę, lekko niby tancerka, po czym znika w drzwiach. Jej talię można by objąć palcami jednej ręki.

Naprzeciw mnie siedzi mąż Maliny. Małomówny człowiek. Inżynier z zawodu. Emanuje jednak spokojną pewnością siebie i zdaje się posiadać niewyczerpane zasoby cierpliwości. Ona będzie tego wszystkiego potrzebowała, myślę.

Gdyby w młodości udało mi się spotkać takiego silnego i opiekuńczego mężczyznę, może moje życie przebiegłoby inaczej, prościej, łagodniej?

— Chyba już trochę za późno na takie myśli, prawda? — odzywa się we mnie Rozsądna i prawie widzę, jak wzrusza ramionami — poza tym ty byś się wtedy nie zakochała w żadnym rozsądnym mężczyźnie...

Prawdę mówiąc, nie wiem, o czym mam rozmawiać z obcym mi panem młodym. Mówię mu więc tylko, że ma bardzo piękną żonę — komplement, który z pewnością go ucieszy.

Tymczasem wydaje się, jakby tego nie słyszał. Przez chwilę patrzy bez wyrazu gdzieś w dal ponad moją głową, potem jednak zwraca się do mnie:

— Choroba jeszcze ciągle nie minęła — mówi cicho — zupełnie nie. Wręcz przeciwnie... ale niech pani nie zdradzi się przed Maliną, że o tym wie.

Milczę. Nie mogę nic odpowiedzieć, bo Malina właśnie wraca i przysiada się do nas.

Patrzę na tych dwoje i czuję tylko, jak nagle robi mi się chłodno.

Nie zostaję już długo, żegnam się, aby pozostawić Malinę jej rodzinie i przyjaciołom. Przez cały czas zresztą czuję, że moja obecność wprawia ich w zakłopotanie.

Młodzi małżonkowie odprowadzają mnie do drzwi. Jeszcze jedno czułe objęcie z Maliną.

— Dużo szczęścia na przyszłość — szepczę, dotykając ustami jej włosów.

— Już teraz je mam — odpowiada Malina.

Do domu mam stąd niedaleko. Idę pieszo — powoli i zatopiona w myślach — trzymając w ręce biały ślubny bukiet Maliny.

Rozmyślam o tym dziwnym przypadku, który zetknął Malinę i mnie, wtedy, przed prawie rokiem — i teraz w dzień jej wesela. Piękne święto, radosne przyjęcie, a jednak mam wrażenie, że zawisło nad nim coś, co nie chciało być nazwane.

Na Rynku obok wejścia do Sukiennic, które o tej porze są już zamknięte, podchodzi do mnie starszy, elegancko ubrany pan. Ciemny garnitur, biała koszula, krawat.

— Czy wyświadczyłaby mi pani zaszczyt?

— uchyla kapelusza — mógłbym panią prosić o ten taniec?

Osłupiała podaję mu rękę — nie wygląda na pijanego — i tańczymy pośrodku placu kilka taktów walca. Bez muzyki. Tańczymy, wirujemy przez chwilę, aż dostaję zawrotu głowy. Zamykam oczy — wszystko w mojej głowie się kręci. Zatrzymuję się. Gdy otwieram oczy, widzę, że mężczyzny nie ma. Rozglądam się za nim, nie wiadomo, gdzie się podział — zniknął.

I tak tajemniczo kończy się ten niezwykły dzień.

* * *

Po powrocie do Monachium przypominam sobie, że obiecałam podarować Malinie jeden z moich obrazów. Chciałam to zrobić już dawno — teraz będzie to prezent ślubny. Powtarzała wprawdzie, że największym prezentem była dla niej sama moja obecność, ale z pewnością ucieszy się z obrazu, który będzie mógł zawisnąć w jej nowym mieszkaniu. Wyszukuję małą akwarelę, ukazującą pannę młodą — delikatną w białej sukni — idącą przez ulicę. Welon unosi się nad nią niczym obłok i sięga aż ponad dachy domów.

Był taki czas — dawno temu — kiedy lubiłam malować śluby i wesela. Zaraz go dla niej zapakuję.

„Dziękuję, że mogłam uczestniczyć w Twoim wielkim dniu", piszę w liście do Maliny. „Twój bukiet przechowuję na zaszczytnym miejscu — wisi nad półką z książkami w moim pokoju".

Dzwonię do Jakuba.

— Jak się masz, dziecko? — pytam mojego trzydziestopięcioletniego syna, który, jak zwykle, znosi to pytanie ze stoickim spokojem.

— Dobrze. Dużo pracy — odpowiada jak za każdym razem.

— Czy wiesz, kiedy dokładnie wypada Pesach? — pytam.

W ostatnich latach Jakub stał się naszym rodzinnym ekspertem od wszystkich spraw religijnych.

— W tym roku o tydzień później — mówi.

— Ugotuj coś dobrego. Przyjadę do ciebie.

— Naprawdę?

Siedzimy razem z kilkorgiem przyjaciół przy dużym stole sederowym, gdzie zaczyna się święto Pesach. Mój jasnowłosy syn, w jarmułce na głowie, wygląda naraz bardzo po żydowsku. Rabin zajął miejsce u szczytu stołu. Raz jeszcze potwierdza się powiedzenie, że rabin musi być też nauczycielem. Pomaga tym z nas, którzy gubią się w skomplikowanej liturgii. Spoglądam z dyskretną dumą na Jakuba, który czyta Hagadę, modli się i śpiewa. Podczas gdy ja tylko trochę udaję, że się modlę, on naprawdę to potrafi. W ciągu kilku lat osiągnął to, co mnie się nie udało przez całe życie. Praktykuje naszą religię i podtrzymuje tradycję z tą samą pewnością, z jaką czynili to jego przodkowie. Jego babcia byłaby z niego dumna, myślę, a co dopiero dziadek.

Trącamy się czterokrotnie pucharami wina, jak nakazuje tradycja, zanurzamy gorzkie zioła w słonej wodzie, jemy jajka gotowane na twardo, macę, rybę i wiele innych smacznych rzeczy.

Jakub raz po raz w książce, z której odczytujemy modlitwy, pokazuje mi miejsce, w jakim jesteśmy. Ja jednak wolę patrzeć tylko na niego i ciągle gubię się w modłach.

Później uchylamy jeszcze drzwi, by mógł wejść prorok Eliasz.

— Musisz już jechać, synu? — zadaję po zakończonym święcie pytanie, które on lubi dokładnie tak samo jak to o jego samopoczucie.

— Mamo, wiesz przecież...

Tak, wiem. Każda matka wie.

Obracam się znowu w kółko na swoim fotelu. Przede mną na biurku plik białego papieru. Powoli, bardzo powoli i najpierw tylko w mojej głowie książka zaczyna nabierać kształtów.

Historia mojego ojca — czasy powojenne.

Ale także spotkanie z Dawidem — który był moim bratem. Nie tylko — lecz także.

Ojca mi odebrano. A później ja porzucałam moich mężczyzn. Czy była w tym jakaś prawidłowość? A teraz i Dawid nie mógł ze mną zostać...

Dzwonek telefonu? Powinnam go wyłączyć, jeśli chcę pracować.

Czy jednak na pewno chcę pracować?

— Roma? — Ten ciemny głos rozpoznałabym na końcu świata. — Czy podobałby ci się Rzym? — pyta Dawid przez telefon.

— Rzym? Wiesz, że bardzo lubię to miasto — odpowiadam ostrożnie.

— Ale dawno tam nie byłaś...

Chce mnie namówić na wycieczkę do Rzymu? Ale ja nie mam już ochoty na wycieczki, które odbywają się poza moim prawdziwym życiem.

Właśnie udało mi się polubić swoją samotność, a przynajmniej zacząć szanować to, że jestem sama, i zrozumieć, że żaden mężczyzna nie będzie już stanowił centrum mojego życia...

— Dlaczego milczysz?

— Bo nie wiem, czy taka wycieczka teraz...

— To nie będzie wycieczka.

— Tylko?

— Ja tu mieszkam. Mogłabyś mnie odwiedzić. Teraz. Albo później, kiedy zechcesz. Najlepiej od razu.

— Mieszkasz w Rzymie? — pytam bezmyślnie, bo przecież Dawid właśnie to powiedział.

— Tak.

W jego głosie słychać radość z udanej niespodzianki.

— Przyjąłem znowu profesurę na uniwersytecie. Naprawdę zaczynam dopiero jesienią, ale... jestem tu już teraz. Tak wyszło ... Roma?

— Tak.

— Znowu milczysz... Posłuchaj... Bardzo czekam na to, żebyś tu przyjechała. Właśnie się wprowadziłem, przeniosłem się z tymczasowego locum do stałego... i chciałbym ci to wszystko pokazać...

— No, skoro tak... Załatwisz mi pokój w jakimś miłym hotelu?

— Po co? Mam znowu wiele pokoi gościnnych. Będziesz mogła sobie wybrać...

ROZDZIAŁ XII

Maj

— Czy pani na kogoś czeka? *Signora*? — pyta ktoś cichym głosem za moimi plecami. Dawid? Odwracam się szybko. Dawid.

Przedtem stałam przez dobrą chwilę całkiem sama, usiłując pośród wszystkich ludzi na lotnisku wypatrzyć jego charakterystyczną sylwetkę. Gdzie on się podziewa? Zaraz go zobaczę. Jaki jest? Czy się zmienił? Utył, schudł, postarzał się?, przemykało mi przez myśl. Czy dobrze wyglądam? Co powiem na powitanie?

— Oczywiście, że po ciebie wyjdę — obiecał. A teraz? Gdzie jest?

Trochę bezradnie stoję w hallu, bagaż leży u moich stóp, i rozglądam się za Dawidem. A potem nagle jego ręka na moim ramieniu.

— *Signora*?

I oto stoi przede mną. Jego ciemne oczy... nie powiedziałam ani jednego słowa z tych, które chciałam powiedzieć. On prawdopodobnie również nie.

Dawid bierze moją torbę. Automatycznie rozglądam się za jego szoferem. Ale jest sam. Sam i nie chroniony. W białej koszuli, dżinsach i mokasynach na bosych stopach — wygląda jak student nieco wyższego roku. W milczeniu torujemy sobie drogę przez tłum. Takie zdania, jak: „Miałaś dobrą podróż?" albo „Jaka jest tutaj pogoda?" w ogóle nie przychodzą nam na myśl.

Pakujemy moje rzeczy na tylne siedzenie małego samochodu.

— Tylko wypożyczony — mówi Dawid, wskazując swój skromny pojazd. — Nieduży, ale zwrotny i łatwo go zaparkować, w sam raz na to miasto.

Na przednim siedzeniu leży bukiet kwiatów, nieco podwiędłych w słońcu.

— Całkiem o nich zapomniałem — przeprasza Dawid. — *Sorry.*

Siada za kierownicą i zręcznie przedziera się przez zapchaną samochodami ulicę.

Natychmiast toczy się w naszą stronę cała lawina aut, więc wzdrygam się raz po raz. Ale Dawid tylko się śmieje, trąbi jak oszalały, podobnie jak inni, raz macha ręką miło, to znowu mniej miło, znowu się uśmiecha. Zmierza w stronę Centro Storico.

— Zobaczysz, to jeden wielki chaos — mówi po chwili.

— Miasto? Wiem o tym, zawsze takie było...

— Nie, nie miasto. Moje mieszkanie. Wprowadziłem się do niego dopiero dwa tygodnie temu i jeszcze porządnie się nie rozpakowałem.

Mieszkanie znajduje się na starym mieście, nieopodal Campo dei Fiori. W lekko cofniętym domu narożnym. Z trochę podniszczonej czerwonawej fasady odpada tynk. Na dole jest mała kawiarenka i sklep z winami. Malowniczo spiętrzone skrzynki win otaczają dosyć ponure wejście do domu. Mały placyk przed nim jest prawie trójkątny — z fontanną pośrodku.

— Masz stąd niedaleko na zakupy — stwierdzam, gdy tymczasem Dawid wnosi moje walizki do bramy.

— Słuchaj, oni mają tu bardzo dobre rzeczy, świetny ser i wyborne wina...

Maleńka winda wygląda, jakby ktoś dobudował ją w pośpiechu, i budzi we mnie klaustrofobiczne uczucia. Zardzewiałe okratowane drzwi zasuwają się, skrzypiąc. W środku cuchnie stęchlizną.

— Dawidzie, czy musimy jechać tą windą? — pytam cienkim głosem.

— A może mam cię wnieść z tymi bagażami na czwarte piętro? — odpowiada nieco zdyszany. — Nie bój się, to sprawna winda — dodaje uspokajająco.

No tak, myślę, podczas gdy winda, skrzypiąc, wlecze się z trudem w górę, nawet jeśli tu utkniemy, to z Dawidem nic mi się nie stanie.

Dawid otwiera drzwi — w mieszkaniu nie ma przedpokoju — jesteśmy od razu w salonie.

Rzeczywiście, wszędzie stoją jeszcze pudła i skrzynki.

— Popatrz, jak tu wygląda — mówi. — Nie cierpię się urządzać, nigdy tego nie lubiłem. Mam nadzieję, że trochę mi pomożesz.

Pośrodku stoi podniszczona skórzana sofa w zielonym kolorze, mały stolik, dwa fotele, a przy ścianie duże biurko. Z okien widok na *piazzę*. Jedne z drzwi są otwarte. Widać kuchnię z kolorowy-

mi wzorzystymi kafelkami na ścianach i ciemno-
czerwoną terakotą na podłodze.

— Chodź, chodź dalej — Dawid niecierpliwie
ciągnie mnie za rękę, gdy chcę usiąść na sofie, aby
się temu wszystkiemu przyjrzeć. Dopiero teraz
spostrzegam wąskie kręte schodki, prowadzące
na górę.

A tam sypialnia z szerokim łóżkiem. Na nim
złocisty pled Dawida, który znam z dawniejszych
czasów.

Łazienka, a także taras porośnięty mnóstwem
zielonych roślin, w rogach stoją stare zwietrza-
łe rzeźby bez nosów. Przy murze niewielka ła-
weczka.

Widok z tarasu zapiera dech w piersiach. Białe
kopuły kościołów i pałaców, domy w ciepłych brą-
zowawych odcieniach — od żółci po ciemną czer-
wień, tarasy, balkony, wszędzie zielona roślin-
ność, schodki, okna z kolorowymi okiennicami
— wszystko naraz — wznoszące się coraz wyżej
i wyżej — jakby naszkicowane miękkimi pastelo-
wymi kredkami przez jakiegoś szalonego rysow-
nika. Kamienny, radosny chaos.

Oparta o balustradę, staram się wchłonąć w siebie tę całą panoramę. Hen daleko, gdzie błękit
nieba jest najintensywniejszy, przeczuwa się —
bardziej niż widzi — łagodne rzymskie wzgórza.

Dawid staje obok, obejmuje mnie ramieniem.

— Niezły widok, co? — mówi z dumą, jakby
sam zbudował całe to miasto.

Ta panorama ma w sobie coś magicznego, niepodobna oderwać od niej oczu. Na końcu ulicy

widać Campo dei Fiori, rynek pełen różnobarwnych kwiatów i straganów z owocami.

— Widzisz — mówi Dawid, najwyraźniej uradowany moim zdumieniem — można tu chwilę wytrzymać. Rozumiesz teraz, dlaczego nie chciałem opisywać ci tego przez telefon. Po prostu nie byłoby niespodzianki. Przejąłem to mieszkanie po jednym z moich izraelskich przyjaciół, który ożenił się z Włoszką. Oboje wrócili do Izraela — do dzieci.

Z dołu dobiega nieunikniony gwar — klaksony aut, krzyki dzieci, muzyka radiowa. Motocykle przemykają z głośnym wyciem.

— No cóż, zbyt spokojnie tu nie jest, ale po jakimś czasie można się do tego przyzwyczaić. „Cisza to śmierć — hałas to życie" — jak mówią rzymianie. A lubią trochę przesadzać…

— Dawid — odwracam się i przytulam do niego mocno. Czuję, jak wzruszenie ściska mi gardło. Dopiero teraz uświadamiam sobie, że to właśnie Dawid, a nikt inny, stoi obok mnie na tym bajecznym tarasie, w samym sercu Rzymu. Jestem w nim sama z tym mężczyzną — żyję i nie śnię.

— To nieopisanie piękne…

— I tak ma być — potakuje zadowolony Dawid. — „I radowali się swoją radością", powiada Mateusz ewangelista. Muszę ci jednak jeszcze coś wyznać, trochę nakłamałem przez telefon — mówi, udając skruszonego, ale nie wypuszcza mnie z objęć — mam tu na dole tylko jeden pokój gościnny, który ciągle jeszcze zamieszkują moje książki. Będziemy musieli pogodzić się z pewną ciasnotą. Mam nadzieję, że mi wybaczysz... — Śmieje się znowu i mocno mnie przytula.

— A teraz chodźmy coś zjeść — mówi po chwili — zanim umrzemy z głodu. Bo w lodówce, jak mi się zdaje, też leżą tylko książki.

Kiedy się przebieram, on siada na tarasie i z rozkoszą zapala fajkę.

W letniej sukience i lekkich sandałkach czuję się od razu lepiej wkomponowana w otoczenie. Jestem tu dopiero od godziny, a wydaje mi się, jakbym nigdy nie mieszkała gdzie indziej.

— Możemy iść.

Jemy w ulubionej *trattorii* Dawida, po drugiej stronie Campo dei Fiori, którą on zna jeszcze z dawnych lat. Lokal jest wyłożony boazerią, staromodny i pełen zamaszyście gestykulujących Włochów w dobrych humorach.

Siadamy na górze, na pierwszym piętrze, gdzie jest nieco ciszej, przy stoliku tuż obok okna, z widokiem na plac.

Teraz mogę w spokoju popatrzeć na Dawida. Na jego twarzy odnajduję ślady zmęczenia. Ale to wcale nie sprawia, że jest mniej pociągający. Widać, że ma za sobą trudny okres, że zmagał się z czymś, co zmieniło go również fizycznie. Zmarszczki na czole są nieco głębsze, cienie wokół oczu ciemniejsze. Nie zmienił się jednak — może nawet dobrze mu to zrobiło. Od mocnego izraelskiego słońca jest jeszcze bardziej opalony, a w jego oczach nie ma tego wyrazu napięcia i zagubienia, jak wtedy, gdy się ze mną żegnał. Patrzą czujnie i trochę drwiąco. Jak dawniej.

Przygląda mi się czule i uważnie. Prawdopodobnie również szuka na mojej twarzy śladów minionych miesięcy.

Czy to możliwe? Czy go odzyskałam? Na jak długo tym razem? Nie. Dzisiaj wcale nie chcę się nad tym zastanawiać.

Kelner przynosi wino.

— Mamy sobie wiele do opowiedzenia — Dawid pochyla się ku mnie ponad stołem — ale jest jeszcze dużo czasu. Chciałbym ci też tyle rzeczy pokazać. Dzielnicę żydowską i wiele innych miejsc. Mam nadzieję, że zostaniesz trochę dłużej...

— Ale ja przecież muszę pracować — uśmiecham się. — Jeszcze się nie zdążyłam wzbogacić w tej Ameryce.

Dawid napełnia nasze kieliszki — obserwuję jego dłonie, skóra przybrała piękny oliwkowy odcień... on znowu pasuje idealnie do otoczenia — jest opalony, wesoły, pogodny — przypomina prostego, sympatycznego Włocha.

— Wyglądasz jak tutejsi mężczyźni...

— No, słuchaj, jeśli to miał być komplement? — oburza się.

— *Lehaim*! Za nasze zdrowie! — podnosimy kieliszki. Wino smakuje aksamitnie i jedwabiście.

Starszy siwowłosy kelner przyjmuje od nas zamówienie. To dobry znajomy Dawida, obaj wdają się więc od razu w dłuższą rozmowę na temat jedzenia i w ogóle życia. Przez chwilę się im przysłuchuję, ale Dawid mówi tak szybko po włosku, że nie wszystko rozumiem.

Kiwam więc tylko głową, uśmiechając się przy tym, choć czuję się trochę wykluczona z rozmowy.

Później oglądam przez okno ciemny posąg smutnego mnicha na placu. Kilkoro hałaśliwych dzieci usiłuje boso wdrapać się na niego i włożyć mu do rąk czerwony balonik — wszystko na próżno.

Nasz kelner, lekko pochylony nad stołem, podkreśla każde zdanie pięknym ruchem rąk. Dzięki dość długim włosom i haczykowatemu nosowi przypomina mi Szopena.

— Wiesz, do kogo jest podobny ten kelner?

— Tak — kiwa głową Dawid — wiem, ale niestety on ma na imię Leonardo, a nie Frederico.

Podobny do Szopena Leonardo tańczy jeszcze trochę wokół naszego stolika, a potem przynosi coś specjalnie dla mnie, dla *bella signora* — jak mówi — talerz wspaniale wyglądających, pieczonych kwiatów cukinii. Po chwili dostajemy dużą misę spaghetti w białym sosie z truflami. Nie zamawiamy nic więcej, bo nie jesteśmy aż tak głodni. Trufle pachną odurzająco — śmietanowy sos rozpływa się w ustach.

Później Dawid zamawia jeszcze stary ser *peccorino* z miodem.

— Ser z miodem?

— Tak — mówi Dawid — to stary toskański deser.

Istotnie, smakuje wybornie.

Podczas kolacji prowadzimy bardzo oględną rozmowę, unikając łagodnie wszystkich tematów, które mogłyby nas zaboleć. Co chwila milkniemy i tylko na siebie patrzymy. Każde z nas zajęte własnymi myślami i oboje nagle od nowa zaskoczeni faktem, że jesteśmy tu razem.

Przy stoliku za nami siedzą czterej starsi panowie, którzy głośno się śmieją.

— Nie rozmyślaj tyle — mówi Dawid — lepiej pij. Widzisz, to wino nazywa się „Pocałunek anioła" i tak też smakuje.

Obojgu nam wydaje się, że cały czas świata należy do nas. Milczymy, a wszelkie opowieści są dzisiaj zbyteczne, jakby nie trzeba nic więcej rozumieć i wyjaśniać. To złudzenie — cieniutkie niczym jedwabna chusta, którą mam na ramionach — ale na tę chwilę uszczęśliwia i sprawia, że nic nie może nas zranić.

Powolnym krokiem idziemy na Piazza Navona i przyglądamy się wielobarwnemu tłumowi. Jest już prawie ciemno i dość późno, ale zdaje się, że nikomu nie chce się wracać do domu. Ani dorosłym, ani dzieciom. A młodzież dopiero teraz zaczyna tu napływać.

Obie fontanny są podświetlone. Wiatr niesie daleko drobne perełki wody, niczym srebrny pył. Cały plac jest mokry i opalizuje w świetle.

Sprzedawcy pamiątek składają powoli swoje kramiki, nie zapominają jednak o tym, by raz po raz oferować przechodniom a to lalkę, a to jakiś łańcuszek. Tylko tęga czarna sprzedawczyni szali stoi bez ruchu z boku, w całej tej ruchliwej ciżbie, i od czasu do czasu kołysze przywiązanymi do drąga szalami, niczym olbrzymim kolorowym kwiatem.

Na wszystkich rogach placu ktoś muzykuje. Tuż obok nas jakiś starzec ze zmierzwionymi włosami siada na cembrowinie fontanny — turysta albo tubylec, kto to wie? — i przeraźliwie fałszując, zaczyna grać na organkach.

— Czy pójdzie sobie gdzieś, jeśli dam mu pieniądze? — pyta mnie Dawid z uśmiechem.

Spoglądam na niego i odwzajemniam jego uśmiech:

— Może lepiej, żebyśmy to my sobie poszli.

Wałęsamy się dalej po wąskich uliczkach z zamkniętymi sklepikami, po małych placykach, na których jest mnóstwo jasno oświetlonych *trattorii* i lodziarni wypełnionych po brzegi młodymi ludźmi.

— Kupić ci lody? — pyta mnie Dawid, jakbym była dzieckiem.

Ale ja nie chcę lodów. Chciałabym... czego bym właściwie chciała?... nie chcę niczego więcej. Pragnę tylko, żeby ta noc nigdy się nie skończyła.

Później wracamy na nasz mały placyk.

Właśnie zamykają kawiarnię. Młody, szczupły kelner wyciera stoły wilgotną szmatką.

Na jednym z balkonów ktoś delikatnie gra na gitarze. Siadamy przy fontannie i słuchamy. Na placu robi się spokojniej.

Nagle mam ochotę opowiedzieć Dawidowi o moim ojcu. O tych wszystkich zwariowanych miesiącach, podczas których żyłam równocześnie w dwu światach. O moich poszukiwaniach i odkryciu. Nie chcę już być ostrożna — pragnę mu to opowiedzieć.

— W ciągu ostatnich miesięcy dużo cierpiałam — mówię i nabieram głęboko powietrza, nie do końca pewna, czy to właściwy moment na moje opowiadanie... ale już je zaczęłam.

Dawid słucha mnie uważnie, jak to ma w zwyczaju.

— Byłam zrozpaczona nie tylko dlatego, że mnie porzuciłeś, chociaż również to...

— Ja cię nie porzuciłem — Dawid odkłada fajkę, którą właśnie zapalił — ja tylko na chwilę opuściłem sam siebie...

Milknę, zastanawiam się i wiem, że powiedział właśnie coś, do czego będziemy jeszcze musieli wrócić... ale nie teraz... a potem podejmuję swoje opowiadanie.

— Cierpiałam, miałam wyrzuty sumienia i nadal je mam. Mojego ojca oskarżono o straszne rzeczy, a ja... ja czułam się współwinna...

Czujne oczy Dawida uważnie mnie obserwują.

Przemyka mi teraz przez głowę, że kiedyś, w ubiegłym roku, powiedziałam do niego: „Byłbyś dobrym spowiednikiem".

Odpowiedział wtedy, że przecież miał zostać księdzem.

Teraz nadszedł czas mojej spowiedzi.

Opowiadam dalej o moich wszystkich poszukiwaniach, zwątpieniach ostatnich miesięcy... a potem o aktach.

— Musiałam znowu odbyć podróż w przeszłość, tam, gdzie my oboje, ty i ja, nie chcieliśmy się nigdy znaleźć... Byłam w getcie, byłam z moim ojcem w obozie koncentracyjnym... ledwo to zniosłam… Wiem teraz, że przez wszystkie te lata wyrządzałam mojemu ojcu krzywdę. Nie tylko inni ludzie go skrzywdzili… ja też… — kończę opowiadanie.

Dawid patrzy na mnie, milczy. Kiedy później zaczyna mówić, nie słyszę współczucia w jego głosie. Reaguje inaczej, niż tego oczekiwałam: nie obejmuje mnie, nie pociesza, jest to raczej zatroskanie, a może nawet niechęć…

— I tym zadręczałaś się przez te wszystkie miesiące? Z powodu tego artykułu w gazecie?

— Nie, nie tylko tym. Zawsze wiedziałam, że ta historia pewnego dnia mnie doścignie. Spotkałam w Amsterdamie mężczyznę, tego pana Goldberga, który znał mojego ojca z obozu. I wtedy cała prawda powoli zaczęła mnie dopędzać: krok po kroku, i już nie umiałam jej umknąć.

Urywam. Powściągliwy wyraz twarzy Dawida sprawia, że tracę pewność siebie.

— Prawda jest taka, że czuję się jak tchórz. Chciałam wyobrażać sobie swojego ojca wyłącznie jako bohatera. Bałam się, że może w rzeczywistości wcale nie był aż takim wielkim bohaterem, a jeśli nie był, to czy będę musiała opowiadać sobie własną historię od nowa? Teraz wiem, że naprawdę był bohaterem. I tym bardziej ja jestem tchórzem…

— Roma — Dawid powoli szuka słów — Roma, nigdy nie będziemy umieli wyobrazić sobie mnóstwa rzeczy. Nigdy. Wielu nie wolno nam sobie nawet wyobrażać, jeśli choć trochę chcemy żyć jak normalni ludzie. Sami powinniśmy sobie tego zabronić…

— Masz rację, ale…

— Wyobrażasz sobie — Dawid wpada mi niecierpliwie w słowo — tego dziennikarza, który napisał ten głupi artykuł, wyobrażasz sobie tego anonimowego pismaka, tych sędziów, wszystkich tych ludzi — wyobrażasz ich sobie w obozie?

— Nie wiem, czy wolno nam tak myśleć…?

— Pewnie nie, ale i tak myślimy.

Ostrożnie patrzę z boku na Dawida — jest zagniewany, naprawdę wściekły.

— A przecież to robimy. Tak, znam tych sędziów, tych naprawiaczy świata, którzy zawsze wiedzą, co jest dobre, a co złe. Tych badaczy, co to tropią ludzkie słabości, bo to jedyna rzecz, jaka sprawia im przyjemność, na jakiej się znają. Co mówię, badaczy. Inkwizytorów…

Wstajemy równocześnie, ale nie wracamy do domu, lecz idziemy wzdłuż ulicy, zaskoczeni nagłym uczuciem obcości między nami, jak gwałtowną burzą.

Nie wiem, co powiedzieć, czuję się bezradna. Czy właśnie coś zniszczyłam?

Ale Dawidowi jeszcze nie minął gniew.

— Co znaczy „odwaga"? Co znaczy „tchórzostwo"? Czy możesz mi to powiedzieć? — przystaje. — Co ja wiem o moim ojcu, o moim prawdziwym ojcu? To też są tylko cząstki prawdy. Dlaczego mielibyśmy wiedzieć wszystko o swoich rodzicach?

— Bo może to pomogłoby nam lepiej zrozumieć nas samych…

— Tak, a co wiemy o sobie? Czy mam prawo sądzić własnego ojca? Ja? Właśnie opuściłem swoją rodzinę. Włóczę się z tobą po tym szalonym mieście. W poszukiwaniu czegoś, czego być może w ogóle nie da się znaleźć. Czy jestem bohaterem? A może tchórzem? Wszyscy jesteśmy czasem bohaterami, a czasem tchórzami...

— A może po prostu jesteśmy tylko wiecznymi wygnańcami, my oboje? — mówię bezbarwnym głosem. — Zrobiło się chłodno, tutaj czuje się jednak bliskość morza...

— Tak — przyznaje Dawid. — Chodź, napijmy się jeszcze, tam po drugiej stronie jest miły bar. — Patrzy na zegarek. — Wcale nie jest jeszcze tak późno. W Rzymie zegary chodzą inaczej. Mamy dużo czasu...

Obejmuje mnie ramieniem i znowu wyglądamy jak dwoje beztroskich turystów, którzy wszystkie zmartwienia zostawili w domu.

— Pragnęłam ci to wszystko opowiedzieć dużo lepiej — mówię cicho — te ostatnie pięć miesięcy.

— Zrobiłaś to bardzo dobrze. — Jego głos jest już łagodny i uspokajający. — Ale czasem gorzka bywa świadomość, że również nam przez te sześćdziesiąt lat nie udało się naprawić świata. Ani trochę.

Ma rację, myślę, gdy mocno objęci idziemy obok siebie — oczywiście że ma rację, ja też myślę podobnie. Równocześnie odczuwam nagle z bolesną jasnością, że nigdy nie staniemy się jednym — zawsze będziemy tylko dwojgiem. I nawet nie wiem, czy tego żałuję.

Kiedy o późnej porze wracamy do domu, Rzym jest cichy, zagadkowy i dopiero teraz przypomina to miasto, które istnieje już tylko we snach. Gdzieś ktoś gra nadal na gitarze. Jakaś młoda dziewczyna, najwyraźniej podpita albo tylko zrozpaczona, biegnie boso i z rozwianymi włosami przez plac, za młodym mężczyzną, który zdaje się wcale nie zwracać na nią uwagi.

— Giovanni — woła — Giovanni, *aspetta me!* Giovanni! *Aspetta!*

A potem znowu zalega cisza.

Nazajutrz rano wychodzę na taras boso i owinięta tylko w ręcznik kąpielowy. Pod stopami czuję ciepłą posadzkę. Dzień jest piękny, wystawiam twarz na słońce.

Na Campo dei Fiori już pulsuje życie targowe. Sprzedawcy polewają wodą stragany pełne kwiatów pyszniących się różnymi kolorami. Gospodynie domowe, godnie i uważnie, wędrują z koszykami na zakupy pośród wielobarwnych stoisk z owocami i warzywami. Sprzedawcy krzyczą, śmieją się i kłócą. W kawiarniach pierwsi turyści siedzą już przy *cappuccino*...

Oddycham głęboko.

Wchłaniam to wszystko w siebie i pozwalam się unosić... unosić daleko stąd, daleko od trosk, zwątpień, lęków...

Dawid zszedł na dół do kuchni zaparzyć kawę.

Dzisiaj w nocy spytałam go, czy za mną tęsknił. Nie byłabym kobietą, gdybym o to nie zapytała.

— Tak — odpowiedział poważnie. — Tak, tęskniłem. W różnych sytuacjach. Zawsze niespodzie-

wanie. Nagle na ulicy, nocami, kiedy nie mogłem
spać... również po wielu wyczerpujących rodzin-
nych dyskusjach. Czasem nawet cię widziałem...
na końcu zimnego korytarza szpitalnego, gdy cze-
kałem tam w nieskończoność... nawet bardzo
wyraźnie... tak, często o tobie myślałem...

— A o czym sobie myślałeś?

— O spokoju, który przy tobie udało mi się odnaleźć.

— I o czym jeszcze?

— Że jesteś ciekawska — mówi przekornie i zamyka oczy. — Zawsze chcesz za dużo wiedzieć
— mruczy już na pół przez sen.

Uśmiecham się na wspomnienie tej nocnej rozmowy. Na dole kilku młodzieńców mknie na mo-
torach po okolicznych uliczkach.

— Roma — donośnie woła Dawid z kuchni.

Jest już tak samo głośny jak wszyscy dookoła.

— Roma, kawa się nam skończyła. Pójdziemy
na *piazzę*, na porządne śniadanie?

Nie pozwalam sobie tego dwa razy powtarzać.
W ciągu kilku minut jestem na dole.

Dużo spacerujemy. Dawid chce mi wszystko
pokazać. Również to, co już widziałam.

— Mam nadzieję, że przywiozłaś sobie jakieś
wygodne buty? — zatroskany patrzy na moje
nogi.

Pogoda jest wspaniała, nie za gorąco, słońce
grzeje — ale nie obezwładnia.

Dawid zgrabnie omija fale hałaśliwych turystów, więc w pewnej mierze mamy poczucie, że
przebywamy ciągle pośród rzymian.

Jakaś zapierająca dech w piersiach perspektywa, jakieś skrzydło kamiennego anioła, kolorowa plama ogrodu, to znowu stary kościół zmuszają mnie raz po raz do zatrzymywania się i głębokiego zaczerpnięcia powietrza.

— Popatrz, Dawid, popatrz, popatrz — jego oczy są moim aparatem fotograficznym.

Chciałabym w nich zatrzymać całe to piękno.

Wyzwoleni z rytmu miasta, posłuszni wyłącznie swojemu własnemu rytmowi, chodzimy tak długo, jak chcemy, jemy, kiedy mamy na to ochotę. Robimy małą sjestę w domu. A potem wracamy do miasta, które nas magicznie przyciąga. A wszystko to bez jakiegokolwiek planu; kiedy przyjdzie nam chęć, siadamy sobie w jakimś ogródku kawiarnianym na ulicy i spędzamy tam całe godziny, patrząc w milczeniu. Nie jesteśmy turystami ani tubylcami, tylko dwojgiem ludzi, którzy cieszą się, że są razem w tym mieście. Zamykam oczy i próbuję ćwiczyć się w sztuce niemyślenia o niczym. Tylko czuć, smakować, wąchać... od razu jednak podnoszę wzrok, bo tak wiele jest do oglądania. To miasto, które już tylekroć stanowiło tło różnych filmów, wydaje mi się bardziej rzeczywiste niż jakiekolwiek inne.

Może dlatego, że czuje się, iż otaczający nas ludzie tak bardzo lubią tu żyć. To zaraża, jak ich wesołość.

Czas pędzi, a my pozwalamy mu pędzić, wcale tego nie żałując.

Często jadamy w dzielnicy żydowskiej, gdzie istotnie są najlepsze *trattorie*. Dyskutujemy o wyborze menu, jakby nie było nic ważniejszego.

Dawid zamawia wiele różnych dań. Muszę spróbować wszystkiego, co kiedykolwiek jemu tutaj smakowało. Każdego specjału kulinarnego.

— *A tavola non si invecchia* — przy stole człowiek się nie starzeje — Dawid cytuje stare przysłowie.

Jemy słynne *fritti* — jarzyny i rybę smażone w oleju, *pasta e fiagioli*, a także *faraona*, perliczkę — już sama nazwa robi wrażenie.

— A potem musisz jeszcze spróbować ciasta — to tutejsza specjalność — zapala się Dawid.

Ciasto z czereśniami i tartymi migdałami pochodzi z narożnej piekarni, pachnie nim cała ulica.

— Dawidzie, proszę, ciasta już nie — protestuję — po powrocie nie chcę być gruba jak beczka.

— Jeszcze nie wyjeżdżasz.

Pijemy kawę w słynnym żydowskim barze, który dawniej nosił nazwę „Bar degli amici". W czasie wojny trzeba było go zamknąć, bo Żydzi nagle przestali mieć *amici* — przyjaciół. Teraz bar nazywa się inaczej, ale ludzie znowu się w nim spotykają. Żydzi i turyści. Najczęściej jednak żydowscy turyści, którzy nie przypadkiem tu przywędrowali. Poza tym panuje spokój. Dzielnica jest trochę zniszczona, może nie tak ożywiona jak dawniej, ale ludzie mieszkają tutaj, oddają się swoim zajęciom, „żyje się" — mówią.

Zdumiewam się na widok wielkiej, wyniosłej synagogi, na dzisiejsze czasy wydaje się prawie zbyt duża — teraz, kiedy nie ma już tylu Żydów.

Przy barku spotykamy miłe żydowskie małżeństwo w średnim wieku, które przyjechało tu z Ameryki. Dawid rozmawia z nimi po hebrajsku i angielsku, roztacza cały swój wdzięk — oboje są nim oczarowani. Od razu zapraszają nas entuzjastycznie do siebie, do Ameryki, najwyraźniej biorąc Dawida i mnie również za małżeństwo. Ale kiedy zaczynają prawić mu komplementy na temat pięknej żony, uznaję, że pora wracać do domu.

Postanawiamy trochę urządzić mieszkanie Dawida. Wybieramy się na zakupy. Kupujemy tysiąc drobiazgów, o których Dawid nawet nie wiedział, że może mu ich brakować.

— Po co mi pojemnik na chleb? — dziwi się i robi wielkie oczy.

— Żeby ci mrówki nie pożarły chleba — mówię rozbawiona.

— Mrówki? Może masz rację. Jesteś taka niemiecka, taka porządna.

Przystaję na ulicy i śmieję się głośno.

— Wiesz, w ciągu trzydziestu lat, od kiedy mieszkam w Niemczech, nikt mi jeszcze tego nie powiedział.

Kupujemy lampy do mieszkania, półki na książki. Jeździmy małym autem Dawida, który tymczasem stał się prawdziwym mistrzem w znajdowaniu miejsc do parkowania.

— Z twoimi zdolnościami mógłbyś mieszkać w Nowym Jorku — chwalę go.

— Ale wolę mieszkać tutaj. A ty nie?

Pewnego razu Dawid przez pomyłkę wjeżdża w ulicę jednokierunkową. Miły policjant, który wygląda w swoim mundurze jak admirał marynarki, daje nam tylko uprzejmie znak ręką w białej rękawiczce, żebyśmy jak najszybciej stąd znikali.

— Tutaj mają jeszcze zrozumienie dla ludzkich słabości — mówię z westchnieniem ulgi.

— Czy to nie twój Goethe powiedział kiedyś, że tylko w Rzymie czuł, co to znaczy być człowiekiem? — pyta Dawid.

Lampy montuje *signor* Luigi, który w tym domu pełni funkcję dozorcy i równocześnie żywego warsztatu naprawczego. Przeważnie jednak, pogrążony w zadumie, przesiaduje w barze nad szklaneczką wina. Czasem siedzi też po prostu na schodach przy bramie i opala się. Kiedy jest potrzebny, wystarczy zapukać do drzwi mieszkania na parterze, gdzie żona *signora* Luigiego zajęta jest przez cały czas gotowaniem i skąd dobiegają najwspanialsze zapachy przyrządzanych potraw.

— Luuuuuigi, Luuigi — grzmi wtedy na całą okolicę tak długo, aż małżonek jakiś czas później stanie w drzwiach.

Signor Luigi jest przysadzisty, ma czarne kręcone włosy, trzydniowy zarost i krągły brzuszek. Nie wiem, czy uświadamia sobie, iż wygląda dokładnie tak, jak wyobrażamy sobie przeciętnego Włocha. Myślę, że wcale nie byłoby mu niemiło, bo swoją rolę w życiu gra z wielką ochotą. Naturalnie wyśpiewuje również arie operowe.

Luigi traktuje Dawida z szacunkiem i najwidoczniej bardzo go lubi. Zwraca się do niego per *„signor professore"*, przeważnie jednak tylko *„professore"*.

Wydaje się, że jest dumny z przyjaźni z nim. Gorliwy i trochę spocony zjawia się w naszym mieszkaniu z drabiną pod pachą. Potem on i Dawid rozmawiają długo i głośno o zawieszaniu lamp, jakby opracowywali strategię jakiejś wielkiej bitwy.

Siadam obok Dawida na sofie; przez chwilę przyglądamy się, jak *signor* Luigi ze swoim dużym brzuchem dość niebezpiecznie balansuje na drabinie, trzymając śrubokręt w ustach. Praca okazuje się trudna, Luigi wzywa więc na pomoc *Madonnę* i wszystkich możliwych świętych.

Po jakimś czasie zaczynamy się nudzić.

— Pójdziemy do miasta? — Dawid mruga do mnie i po prostu wymykamy się na paluszkach. Ale nie uchodzi to uwagi *signora* Luigiego.

— Ależ *signor professore dove vai? Che cosa successo?*

— *Niente, niente* — uspokaja go Dawid. — Sam pan to najlepiej zrobi, Luigi — mówi uprzejmie.

— Bo my musimy iść na ważną konferencję.

— Na uniwersytet? — pyta Luigi z głębokim szacunkiem. — *Si*, naturalnie.

A gdzież by indziej?!

Pewnego popołudnia zostajemy w domu i zaczynamy układać na półkach książki Dawida. Zamknęliśmy drewniane okiennice, w mieszkaniu panuje więc cień i spokój. Przywykłam już do codziennego hałasu ulicznego. Tylko gdy nagle tuż pod oknem zawyje jakiś motocykl, wzdrygam się lekko.

Siedzimy na podłodze. Słońce maluje złoty kwadrat u naszych stóp, a na głowie Dawida aureolę.

— Tego nie potrzebuję i to też wyrzucę. — Dawid marszczy nos i odstawia kilka tomów na bok.

— Po co ja ich tu tyle przytargałem?

Bierze parę książek do ręki, kartkuje je, a następnie odstawia...

— Chciałabyś wiedzieć, dlaczego właściwie tutaj jestem? — pyta nagle.

Spoglądam na niego zdumiona. Na ogół nie prowadzimy już poważnych rozmów. Zbyt cenne są dla nas te chwile, aby zagłuszać je słowami.

— Moja żona — Dawid pociera brodę, a ja widzę, jak szuka odpowiednich słów — już od dawna to wiedziałem... ale są rzeczy, o których człowiek woli ze sobą nie rozmawiać... akurat najmniej z sobą samym. Ona chorowała zawsze wtedy, gdy ja wyjeżdżałem. Kiedy oddalałem się od niej najbardziej, zawsze to czuła. I wtedy choroba uderzała. Moja żona dobrze wiedziała, że ty i ja byliśmy w Warszawie razem. Z odległości ponad tysiąca kilometrów. Nie pytaj, skąd wiedziała, bo nikt jej tego nie powiedział, po prostu to wyczuła... Może wiedziała wtedy więcej niż ja — Dawid uśmiecha się gorzko. — Nie chodziło o to, żebym był ciągle obecny w jej życiu. Chciała tylko mieć pewność, że zawsze jestem do dyspozycji. Ona była — i chyba nadal jeszcze jest — rozpieszczonym dzieckiem z zamożnego domu. To może zbyt proste wyjaśnienie, ale nie znam innego. Żaden przyjaciel ani żaden lekarz nie mogli powiedzieć, że ją zaniedbywałem... przynajmniej przez wiele lat. Ale to jej nie wystarczało. Używała choroby jako broni — przeciw całemu swojemu otoczeniu, a przede wszystkim oczywiście przeciw mnie.

Dawid chce zapalić fajkę, puka nią mocno o brzeg popielniczki, ale po chwili odkłada.

— Nie jestem pewien, czy znowu tego nie zrobi. Mam nadzieję, że nie, bo już nie jestem do dyspozycji. Nie wiem, naprawdę nie wiem — może mimo wszystko powinienem był z nią zostać, aby dalej grać w tę grę — do końca naszego życia. Ale tym razem było to dla mnie o ten raz za wiele. Pomyślałem sobie, że chodzi o resztę mojego życia. A czym jest taka reszta? Zawsze już tylko małą cząstką. Nie bogactwem — może wyłącznie jedną jedyną złotą monetą...

Teraz też nie ułatwiłem sobie sprawy. Rozmawiałem z lekarzami. Z nią naturalnie również... próbowałem. Ale ona wzdragała się przed każdą rozmową na ten temat... i już nie znalazłem do niej drogi. Rozmawiałem z moimi dziećmi. Starszy syn mnie zrozumiał. Chce przyjechać tu w odwiedziny, z moim wnukiem.

Na myśl o tym Dawid lekko się uśmiecha.

Słucham go, nie przerywam ani słowem, prawie wstrzymuję oddech. Nie śmiem nawet wstać, aby przynieść sobie szklankę wody. Dawid mówi spokojnie, jest opanowany, jak ktoś, kto uzyskał jasność co do swoich myśli. Wiem jednak, że to wszystko nadal bardzo go boli. Chociaż w tym momencie osobą, którą jego opowieść najbardziej przejmuje, jestem ja.

— Tak — mówi Dawid z goryczą — już nie chciałem być zawsze do dyspozycji. Mój młodszy… no cóż, o tym opowiem ci innym razem, nie dzisiaj. On bardzo dobrze rozumie się z matką. I dzięki Bogu! — dodaje.

Przerywa na chwilę i jednak zapala fajkę. Sięgam po wełniany pled, by okryć nim ramiona, bo naraz poczułam chłód. To wszystko nazbyt mocno mnie porusza.

Co za niesprawiedliwość, myślę, że właśnie Dawida spotyka coś takiego. W tej chwili znowu staje się dla mnie bratem, któremu nie umiem pomóc.

Przypomina mi się rozmowa, którą pewnego wieczoru przeprowadziliśmy w pokoju hotelowym, daleko stąd. O naszych powikłanych losach. Wtedy też siedzieliśmy na podłodze… przed kominkiem…

Teraz i Dzisiaj jest jakby dalszym ciągiem tamtej rozmowy.

— Potrzebowałem wielu miesięcy, aby jasno zdać sobie z tego wszystkiego sprawę, aż wreszcie powziąłem decyzję. Co dalej?, zadałem sobie pytanie. I zacząłem organizować swoje życie na nowo. Propozycja z Rzymu przyszła oczywiście w samą porę, ale nie to było najważniejsze. Nie uciekłem — odszedłem… A mimo wszystko nigdy nie będę wiedział, czy to, co zrobiłem, jest słuszne, czy jest błędem…

— To była próba, Dawid — wtrącam.

— Tak, była. Z pewnością.

To z nami zresztą też — myślę w głębi duszy.

Przysuwamy się bliżej, siedzimy teraz tuż obok siebie, dotykając się ramionami. W milczeniu kołyszemy się tylko w przód i w tył, jakby pod brzemieniem własnych myśli. Czujemy się trochę jak dwoje uczniaków, którzy dostali złe stopnie, a mimo wszystko przez pomyłkę przeszli do następnej klasy.

Książki zostają nie uporządkowane na podłodze.

* * *

Jedziemy nad morze.

Małe auto Dawida dzielnie przedziera się przez nie kończące się przedmieścia, przez dziki ruch na drogach.

Dawid podwinął wysoko rękawy białej koszuli i cierpliwie znosi postoje w długich sznurach samochodów.

— Masz tu tę swoją rzymską idyllę — uśmiecha się do mnie.

— A co zrobisz latem, kiedy dojdzie jeszcze upał i lawiny turystów?

— Pochodzę z Izraela, jestem przyzwyczajony do kłopotów, do wysokich temperatur także. Zrobię to, co rzymianie. Zamknę się w domu. Jesienią na uniwersytecie zostanę rzucony na pożarcie spragnionej wiedzy ludzkości i będę musiał ją nakarmić. Zasłonię więc okiennice, to jest bardzo dobre urządzenie, i będę pracował. A jak już zupełnie nie będę mógł wytrzymać, przyjadę do ciebie do Monachium i wybierzemy się w góry. Co o tym myślisz?

— To świetny pomysł.

Jedziemy dalej. Nagle otwiera się przed nami droga: szeroka, cicha i piękna. Jedziemy przez ocienione aleje platanów, drzewa są stare, zrośnięte koronami, ogromne i groźne, jak w baśniach.

Mkniemy po krętych wiejskich drogach wysoko w góry, a potem w tempie zapierającym dech w piersiach zjeżdżamy w dół. Jesteśmy całkiem sami w bezkresnej okolicy. Wokół nas, na łąkach, kwitnie wszystko, co tylko kwitnąć może. Kwitnie liliowo, żółto i niebiesko. Raz po raz ukazują się naszym oczom ogromne pola maków, delikatne czerwone kwiaty falują lekko i z gracją na wietrze.

Popadamy w swego rodzaju stan zawieszenia, podziwiamy świat i jeszcze na chwilę udaje się nam strząsnąć z siebie ciężar dorosłości.

— Wyglądasz znowu jak mała dziewczynka — dziwi się Dawid.

— Patrz, patrz, popatrz — wołam zachwycona — przed nami. Widzisz? Statki. To już morze.

Kilka minut później witamy bliski nam błękit — morze, niczym długo oczekiwanego znajomego. Nie ma jeszcze tej intensywnej barwy jak latem, raczej połyskuje srebrzyście i jasnozielono.

Jest słonecznie, ale wieje lekki zefirek. Jedziemy drogą prowadzącą nad samym brzegiem morza. Plaże są jeszcze prawie puste, zwinięte parasole przeciwsłoneczne wyglądają jak wielkie stada czekających na coś ptaków. Jacyś ludzie właśnie ustawiają porządnie w szeregach kolorowe leżaki.

Dawid dokładnie obserwuje tablice drogowe. Podejrzewam, że znowu wpadł na jakiś pomysł.

Przy jednej z lekko zardzewiałych tablic skręcamy w prawo i po karkołomnej jeździe — prawie w przepaść — stajemy nagle pośród małego raju.

Samotna zatoka, hotel, restauracja — białe stoliki pod gęsto zarośniętą pergolą...

Gospodarze wychodzą nam naprzeciw — Dawid wita ich głośnym *buongiorno*.

Właśnie otwierają hotel po przerwie zimowej. Jesteśmy pierwszymi gośćmi.

Dawid opowiada, że bywał tu często przed laty. Zdaje się, że gospodarze coś sobie przypominają, a może tylko udają — to nie ma znaczenia.

Od razu nakrywają dla nas stół: wino, chleb, oliwki.

— Tym razem miałem szczęście — Dawid przykłada rękę do piersi i oddycha z ulgą. — Koniecznie chciałem ci to pokazać, więc gdyby jeszcze mieli zamknięte, stałbym tu teraz jak osioł.

Maria-Celeste, miła tęga gospodyni o szerokim uśmiechu, przeprasza, że nie może nam podać karty dań.

— To dopiero pierwszy dzień... mamy tylko rybę i warzywa...

— Tylko rybę! Wspaniale! — uspokajamy ją.

Świeża ryba i warzywa są akurat tym, o co nam chodzi.

Stuppendo!

— Zostaniemy na noc? — pyta Dawid świętoszkowato, chociaż widzi, jak bardzo mi się tu podoba. — Chciałabyś zostać czy jechać dalej?

Co za pytanie!

Rozglądam się. W górze, na skale, przycupnęło małe średniowieczne miasteczko i stara twierdza. W dole plaża.

— Zostańmy tu! Oczywiście!

Podczas gdy w kuchni przygotowują dla nas rybę, my oglądamy pokoje. Możemy wybierać, dzisiaj wszystkie są jeszcze wolne.

— Mamy także apartament — mówi gospodyni.

Jest utrzymany w bieli i błękicie, podłoga z lśniących niebieskich kamieni, jasnoniebieskie, szerokie łóżko... duży balkon... Morze prawie na wyciągnięcie ręki. Bierzemy ten apartament.

Potem, ogromnie zgłodniali, znowu siadamy pod pergolą.

Dostajemy duży talerz pełen delikatnych pieczonych rybek, krewetek i *scampi* — prosto z morza — a do tego pachnące warzywa. I wino.

— Wiem, dlaczego Włosi piją tyle wina — mówię lekko odurzona — na trzeźwo nie zdołaliby chyba znieść tego ogromu piękna.

Później idziemy plażą — zdejmujemy buty, ubijamy bosymi stopami wilgotny piasek i stwierdzamy, że woda jest jeszcze stanowczo za zimna, by się wykąpać.

Po powrocie siadamy znowu pod pergolą. Na ostatnią szklaneczkę wina.

— Jeśli jeszcze za chwilę wzejdzie księżyc w pełni, nie wytrzymam tego... to zbyt piękne dla nas, dzieci wojny — mówię do Dawida pół żartem, pół serio.

Ale nie, księżyc wygląda jak nadgryziony. Wieje silny wiatr, uciekamy więc na nasz balkon, tam przynajmniej znajdujemy osłonę. Wcale nie chce się nam spać. Na horyzoncie przesuwają się oświetlone statki, słyszymy szum morza i podświadomie staramy się oddychać wraz z nim, w tym samym rytmie.

Noc jest świeża i czysta, podobnie jak czysty i słoneczny był dzień od samego naszego wyjazdu z Rzymu. Mam jeszcze w oczach wszystkie krajobrazy, wszystkie kolory. Młodą zieleń, czerwone, błękitne i żółte kwiaty. Łagodne, przytłumione barwy wody... Siadamy w szerokich fotelach na balkonie, aby jeszcze trochę nacieszyć oczy bliskością morza. Otulamy się miękkimi pledami i rozmawiamy cichutko, nie po to, żeby koniecznie coś powiedzieć, lecz po to, by tylko wymieniać słowa — jak delikatne dotknięcia dłoni.

— Gdyby rzeczywiście można było... — mówię, patrząc na rozległe morze.

— Co?

— Żyć jedynie chwilą, nie myśleć o przeszłości i nie martwić się o przyszłość...

— To tylko nasza wyobraźnia robi z każdego Wczoraj i każdego Jutro obecną chwilę...

...

— Zimno ci?

— Nie, powietrze jest łagodne...

— Posłuchaj — mówi Dawid po chwili. — Wiesz, że nie jestem mistrzem świata w takich wyznaniach... ale dobrze, że tu jesteś.

— Potrzebujemy czasu, żeby...

— Wiem...

— Ale ja niedługo muszę wyjechać...

— Wrócisz.

— A jeśli podróżowanie mnie zmęczy?

— Ciebie nic nie zmęczy... No, dobrze, może zmęczymy się oboje. Może... rozejrzyj się wkoło. Może pewnego dnia poszukamy sobie również takiego domku. Takiego prostego, jakie zawsze rysujesz: dach, dwa okna, drzwi, a przed domkiem ogródek...

— Z widokiem na morze — mówię z tą samą melodią w głosie.

— Albo na góry lub na coś równie pięknego... i usiądziemy tam, dwoje starych Żydów, i będziemy o wszystkim rozmyślać...

— Ach, bzdura, w ogóle nie będziemy o niczym myśleć, tylko tak siedzieć i siedzieć...

Nie mówię już nic, pozwalam, by ten cudowny obraz, który Dawid właśnie namalował w powietrzu, po prostu w nim zawisł. Nadal nie wiem, czy Dawid może stać się moją codziennością. Może należą do nas tylko niedziele. A dzisiaj jest właśnie niedziela.

Wstajemy, aby pójść do pokoju. Dawid kładzie ręce na moich ramionach.

— Posłuchaj, mała przemądrzała, nie powiedziałem ci tego, ale... — milknie na chwilę — nie wyjeżdżaj jeszcze. Zostań choć trochę... — a potem mówi jeszcze coś... Silny powiew wiatru od plaży unosi jego słowa w dal.

Słońce budzi nas bardzo wcześnie. Nie zasunęliśmy zasłon, więc świeci nam prosto w oczy. Ostre kontury białego miasteczka w zamglonym porannym niebie. Wychodzimy, aby zwiedzić okolicę.

Domy wbudowane wprost w skały. Wspinamy się po licznych stopniach, wijących się pod górę. Słońce między morzem a wzgórzami wskazuje nam łagodnymi promieniami drogę wzwyż. Z piekarni dochodzi słodki zapach świeżych rogalików — zapach, któremu naturalnie nie możemy się oprzeć. Dość zdyszani docieramy do małego wypłaszczenia na szczycie góry. Jest tam kawiarnia z trzema stolikami i fascynującym widokiem.

Siadamy z filiżankami *cappuccino* w rękach i oglądamy panoramę, bezkresne morze, zatoczki, plaże, wyspy — całą tę wspaniałość.

— Widzisz, tam, daleko — Dawid pokazuje ręką — ta mała góra nazywa się Circeo. Mieszkała tam czarodziejka Kirke...

— Ta, która zaczarowała Odyseusza?

— Tak, ta sama. Ale tamta historia nie skończyła się szczęśliwie — dodaje z właściwym sobie złośliwym uśmiechem.

Zamawiamy jeszcze po jednej kawie, wyciągamy się rozkosznie na słońcu i w ogóle nie mamy ochoty opuszczać tego pięknego miejsca.

Później jednak schodzimy z powrotem stromymi schodami w dół. Trzymam Dawida mocno za rękę, żeby się nie pośliznąć.

Tego samego wieczoru siedzimy znowu na plaży, na ławce wykutej w skale. Słońce zaraz zajdzie, nadciągają chmury. Niebo ma kolor ołowiu. Morze się zmieniło — jest dzikie i nieprzyjazne.

— To była piękna wycieczka, Dawid... cudowna...

— Tak, dla mnie też. Wiesz... patrzy zamyślony na morze — w jakiś sposób nie przestałem odczuwać wdzięczności, że byłem w swoim życiu w tylu miejscach i widziałem tyle piękna. Gdy porównuję to z życiem naszych rodziców... Tak, wiem... sam mówiłem, że powinniśmy dać spokój takim myślom...

— Kiedy mój ojciec zmarł w wieku trzydziestu dziewięciu lat, nie widział jeszcze świata — ani trochę. Raz tylko był w Karlsbadzie... nigdzie więcej — wtrącam.

— Jest jeszcze coś, o czym przez cały czas chciałem ci opowiedzieć.

Dawid pochyla się, nabiera garść piasku i przesypuje go przez palce.

— Bardzo mi przykro, że ostatnio, gdy opowiadałaś o swoim ojcu, byłem w stosunku do ciebie taki szorstki...

— Przecież nie byłeś szorstki.

— To dawna historia, sprzed wielu lat, nawet sprzed kilkudziesięciu, ale chciałbym, żebyś ją poznała. Mówią, że katolik ma swojego spowiednika, a Żyd swoją żonę, no powiedzmy, kobietę...

Dawid uśmiecha się do mnie. Krótki, gorzki uśmiech.

— Niedawno, zanim wyjechałem z Izraela, odwiedziłem moją siostrę, aby poinformować ją o całej sytuacji rodzinnej i... no tak, aby powiedzieć „do widzenia"...

— I jak ona to przyjęła?

— Ach, nie była zaskoczona. To mądra kobieta. Szkoda tylko, że poświęca się teraz wyłącznie kwestiom religijnym. Przez to trochę odeszła od

404

spraw tego świata. Chociaż może to i dobrze dla niej, w ten sposób ma przynajmniej zajęcie na stare lata.

Dawid nadal bawi się piaskiem, trzyma go na dłoni i przygląda się, jak wiatr zdmuchuje ziarenka.

— Powiedziała mi — Dawid robi krótką pauzę — że mój ojciec prawdopodobnie odebrał sobie życie. Tak — dostrzega moje zaskoczenie — rzeczywiście już kiedyś, dawno temu, mówiliśmy o tym. Ale ja nie chciałem o tym pamiętać. Minęło dużo czasu, wiele się zmieniło. Chcieliśmy patrzeć w przód. Wydawało się, że wszystko ostatecznie minęło... Ale teraz, kiedy u niej byłem... nie wiem dlaczego... może dlatego, że znowu rzuciło się jej w oczy moje fizyczne podobieństwo do naszego ojca... zaczęliśmy o nim rozmawiać.

Czy to możliwe, abyśmy w tym samym czasie przeżyli tyle podobnych spraw...?, myślę z głębokim zdumieniem.

— Wiesz, mój ojciec nigdy nie zadomowił się w Izraelu. Nigdy nie zapomniał o wojnie, ani przez sekundę. Ona się dla niego nie skończyła. Ciągle się przeprowadzał: z Tel Awiwu do Jerozolimy, stamtąd znowu do Hajfy. Nie znalazł pracy. Przed wojną był lekarzem, podobno dobrym, ale nie mógł już wykonywać swojego zawodu. Za dużo widział, jak mówił. Drżały mu ręce. Podjął gdzieś jakąś pracę w biurze, ale i to nie trwało długo. Nie znał dość dobrze hebrajskiego. Potem chciał wrócić do Europy. Pożegnał się nawet z moją siostrą. Ona była wtedy młodą kobietą, urządziła sobie nowe życie, znalazła nowych przyjaciół — więc nie próbowała go zatrzymywać. Opowiadał, że może pojedzie do Paryża, gdzie dawniej przez jakiś czas studiował. Ale nie doszło do tego — nie miał przecież pieniędzy. Potem sytuacja trochę się zmieniła... poznał pewną kobietę. Była rumuńską Żydówką, solidną i energiczną osóbką. Wydawało się, że z jej pomocą ojciec weźmie się w garść. Pobrali się. Ale szczęście trwało zaledwie kilka miesięcy. A potem, pewnego dnia, znaleziono go w porcie w Hajfie, siedzącego na ławce. Nie żył. Obok niego stała mała walizka z kilkoma osobistymi rzeczami. Dokąd się wybierał? Zadaję sobie to pytanie — dzisiaj zadaję je sobie intensywniej niż kiedykolwiek wcześniej. Czy rzeczywiście chciał pojechać do Paryża? A może zamierzał wrócić do Polski? Może chciał mnie odszukać? Przypuszczam... że on mnie wtedy...

Dawidowi łamie się głos, jakby musiał naraz zakasłać, potem jednak mówi dalej:

— Tak, myślę, że początkowo wcale mnie nie szukał. Nie miał już na to sił. A później? Może jednak chciał jeszcze zobaczyć swojego syna? Pragnął go odzyskać — może więc postanowił wrócić, żeby zabrać mnie do siebie?

Głos mu się znowu załamuje. Czy Dawid ma łzy w oczach? Jest zbyt ciemno, by to dostrzec.

— Znaleziono go martwego na tej ławce. Miał w kieszeni trochę pieniędzy, których jednak nie wystarczyłoby na taką podróż. Powiedziano, że dostał ataku serca. Ale — dowiedziała się tego później moja siostra — w jego krwi znaleziono ślad dużej ilości środków nasennych. Nikt nie prowadził dalszego dochodzenia, czasy były wtedy niespokojne, uważano, że są ważniejsze rzeczy niż martwy starzec na ławce w porcie. Starzec! Miał wtedy czterdzieści siedem lat — przecież ja jestem dzisiaj dużo starszy niż on wówczas i nawet jestem dziadkiem. Tak — kończy Dawid swoją opowieść — miałem dwóch ojców, ale tak naprawdę żadnego. Jeden, ten przybrany, w gruncie rzeczy przez całe życie nie uporał się z faktem, że jestem Żydem. Drugi wyszedł z obozu i nie mógł poradzić sobie z własnym życiem. Teraz to wszystko nie jest już może takie ważne. Chciałem tylko, żebyś wiedziała...

Dawid wstaje, bierze mnie za rękę i idziemy parę kroków w stronę hotelu.

— ...widzisz, nie mogę się od tego uwolnić, często go widzę, tam, na tej ławce, z walizką w ręce. I ciągle jeszcze jest mi go żal...

Nazajutrz, przed naszym odjazdem, miła gospodyni zaprasza nas jeszcze na szklaneczkę *limoncino.*

— Wrócicie państwo do nas?

— Tak. Z całą pewnością. — Długo kiwamy jej rękami na pożegnanie:

— *Arivederci, Maria-Celeste, che vediamo!*

Powoli staję się prawdziwą mieszkanką naszej dzielnicy. Rozpoznaję już tyle twarzy, żyję zwykłym rytmem dnia. Wstaję rano, idę na rynek, kupuję owoce lub kwiaty. W tym czasie Dawid rozmawia z połową świata przez telefon, jak zwykle w wielu językach. Jego donośne *How are you* rozbrzmiewa w całym mieszkaniu.

Czekam, aż później pojawi się w naszej kawiarni.

— Wybacz.

Siada obok mnie z sandwiczem w ręce, który przyniósł sobie z wnętrza sklepu, i zamawia do tego kawę.

— Wybacz, zagadałem się...

— Chyba nie robisz znowu jakichś niebezpiecznych rzeczy dla swojej ojczyzny?

— Rozejrzyj się — prosi Dawid — rozejrzyj się, widzisz kogoś? Nie ma tu nawet mojego miłego kierowcy — jestem zwykłą prywatną osobą. Dość długo służyłem już mojej ojczyźnie. Dzisiaj służę wyłącznie sobie samemu.

— Nie wierzę.

— Znowu chcesz za dużo wiedzieć — uśmiecha się Dawid, ale jego oczy się nie śmieją. Są poważne i czujne. — Może któregoś dnia ci o tym opowiem... również o tym...

— Albo napiszesz książkę.

— To też niewykluczone.

Naszą rozmowę przerywa nagły krzyk.

Już znam tę sytuację: to blondwłosa, chuda właścicielka kawiarni kłóci się straszliwie ze swoim tęgawym synem. Wydaje się, że tych dwoje za chwilę się pozabija. Ale później stoją znowu przy barku, uśmiechając się beztrosko.

Piękny Mauro — sprzedawca ziół — pokazuje mi z dumą gruby album; w środku są wycięte z gazet całego świata artykuły o nim i jego słynnych mieszankach ziołowych.

— Więcej piszą o tobie w gazetach niż o mnie — mówię z zazdrością, ale on tego oczywiście nie rozumie.

Mam już tutaj swoje ulubione miejsca i ulubione dzieła sztuki. Może to być fasada jakiegoś domu, jakiś zakątek w półcieniu, posąg lub fontanna. Na przykład czterech smukłych młodzieńców przed fontanną na Piazza Matei, którzy swawolnie tańczą w słońcu, albo mały aniołek Berniniego — kamienne skrzydła wydają się takie miękkie, że chciałabym ich dotknąć.

Otacza mnie tu historia, ale nie zadaję sobie przy każdym budynku pytania, jakich historycznych wydarzeń był świadkiem.

Czasem to Dawid przypomina mi różne fakty z przeszłości, które zawsze ma na podorędziu w swojej profesorskiej głowie.

— Tu, na tym miłym Campo dei Fiori, gdzie dzisiaj kupujesz brzoskwinie — mówi, gdy mijamy posąg mnicha — został w 1600 roku spalony żywcem przez inkwizycję Giordano Bruno, mnich i filozof.

Słucham tego i myślę o dzielnicy żydowskiej w Krakowie, gdzie teraz fotografują się amerykańscy turyści. Czy mogę gołymi rękami powstrzymać bieg historii?

Po południu robi się naprawdę upalnie i stoliki w ogródkach okolicznych kawiarń są pełne ludzi, którzy chłoną w siebie ciepło majowego słońca.

Codziennie o tej samej porze pojawia się mężczyzna z cytrą. Ustawia instrument zawsze w tym samym miejscu i gra cicho i melancholijnie — bardziej dla siebie niż dla innych.

Później, ale również zawsze punktualnie, przychodzi na spacer po *piazzy* pewna dama z dwoma pudelkami — codziennie ma na głowie inny dziwaczny kapelusz, ale zawsze te same podarte buty.

Małe *Cinema Farnese* na rogu, najstarsze kino w Rzymie, otwiera swoje podwoje, publiczność wlewa się do środka, a ja dziwię się, dlaczego nie grają tam wyłącznie filmów Felliniego.

Nasz *signor* Luigi wita mnie za każdym razem jakąś arią. *Que bella cosa la giornata sole...* śpiewa głośno na mój widok. Zatrzymuję się, nucę z nim kilka taktów, ale jego głos jest o wiele silniejszy.

Już trzykrotnie przesuwałam termin wyjazdu. Teraz nareszcie się pakuję. Niechętnie upycham rzeczy w torbie podróżnej. Jest wieczór. Dawid schronił się z butelką wina na tarasie. Zostawiam wypełnioną do połowy torbę na łóżku i siadam obok niego.

— Musimy jutro wcześnie wstać.

— Naprawdę chcesz...?

— Muszę.

Nagle wszystko to, co robię, wydaje mi się zupełnie bezsensowne, całe to pakowanie — po co właściwie stąd wyjeżdżam, zamiast zostać z Dawidem? Może on wcale nie chce być sam? A ja w jego pobliżu prawie już niczego się nie boję. Może powinnam zachować się, jak młody człowiek, który nie ma jeszcze wielu obowiązków... i po prostu zostać...?

Właśnie chcę wypowiedzieć te słowa, powiedzieć to Dawidowi, ale on mnie uprzedza i zaczyna snuć plany:

— Odwiedzę cię latem w Monachium. Mam tam kilku przyjaciół w instytucie historycznym.

Milknę i chwila pierzcha.

Dawid nie byłby jednak Dawidem, gdyby nie odgadł tego, o czym właśnie pomyślałam.

— Po prostu będziesz przyjeżdżała, kiedy tylko zechcesz.

Popija wino małymi łyczkami.

— Urządzę pokój gościnny. Jeśli o mnie chodzi, możemy go przemianować na „pokój Romy"... poczekaj... mam przecież...

Biegnie do mieszkania i wraca po chwili z małym skórzanym etui. Wciska mi je w dłoń. Otwieram zdumiona. Wewnątrz są dwa klucze!

— Klucze do mieszkania, abyś naprawdę wiedziała, że możesz w każdej chwili przyjechać. Będziemy je mieli tylko my dwoje: ja i ty.

— I *signor* Luigi...

— Ach tak, i *signor* Luigi.

Wlewam sobie trochę wina do pustej szklanki i szybko wypijam, aby ukryć wzruszenie. Ponieważ to tutaj — nawet jeśli są to tylko klucze — jest czymś na kształt zaręczyn.

* * *

Rzym, *stazione termini*: mniej więcej o godzinie dziewiątej pewna już niemłoda, ale jeszcze niestara dama, delikatna i ciemnowłosa, wsiadała do pociągu do Monachium. Towarzyszył jej starszy, lecz jeszcze młodo wyglądający mężczyzna o smukłej sylwetce i srebrzystych włosach. Do ostatniej chwili trzymał ją za rękę.

— Jesteś pewna, że chcesz jechać pociągiem? Dziesięć godzin, to przecież czyste szaleństwo!

— Tak. Nie chcę zanurzać się od razu w swoją codzienność. Muszę rozważyć wiele spraw, muszę pomyśleć również o swojej nowej książce. Ten rok był czymś więcej niż tylko rokiem mojego życia. Przejadę pół Włoch i po prostu zobaczę, jak naprawdę daleko jest ode mnie do ciebie.

— Ale wkrótce wrócisz.

— Tak, oczywiście. Ktoś musi ci przecież pomóc w uporządkowaniu książek.

Pociąg rusza i powoli toczy się w dal. Widzę Dawida na peronie — coraz mniejszego i mniejszego. A wkrótce już tylko jego podniesioną rękę.

Zaczyna padać deszcz, tak jak powinno być po tylu pięknych dniach. Otwieram torebkę — obok biletu leży w niej małe etui z kluczami.

Czy to raczej rozstania niż wspólne przebywanie wiążą mnie coraz mocniej z Dawidem? — Jeszcze tego nie wiem. Pomyślę o wszystkim.

I napiszę książkę.

Tylu rzeczy w życiu szukałam. A zawsze odnajdowałam jedynie samą siebie.

Dziękuję

Instytutowi Pamięci Narodowej
za uprzejmą i życzliwą pomoc.

Wydawnictwu Literackiemu —
za wsparcie moralne i serdeczną opiekę od momentu,
gdy powstał zamysł tej książki — aż do chwili obecnej.

A także tym osobom, z którymi spotkania stały się dla
mnie inspiracją do stworzenia niektórych postaci wy-
stępujących w powieści — choć nie są to oczywiście
ich portrety dosłowne. Autor bowiem, świadomie czy
nieświadomie, zawsze czerpie z bogactwa żywej ma-
terii, która go otacza.

Roma Ligocka

Do
Pana Prokuratora Sądu Specjalnego

w Krakowie.

Niżej podpisani przebywali w Obozie Koncentracyjnym
w Płaszowie i stwierdzają zgodnie że ob. Dawid LIEBLING będąc
milicjantem w dziale sanitarnym w obozie, nie tylko nie znęcał
się nad więzniami, lecz przeciwnie w miarę możnosci pomagał ludziom i wielu uratował, co możemy zaprzysiąc:

Pracowałam w dziale
sanitarnym i stwierdzam
że obyw. Dawid Liebling
traktował ludzi przychylnie
i w miarę możności pomagał
Antonina Wirda
Kraków
Skradomska 27/15

Liebling uratował mi życie
niosąc mnie z narażeniem

nego życie do szpitala,

ostrzeleniu mnie przez

lagru.

Jozef Reiner

Kraków

ul. Skradom 15/10

ob. Herman.

dam 15/10

Pracowałam w dziale
sanitarnym przez przeciąg
2 dwóch lat ob. Liebling
odnosił się do innych
należycie, że widzę
wzajemną po dzisiejszy
dzień swojem
postępowaniem
cieszy się sympatją
wśród

Rath Karol
Kraków
Zwierzyniecka 17/13

Schiffer Anna Świeterlnej 2/2

Rosner Helena, Kraków
ul. Wrocławska 12 b/8.

Teuflówna Malwina. Przemyska
Kempler Rena. Przemyska
Teuflówna Lusią Przemyska
(Teuflówna Lusia).

Fortgang Mavor Tarnea

Eisner Pauline Tarnea

Znając Dawida Lieblinga
z nim 3 lata w obozie K stwierdzam
że odnosił się do więzniów
przychylnie i nie można mu nic zar

Do

Pana Prokuratora
Sądu Specjalnego Karnego
w Krakowie.

Podpisany Liebling Dawid, przy-
trzymany z początkiem września 1945 r.
znajduję się w więzieniu na celi szpitalnej chory na gruźlicę nerki.-

Ponieważ choroba z dnia na
dzień czyni postępy i zagraża mojemu życiu i z uwagi na to, że leczenie
może być przeprowadzone tylko przez
specjalistów - upraszam o wydanie
zezwolenia na leczenie szpitalne

Ze względu na ciężki stan
zdrowia - proszę uprzejmie o możliwie szybkie postanowienie.-

Liebling Dawid

Kraków - Więzienie
dnia 27. lutego 1946.

Ocenzurewano
dn.

Odmówić!!

Redakcja
Krystyna Zaleska
Katarzyna Krzyżan

Korekta
Barbara Wojtanowicz
Małgorzata Wójcik

Redakcja techniczna
Bożena Korbut

Projekt okładki i stron tytułowych
z wykorzystaniem rysunków autorki
Andrzej Dudziński

Fotografie wykorzystane w książce
pochodzą z archiwum autorki

Printed in Poland
Wydawnictwo Literackie Sp. z o.o., 2006
ul. Długa 1, 31-147 Kraków
bezpłatna linia telefoniczna: 0 800 42 10 40
księgarnia internetowa: www.wydawnictwoliterackie.pl
e-mail: ksiegarnia@wydawnictwoliterackie.pl
fax: (+48-12) 430 00 96
tel.: (+48-12) 619 27 70
Skład i łamanie: TEXTUS s.c.
Druk i oprawa: Prasowe Zakłady Graficzne we Wrocławiu

ISBN 83-08-03646-5